实用公共关系学

（第4版）

欧阳周　陶琪　编著

中南大学出版社

长沙·2010

内容提要

本书这次的修订吸收了近年来公共关系学研究的最新成果，内容全面，简明实用。作者从公共关系学课程的特点和普通高校大学生的实际情况出发，介绍了公共关系学的基本理论和基础知识，在下编各章中还精选了典型案例，并对案例作了简明扼要的分析和点评，使学生便于理解和运用。

本书分上下两编，上编为公共关系学原理，除第一章为导论外，以下各章依次为：公共关系的形成和发展，公共关系的主体和受体，公共关系的媒体——传播，公共关系的类别、模式和施行原则，公共关系职能，公共关系的工作程序，公共关系机构和人员；下编为公共关系实务，各章依次为：公共关系调查，公共关系策划，公共关系广告，公共关系协调，公共关系口才，公共关系文书，公共关系专题活动，公共关系礼仪。全书结构合理，信息量大，重点突出，文例新颖，叙述清晰，文笔流畅。既可作为普通高校尤其是理、工、农、医类高校和职业技术学院的公共关系学课教材，也可作为夜大、电大、远程教育、自学考试的教材或辅助教材，还可作为广大社会青年的自学用书。

第4次修订说明

  《实用公共关系学》一书，自 2002 修订出版以来，承蒙读者的厚爱，截至 2010 年 6 月，又连续重印了 9 次，印数达 30000 册，连同初版的 9 次重印，累计印数超过了 10.5 万册。为适应形势发展的需要，吸收新的研究成果，弥补在实际教学中发现的某些不足之处，增强课程教学的理论性、系统性、现实性、规范性和实践指导性，根据出版社的要求，《实用公共关系学》又进行了第 4 次修订。此次修订，在体例上基本保持原貌，但调整和增补了某些内容，拓宽和加深了知识的容量。同时，接受采用本书做教材的一些任课老师提出的建议，在下编公共关系实务各章中，与时俱进，对典型案例全部进行了更新，并对案例作了精当的、画龙点睛式的分析、点评，融理论性于趣味之中，让抽象、枯燥的概念、道理鲜活起来、凸显起来、跳动起来，使之更加贴近现实、贴近群众、贴近生活，更加富有时代气息，以增强了文章的感染力、影响力和说服力，从而更好地配合任课老师讲授和同学们学习。

  第 4 次修订本仍可能有错误或不当之处，敬请同行和读者指正。

欧阳周

2010 年 7 月 25 日于岳麓山下

目　录

上编　公共关系学原理

下编　公共关系实务

第一章 导论

公共关系作为一种客观存在的社会现象，古已有之；但作为一种新兴的职业和一门独立的学科，则诞生于 20 世纪初的美国，迄今还不到百年的历史。公共关系是伴随着政治民主化的进程、商品经济的繁荣和现代传播技术的巨大进步而产生和发展起来的。由于它极具实用性，故一面世就受到西方各国的高度重视，立即得到了迅速的传播和广泛的应用，被称之为"人和学"、"先进的人性化的管理艺术"和"保证事业成功的学问"。西方有些学者将以电脑为代表的科学技术水平、以旅游业为代表的生活富裕程度和以公共关系为代表的经营管理效能共同列为衡量一个国家发达程度的三大标志，由此可见公共关系是何等的重要！改革开放以来，公共关系由西方传入我国，当即受到社会各界尤其是企业界的欢迎和青睐，那些具有创新精神的企业家们，自觉地运用公共关系作为开拓事业的手段，取得了很大的成功。随着我国改革开放的深入和社会主义现代化事业的发展，我们积累了丰富的公共关系的实践经验。在这个基础上，对公共关系的理论研究也在不断深化，一门具有中国特色的现代公共关系学已经在我国建立起来，并正在逐步地走向成熟和完善。

第一节 公共关系的基本概念

一、什么叫公共关系

公共关系，又称"公众关系"，是英文 Public Relations 的意译，简称"公关"，可缩写成 P. R. 或 PR。从字源学上考究，Public 有两种词性，一是作名词，可译为公众、公共、社会；二是作形容词，可译为公开的、公共的、社会的。Relations 也有两种词性，作为名词，可译为关系；作为动词，可译为网络等。而在 Relation 词后加上"s"，即成了 Relations，则表示复数的"关系"，是指多人的、公众、群体之间的关系，我国翻译为公共关系，现已约定俗成，沿用至今。

要正确理解公共关系的内涵，必须从静态和动态相结合的角度，将公共关系看作是客观的社会状态与能动的社会实践的统一。从静态的角度看，公共关系是一种客观存在的社会状态，即一个社会组织所处的社会关系状态和社会舆论状态。任何组织，不管是自觉还是不自觉，都与别的组织或个人存在着某种关系，并在实践活动中主动或被动地应付、处理、协调着这些关系。也就是说，作为一个社会组织，不管它是否了解公共关系的概念，也不管它是否自觉从事或开展公共关系活动，它时时、处处都处于公共关系的状态之中，这是不以人的意志为转移的客观存在。因此，对任何组织而言，不存在"有没有公共关系状态"的问题，而只有"自觉或不自觉的公共关系状态"、"良好或不好的公共关系状态"的差别。从动态的角度看，公共关系是一种活动，是一种主观见诸于客观的社会实践，是一种自觉、有意识、有目的的行动，即组织为创造良好的社会关系环境和社会舆论环境，争取公众的理解、信任、认同和支持，树立良好的组织形象，积极主动地开展一系列交流、沟通、协调和传播活动，以使组织的公共关系状态不断地向好的方向发展。公共关系活动：有自觉的公共关系活动，有自发的公共关系活动；有单一的公共关系活动，有系列的公共关系活动；有全局性的公共关系活动，也有专门性的公共关系活动等。从动静结合的角度看，公共关系是公共关系原理和公共关系实务的统一。公共关系原理阐发公共关系的本质、特征、源流、构成要素、组织机构、职能、工作程序、基本原则等，并上升为一种公共关系理念。公共关系实务是在公共关系理念的指导下，有目的地开展各项公共关系工作的具体实践活动，是对公共关系实践活动的规程性、规范性和规律性的能动反映，也就是从当前的实际情况出发，创造性地将公共关系原理应用到公共关系的实践中去。

由于现代公共关系是一件新生事物，现代公共关系学是一门新兴的综合性人文社会学科，加上地域、文化、视角等方面的差异，到目前为止，关于公共关系的定义，可谓是仁者见仁，智者见智，众说纷纭，仍没有一个为学术界普遍认可的权威性的界定。据资料介绍，目前世界上关于公共关系的定义有上千种之多。下面，着重介绍几种有代表性的定义：

（一）《韦伯斯特20世纪新辞典》1976年第二版："公共关系是指通过宣传，与一般公众建立起关系；公司、组织或军事机构等向公众报告它的活动、政策等情况，企图建立有利的公众舆论的职能。"

（二）1978年8月在墨西哥城召开的第一次世界公共关系协会通过的《墨西哥声明》："公共关系是一门艺术和社会科学。它分析发展趋势，预测其结果，为组织领导提供决策咨询并实行有计划的行动方案。这种行动方案将服务于该组织和公众的共同利益。"

（三）1981年出版的《大英百科全书》："公共关系是旨在传递关于个人、公司、政府机构或者其他组织的信息，以改善公众对他们的态度的政策和活动。公共关系部或公共关系公司的主要任务是：发布新闻；安排记者招待会；回答公众的投诉；规划对社区活动的参与；准备电影、宣传资料、雇员刊物和给股东的报告以及标准信件；规划广告项目；规划展览会和参观访问；调查公众舆论。"

（四）美国公共关系协会："首先，公共关系是一个人或一个组织为获取大众的信任和好感，借以迎合大众的兴趣来调整其政策与服务方针的一种连续不断的工作。其次，公共关系是将这种已调整的政策与服务方针加以说明，以获取大众了解和欢迎的一种工作。"

（五）英国公共关系协会："公共关系工作是为建立和维持一个组织与公众之间的相互理解而付出的一种有目的、有计划的持续努力。"

（六）国际公共关系协会："公共关系是一种管理功能，它具有连续性和计划性，通过公共关系，公立的和私人的组织和机构试图赢得同它们有关的人们的理解、同情和支持——依靠对舆论的估价，以尽可能地协调它们自己的政策和做法；依靠有计划的、广泛的信息传播，以赢得更有效的合作，更好地实现它们的共同利益。"

类似的定义还有很多，中国的公共关系学者在自己的论著和教科书中也提出了许多公共关系的定义，在此就不一一列举了。仔细分析这些定义，我们就可看到，这些定义主要是角度不同、侧重点不同、简繁不同、文字表述不同，而构成这些定义的基本思想却是大体相同的。归纳起来，它们相同的基本点是：其一，公共关系的主体是就一个组织而言的，是指组织与各有关方面的关系。有些学者认为个人也有公共关系，这从广义上说未尝不可，但它容易与人际关系混淆，故我们认为还是将它限定为组织的活动较为妥当。至于在改革开放大潮中涌现出为数众多的个体户，他们都是一个个的经济实体，应将它们作为一个组织来看待，这与一般的个人是有区别的。其二，公共关系是指社会组织与公众之间的关系。尽管公众包括了别的组织与个人，但组织的公共关系活动是由许多具体的个人所进行的，这些具体的个人是代表组织和为了组织在活动，而不是为了自己的利益在活动。他们与公众的关系，不是个人与个人的关系。公共关系与人际关系的区别就在于此。其三，公共关系的宗旨是要使本组织在公众中树立起美好的形象，取得公众的理解、信任、支持和合作，从而提高工作效率，增进经济效益。因此，公共关系活动应该是互惠互利的，而绝不能去损害他人。其四，对传播媒体的利用，特别是对大众传播媒体的利用，是公共关系活动极其重要的手段。其五，公共关系活动是为了达到既定目标而采取的一种策略行动。作为一种策略手段，它在行动中应该审时度势，要广泛搜集信息，了解过去的情况，分析现在的情势，预测未来的发展，然后制定缜密的行动计划，不能贸然行动，草率行事。

吸收以上各种意见的优点和长处，从我国公共关系的实际出发，我们将公共关系的定义概括为：公共关系是社会组织及其成员，为实现特定的目的，通过一定的传播媒体，加强与公众的双向信息沟通，协调好各方面的关系，塑造组织的美好形象，使组织与公众相互了解、相互适应和相互支持的一种持久的策略行动。

二、公共关系的基本思想

通过对什么是公共关系问题的探讨，我们可以从以下几个方面去把握公共关系的基本思想，即把握公共关系的主要内涵。

公共关系既是一种客观存在的关系体系，又是一种管理科学和管理艺术。公共关系是组织与公众之间的一种社会关系：它的一端是一个具体的社会组织，这个社会组织可以是一个工厂、一家公司，也可以是一家商店、一所学校、一家银行、一所医院等等；它的另一端是与这个社会组织的生存、发展相关联的公众。组织与公众的联系是双向的，他们之间的需要也是双向的。公众是组织生存和发展的决定因素，而组织也应满足公众的需要，双方正是这样一种相互依赖、互相矛盾的关系。作为一种管理功能，公共关系是组织主动建立和维持自身同公众相互理解、信任、谅解和支持的关系，以便为双方的共同利益服务。公共关系人员通过科学的方法和手段，塑造和维护组织的美好形象，分析公众的利益要求，了解公众的舆论倾向，预测关系体系的发展趋势，从而使自身得以实现最高的目标，达到最理想的效果。

公共关系是一种利益关系。人类的需要是一个多层次的复杂系统，其中最根本最直接的需要是人自身的需要。个人或组织为了自身的生存和发展，就必须同另一些人或组织建立和维持某种关系。任何组织总是生活在社会公众之中，这些公众一方面满足组织的需要，同时又从组织那里获得了自身的利益。这就是"我为人人，人人为我"。例如，一个企业是由许多员工组成的，这些员工构成了该企业的内部公众，其中有工人、技术人员、管理干部和党政领导等，他们同企业的关系就是一种公共关系。在这里，企业给他们提供了就业机会、劳动工资和社会福利；同时，他们分别承担着企业交付给他们的工作，执行国家的路线、方针、政策和企业的生产经营计划，为企业的发展作出自己的贡献。企业的成败兴衰，首先取决于这种内部的公共关系是否良好。同时，企业还要处理好与外部公众的关系，他们由顾客、协作者、经销商、供应部门、同行企业、政府部门、新闻界和银行等组成。双方的关系同样是一种互惠互利的关系，彼此必须精诚合作、协调行动，才能求得共同的生存和发展。

良好的公共关系是人们主动创造的结果。作为公共关系的主体——社会组织，必须明确地意识到公众对自己的重要性，从而自觉地认识、建立和维持双方的良好关系。俗话说："事在人为。"组织与公众的关系是可以不断改善的，那种融洽和谐的良好关系是可以通过主观努力创造出来的。事实上，顺意公众的多少，公众态度的好坏，以及公众同组织关系的密切程度，这一切都不是自然发生的，而是人为努力的结果。一个组织之所以能够使一些人或其他组织成为自己现实的公众，是因为组织能够满足他们的利益需求，否则，就会失去公众对组织的理解、信任、认同和支持，良好的公共关系环境就会变成恶劣的公共关系环境，这就必然导致组织生存的危机。

公共关系是社会化大生产和社会分工的结果，是商品经济的必然产物。在自给自足的小农经济封建宗法社会里，人们生活的天地是极其狭窄的，即所谓"鸡犬之声相闻，民至老死不相往来"，他们的需求也是极其简单、贫乏的，在这样的社会里，不可能产生现代意义的公共关系。当人类进入到资本主义社会以后，工业是社会化大生产，农业也走向了以机械化为主要标志的社会化大生产，商业繁荣，建立了区域性的、全国的甚至全球的大市场，金融业对企业的支撑尤为重要，公共关系的重要性才日渐显现出来。建构良好的公共关系网络，制定出该企业的公共关系发展策略，只有到了这个时候，才被看成是与企业的生存、发展息息相关的策略行动。

公共关系的基本手段是传播。离开了特定媒体的传播，公共关系的计划和目标就不可能实现，公共关系活动也就成了一句空话。

公共关系的宗旨是追求组织自身效益和社会效益的一致。任何一个社会组织，无论是工商企业、服务行业、运输企业等营利性组织，或是社会团体、文教单位、政府部门等非营利性组织，在社会的生存发展中都必然要追求自身的效益。营利性组织追求的是物质的经济效益和社会效益，非营利性组织追求的是侧重于精神的、意识形态方面的社会效益。在商品经济高度发展、竞争日益激烈的当今社会，任何组织要想在竞争中站稳脚跟，立于不败之地，就必须在追求自身经济效益的同时，还必须考虑公众的利益、社会的需求，将自身的经济效益与社会的整体效益有机地统一起来，才能得到长期稳定的发展。如果一个组织只注重自身的经济效益，而忽略甚至损害了公众的利益，忽略甚至损害了社会的整体效益，这都是与公共关系的基本思想背道而驰的。

公共关系是一项充满生机活力、前途无量的事业。随着社会的进步，公共关系已日益深入人心，每个人、每个社会组织都已越来越认识到公共关系的重要性。当前，公共关系已经渗透到了各行各业，其领导成员都能自觉地将公共关系工作列入自己的议事日程。我国有许多公司、工厂、商店、酒楼、旅游部门都设立了公共关系部，直接参与本单位的重大决策。公共关系公司也相继成立，而且生意兴隆。公关小姐、公关先生成为社会最受欢迎最被羡慕的人，他们的微笑具有征服一切的魅力。据调查，公共关系专业是高等学校最热门的专业之一，许多年轻人都热切地希望获得公共关系的教育和培训。有关专家预测，在21世纪里，公共关系在全球范围内将具有最好的发展前景和最快的发展势头。

三、公共关系的主要特征

公共关系的特征是体现公共关系特点的征象和标志。了解和把握公共关系的特征，有助于深化对公共关系的认识，按照公共关系的一般规程、规范和规律，有效地开展公共关系活动。公共关系的主要特征是：

（一）以科学理论为指导

公共关系既是一门艺术，又是一门科学。它以马克思主义、毛泽东思想、邓小平理论和"三个代表"重要思想为指导，吸收了管理学、传播学、社会学、心理学、行为学、市场营销学等姊妹学科的研究成果，总结了中国公共关系活动的实践经验，创立了具有中国特色的现代公共关系学。这是一门理论性和实践性都很强的新型人文社会科学，对当前开展的公共关系实践活动有着现实的指导意义。我们开展任何公共关系活动，都不能凭直觉、凭感情、凭经验来进行，而必须学习和掌握现代公共关系学的基本原理，必须借助于现代公共关系学的科学理论和方法，从实际出发，按规律办事。是否坚持以科学理论为指导，有无科学的态度，这是一切公共关系活动能否取得成功的关键所在。

（二）以公众为对象

公共关系的基本结构是社会组织与公众之间的相互关系。公共关系的对象是十分明确的，就是社会组织赖以生存和发展的基础——公众。离开了公众，有如一株植物离开土壤，它的生命必然会走向枯萎和死亡。公共关系实质上是一种公众关系，或者说是社会组织与公众之间的一种互动关系。如果一个组织不了解自己赖以生存和发展的公众，不知道他们的要求，不掌握他们变化了的思想和价值观念，那么，在竞争异常激烈的今天，不仅组织所开展的公共关系工作会遭致失败，甚至还会危及组织的生存。

（三）以传播为手段

社会组织要与公众建立起并保持良好的关系，不是靠请客送礼、开后门、拉关系，而是靠真实而有效的信息沟通和交流。这种信息沟通和交流是双向的、互动的，即公共关系人员通过各种传播手段将组织的有关信息及时、准确、有效地传递给广大的相关公众，同时，公共关系人员又要利用各种传播手段回收公众对组织有关信息的反馈，及时调整公共关系的策略行动。传播，特别是大众传播，是沟通和协调组织与公众之间关系的基本手段，同时也是现代公共关系的重要标志。

(四)以真诚为信条

公共关系只有真心诚实，才能取信于人。也就是说，只有客观地、实事求是地沟通和传播信息，才能赢得公众的理解、信任、认同和支持，保持良好的信誉。在组织开展的各项公共关系活动中，是容不得半点虚假和欺诈的。真诚是公共关系的信条，也是组织的精神、素质、品格、道德、作风和文化建设的具体反映。这就要求一切公共关系活动都必须心怀坦诚，忠厚老实，尊重客观事实，有一说一，有二说二，不夸大成绩，不缩小问题，不遮掩丑行，不文过饰非。否则，如果违背职业道德，说假话，办假事，欺骗公众，虽可得逞于一时，但一旦被公众识破，其后果必然是为公众所唾弃。

(五)以塑造组织形象为目标

任何公共关系活动都是以追求良好的公共关系状态为目标的。这种良好的公共关系状态具体表现为一个组织在公众心目中享有的良好信誉和形象。信誉是指公众对一个社会组织的总认识和总评价，是组织美好形象的具体表现。信誉高自然形象好，信誉低形象自然差。一个组织要在公众中树立美好的形象，就应该努力创造和提高组织的信用和名誉。公共关系说到底是为组织塑造形象的艺术，它所强调的是融洽的人际关系，和谐的人事气氛，最佳的社会舆论环境，以赢得社会各界的理解、信任、好感、支持和合作。我国古代强调事业的成功有赖于"天时、地利、人和"，将"人和"作为事业成功极为重要的条件。俗话说："天时不如地利，地利不如人和。"公共关系就是追求"人和"的人文环境，为组织的生存、发展创造"人和"的条件。离开了以塑造组织美好形象为目标这根本的一条，任何公共关系也就失去了它存在的意义。

(六)以长期不懈为方针

一个社会组织与公众之间的良好关系，不是一朝一夕可以建立起来的；即使建立起来了，也需要时时加以维护、调整和发展，因此就需要长期不懈地努力。要着眼于长远打算，着眼平时努力，将公共关系活动视为组织的长久战略性任务。有时，为了长远的利益，还要舍得付出眼前的代价，切不可鼠目寸光，急功近利。只有坚持长期不懈的方针，树立自觉的公共关系意识，时时、事事、处处都不忘公共关系工作，通过平时点点滴滴的努力，才能建立起与公众的良好关系。组织与公众之间，需要保持一份君子之交的友谊。那么，在组织需要的时候，就定会得到社会各界真诚的关心、谅解、帮助、支持和合作。

四、公共关系活动与其他活动的区别

前面我们概括地介绍了什么是公共关系和公共关系的基本思想、主要特征。实际上，在各类不同的公共关系活动中，针对各种社会组织所面对的不同公众，以及当时的情况和所要解决的问题，所采取的公共关系策略和方法不尽相同。然而，由于各方面的原因，不少人对公共关系存在误解。为了正本清源，真正认识公共关系的实质，有必要将公共关系活动与其他活动加以区别。

（一）公共关系与庸俗关系的区别

不容否认，在现实生活中，的确存在着拉关系、走后门、投机钻营、相互利用，以权（钱）谋私的庸俗关系学，这是一种不正当、不健康、畸形的、庸俗化了的社会人际关系，与我们所说的公共关系毫无相同之处，绝不可将它们混为一谈。认真地加以分析，公共关系与庸俗关系有如下一些区别：

其一，起因不同。公共关系是在商品经济高度发展、信息传播急剧增加、经济活动空前复杂的情况下产生的；而庸俗关系却是封闭落后的封建经济的产物。

其二，目的不同。公共关系要实现的是组织利益，做到组织利益与公共利益、组织利益与社会整体利益的基本一致；而庸俗关系的目的是追求个人的私利，损公肥私，损人利己，以权谋私，以钱谋私，以情谋私。

其三，对象不同。公共关系是一个社会组织与各类公众协调好关系，即通常所说的"公对公"；而庸俗关系则以私人为主体，与私人打交道，将个别私人作为工作的对象。

其四，方式不同。公共关系活动运用报刊、广播、电视、电影、因特网等合法传播媒体，采取新闻发布会、展览会、参观接待等公开的方式，向公众及时有效地传递组织各种必要的信息，向组织决策层反馈公众的反应，并提倡广交朋友，联络感情，争取公众的理解、信任、好感、合作和支持。而庸俗关系则是少数人为满足其私利，请客送礼，暗中拉拢，采用吃吃喝喝、吹吹拍拍等见不得人的卑劣手法，或重金行贿，买通对方，以售其奸。它一旦被揭露，必将受到公众的鄙视和谴责，甚至可能受到法律的制裁。

其五，后果不同。公共关系在为本组织谋利益时，并不损害其他组织和公众的利益，而是谋求组织利益与公众利益的一致。它实事求是地向公众介绍组织的情况，求得公众的理解、信任与支持，在组织与公众之间创造一种友善、融洽、合作的气氛。它给社会带来一种以诚相见、以信为本的风气，有助于建立正常、和谐的人际关系，从而提高社会的文明程度，对社会的发展和进步起促进作用。而庸俗关系则不顾国家利益，不顾别的组织和公众利益，它着眼于

获取不义之财，不义之利，不惜损公肥私，损人利己，造成人与人之间的相互利用，尔虞我诈，以邻为壑，相互戒备。即使是那些各方暂时获利的关系户之间，也是以利相交，利尽则散，不讲情义，不择手段。它使社会失去正义、公理，污染了社会风气，破坏了正常的人际关系，使社会文明程度下降，对社会的发展和进步起阻碍作用。

（二）公共关系与交际的区别

由于有些人不了解公共关系的真实意义和基本思想，他们误以为公共关系就是一种交际手段，好像搞公共关系就是出席宴会、酒会、舞会，无非是吃吃喝喝、蹦蹦跳跳、拉拉扯扯；加上一些报刊、影视作品总是将公共关系与"公关小姐"联系在一起，由女人"攻"男人的"关"，这就更加加深了人们对公共关系的误解。诚然，公共关系需要运用各种各样的社交手段，包括利用宴会、酒会、舞会等社交场合开展正常的公共关系工作。但它的目的是广交朋友，相互沟通，增进友谊，消除隔阂，化解矛盾，营造团结合作的气氛，与一般的交际是有所不同的。而且，这种交际应酬活动只是公共关系的一种手段，更不是它的全部。公共关系活动最主要的方面是沟通信息，提供决策咨询，塑造组织美好形象，协调好与各方面的关系，为组织的生存、发展创造良好的社会环境。

（三）公共关系与宣传的区别

公共关系活动需要经常借助于报纸、广播、电视、电影、因特网等新闻媒介来传播本组织的各种有效信息，有时公共关系部门还需印发大量的宣传性刊物、小册子和简报等。的确，宣传是公共关系人员实施公共关系计划时的一种重要的手段，但公共关系与一般意义上的宣传是有区别的。首先，宣传只是一种单向的传播、单向的灌输，缺乏"反馈"（收集宣传反映）的系统，而公共关系则是双向的沟通，就是既向公众及时、准确、真实、有效地传递组织的有关信息，又及时将公众的意见反馈给组织，使之不断调整政策，改善组织与公众的关系。其次，宣传容易产生报喜不报忧、夸张渲染和文过饰非等情况，因而公众对宣传有一种潜在的疑虑，而公共关系的宣传是建立在事实的基础之上的，它必须尊重事实，胸怀坦荡，力戒偏激，既报喜又报忧，以真诚去促进组织与公众之间的相互了解，从而获得公众对组织的理解、信任、好感与合作。正确的公共关系策略，是对组织的过失不加掩饰，而是作出实事求是的解释，分析它造成的原因，采取得力的措施坚决予以纠正，真正做到对公众负责，对社会负责，以赢得公众的谅解和认同。

（四）公共关系与广告的区别

广告是传播信息的有力手段，它以介绍、说服、提醒为目标，对人们起到唤起注意、引起兴趣、启发欲望、导致行动等作用。无疑，开展公共关系活动需要利用广告这个重要工具。然而，公共关系并不只是做广告，它的活动范围要比单纯的做广告要大得多。一个组织开展公共关系活动，可以利用广告这种手段，也可以不利用广告这种手段，这要视公共关系活动的内容和目的而定。在做广告时，为了取得引发欲望、促进消费的效果，往往采用艺术夸张的手法，这在公共关系活动中是不允许的，它必须尊重客观事实，实事求是，恰如其分，而决不能虚饰夸张，哗众取宠，欺骗公众。

（五）公共关系与市场营销的区别

公共关系与市场营销经常被人们混淆在一起。在一些小型组织里，公关人员既从事公关工作，又从事市场营销工作。在一些非盈利组织和政府机构中，市场营销和公共关系一样，旨在建立和维护与成员、患者、捐赠者、纳税者、选民之间的相互关系，甚至一些公关人员宣称他们做的是市场营销传播；一些公关公司为了得到更多业务，把其组织名称定为"市场营销公共关系公司"；更有一些人认为，公共关系只不过是市场营销中运用的战术罢了。其实，公共关系和市场营销是有区别的：首先，市场营销的目标是在长期的基础上吸引和满足顾客（客户），以便赢得一个组织的经济目标，其基本责任是建立和维护一个组织的产品或服务市场；而公共关系的目标是通过长期努力，赢得组织的良好形象而并非仅仅是经济利益，还包括社会方面的利益，其基本责任则是建立和维护组织与公众之间的互利互惠的关系。其次，市场营销主要聚焦于顾客的交换关系，其基本过程是通过交换，既满足顾客需要又赢得经济利益；而公共关系涉及范围广泛的各类公众，包括顾客公众和非顾客公众。再次，公共关系和市场营销在范围上也不存在谁包含谁的问题，有效的公共关系通过维护和谐的社会关系和政治环境，促进市场营销工作；而成功的市场营销工作同样有助于建立和维护组织与公众之间的良好关系。

第二节　公共关系学的性质、对象和研究方法

现代公共关系学是顺应公共关系事业发展的需要而诞生的一门新兴的人文社会学科。理论来源于实践，反过来又指导实践，公共关系学也是如此。公共关系学只能产生于公共关系实践之后，是先有公共关系实践，然后才有公共关系学。公共关系学是对公共关系实践的概括和总结，是系统化了的理性认识，反过来又为指导公共关系实践服务。

一、公共关系学的学科性质

探讨并界定公共关系学的学科性质，是公共关系学理论建设的首要问题。

所谓公共关系学的学科性质，指的是公共关系学区别于其他学科的根本属性，即该学科本身所固有的内在的质的规定性。它对于确定公共关系学的研究内容，划定公共关系学的研究范围，建构公共关系学的理论体系，都具有重要的意义。

关于公共关系学的学科性质，当前公共关系学的学者大致有四种意见：第一种意见认为公共关系学是一门新兴的管理科学，公共关系学应归属于现代管理学的范畴；第二种意见认为公共关系实质上是一种传播活动，公共关系学应归属于现代传播学的范畴；第三种意见认为公共关系学归根到底是研究个人与群体的外显行为和内潜行为，因而它属于行为科学的一个分支；第四种意见认为公共关系学是一门研究公共关系的本质和规律的新兴的现代、横向、边缘、交叉的综合性应用学科，是一门独立的现代人文社会学科。本书著者赞同第四种意见，因为它概括了公共关系学的根本属性即它本身固有的质的规定性，标明了它与其他学科区别之所在，比较符合当前公共关系学研究的实际情况。

什么是公共关系学呢？我们认为：公共关系学是源于公共关系实践、又指导公共关系实践的科学理论，是研究公共关系活动的本质和规律，并使其科学化、系统化、规范化和理论化，充分发挥其社会效能的一门新兴的现代、横向、边缘、交叉的综合性应用学科。从大的范围讲，公共关系学是现代人文社会学科中的一种；从小的范围讲，公共关系学是一门带有很强技能性、技艺性、技巧性的独立的应用学科。简言之，公共关系学就是研究公共关系活动的原理、原则、规程、规范、规律、要领、要求、方法和技巧的学问。

公共关系学作为一门新兴的现代人文社会学科，具有鲜明的学科特点，这就是：

（一）综合性

现代科学发展的趋势是高度分化又高度综合。一方面新兴学科不断出现，另一方面各学科又相互交叉、相互渗透。现代公共关系学正是这一发展趋势的产物。从公共关系学所包含的内容看，它是在马克思主义哲学的指引下，创造性地吸收现代管理学、传播学、行为科学、社会心理学、市场营销学、新闻学、广告学、口才学、写作学等多种学科的研究成果，从公共关系学的实际需要出发，消化扬弃，边缘交叉、渗透综合而成的；从公共关系学的现实功用看，它是一种科学的、人性化的管理艺术，在公共关系实践中，吸收了上述姊妹学科的原理、原则、策略、方法、技能和技巧，应用于对组织行为的控制、调整上，协调好组织与公众的关系，营造良好的社会环境，促进事业的发展。正是因为公共关系学是由多学科交叉综合而成，所以它的学科特点是外延大、内核小，上述各姊妹学科都可看成是现代公共关系学基础理论的外延，但它又不是简单地、机械地搬用，而是吸收了这些学科的精华，为我所用，拓宽了公共关系学的研究范围，深化了公共关系学的研究内容，在此基础上建构起一门有特定研究对象的独立学科。

（二）应用性

公共关系学的理论研究成果对于各行各业、各种社会组织都有现实指导意义，有着很强的应用性。这一点早已获得举世公认。公共关系学之所以具有蓬勃的生命力，就在于它源自公共关系实践，又反过来服务于公共关系实践，指导公共关系实践活动沿着正确、健康的方向发展。这也就是说，公共关系学是一门直接应用于社会实践的应用学科。这主要表现在以下几个方面：首先，公共关系在当代社会实践中，使用范围广泛，使用频率很高，涵盖了社会上的各行各业；其次，我们每一个人，作为某一特定组织的成员，不管你自觉还是不自觉，都在从事公共关系活动，可以说我们每个人的生活都与公共关系密切相关；还有，任何组织要塑造形象、沟通信息、增进效益，都要在公共关系学指导下有目的地开展各项公共关系活动，协调好与各方面的关系，赢得他们的理解、信任、好感和支持，使自己永远立于不败之地。

（三）实践性

如前所述，公共关系学来源于公共关系的实践，是历史的和现实的公共关系实践经验的总结和升华。没有公共关系的实践，便没有公共关系学。实践性是公共关系学最基本的品格。离开了活生生的、丰富多彩的公共关系实践，只停留在从概念到概念、从理论到理论的经院式研究上，这样空洞、抽象的公共关系学理论是没有生命力的，也是毫无用处的。然而，源于实践又高于实践的科学的公共关系理论，是对公共关系本质及其规律的反映，对现实生活中的公共关系实践活动有着重要的指导作用。没有公共关系学这一科学理论指导的公共关系实践，就会变成盲目的实践，免不了要走弯路，甚至归于失败。公共关系学的基本任务，就在于揭示公共关系的本质和规律，用以指导人们的公共关系实践活动。公共关系学的理论是否正确，必须通过公共关系实践来加以检验。公共关系实践是推动公共关系学理论发展的动因，公共关系学的理论必须随着公共关系实践的发展而发展，随着公共关系实践的变化而变化。由于改革开放的深入和社会主义现代化建设的发展，公共关系将越来越引起人们的重视，应用越来越广泛，而公共关系学的实践性的这一基本特征，也将表现得越来越鲜明，越来越突出。

（四）系统性

系统性指具有一定关系和处在相互联系中的各种要素的集合，反映整体、总和、种类和复合物等共性的范畴，它是若干相互联系、相互作用的要素所构成的有机整体。公共关系学有着严密而完整的理论体系，这主要表现在以下几个方面：首先，公共关系学是由多种要素构成的，这主要表现为它对姊妹学科研究成果的吸收和扬弃上，但它又不是各个要素简单相加的结果，而是各个要素按照逻辑统一性的要求而构成的有机整体；其次，公共关系学理论是在归纳、总结公共关系实践经验的基础上，将感性认识升华为系统化了的理性认识，建构起自己有着严密逻辑性和完整理论框架的学科体系；还有，公共关系学的多学科性、综合性、交叉性、边缘性，使它所包含的内容更加广泛、更加丰厚、更具时代性，形成为一种开放的、具有现代意识和创新精神的理论框架，形成为一门新兴的、完整的、系统性的人文社会学科。

（五）独立性

公共关系学虽然吸收了姊妹学科的研究成果，但这种吸收不是简单、机械的搬用，而是创造性地吸收、消化、扬弃、整合，使之成为公共关系学的营养，赋予它以新的特质，作为公共关系学的有机构成，消融在公共关系学的理论体系之中。所以，公共关系学的综合性并不妨碍它的独立性。公共关系学是一门任何别的学科都不能包容和取代的独立学科，它有着自己特定的研究对象和内容，有着鲜明的学科特点。尽管现代公共关系学诞生的时间还不到百年，它取得独立学科地位的时间还不长，它传入中国并成为热门的学科时间更短，但随着公共关系活动的日益普及，公共关系实践经验的不断积累，可以预期，公共关系学作为一门独立的学科，必将日益走向成熟和完善。

以上五个特征的有机结合，就共同构成了公共关系学这门新兴人文社会学科的学科性质。

二、公共关系学的研究对象

公共关系学是公共关系实践活动的反映。从总的方面说，公共关系学的研究对象是人类社会公共关系活动的现象及其运动的一般规律；从具体的内容构成看，公共关系学的研究对象包括公共关系基本理论和实务操作两个方面。本书的理论体系建构就是按照这一逻辑框架组合而成的。全书紧紧围绕着揭示人类社会公共关系活动的现象及其运动的一般规律这条主线，分成上下两编：上编为公共关系学原理，下编为公共关系实务。这两部分的相互依存与有机结合，就构成了公共关系学完整而又统一的研究对象。

（一）公共关系学原理

公共关系学原理主要讲解公共关系学的基础知识和基本理论，探求公共关系的本质及其规律，建构严密而完整的理论体系。公共关系学的基础知识和基本理论又可分成两个部分：第一部分是公共关系学本身的一般常识、理论体系及其结构，即研究公共关系的基本概念、源流、构成要素、机构、从业者、职能、程序、原则和公共关系学的学科性质、对象、研究方法等，这是公共关系学的主干内容；第二部分是创造性地吸收和引用姊妹学科的基础知识和基本理论，消溶到公共关系学的研究中去，成为公共关系学理论体系中必不可少的维生素。如哲学、管理学、传播学、社会心理学、行为科学、经济学、市场营销学、人际关系学等，它们为公共关系学原理的研究提供了坚实的基础。

具体地说，公共关系学原理的研究内容有以下一些方面：

1. 公共关系的内涵、基本思想、主要特征及其与其他活动的区别的研究；

2. 明确公共关系学的学科性质、研究对象和研究方法，了解公共关系学与相关学科的联系和区别，探求其内在规律，建立公共关系学的完整理论体系；

3. 研究公共关系和公共关系学的历史发展，揭示其发生、发展的原因、条件及其演变的情况；

4. 探讨公共关系的构成要素，包括公共关系主体——社会组织、公共关系受体——公众和公共关系媒体——传播的研究；

5. 有关公共关系机构和公共关系人员的研究；

6. 熟悉公共关系模式，明确公共关系的基本职能、工作程序和应遵循的原则；

7. 内求团结、外求发展，掌握内部和外部公共关系的协调艺术。

(二)公共关系实务

主要研究公共关系原理在公共关系实践中的具体运用，侧重于公共关系实际运作，包括公共关系实际运作的主要内容、目标、原则、规程、规范、方式、方法、技能、技巧和效果等内容。公共关系既是一门学问，又是一门艺术、一种技能，它带有某种软科学的性质，应用的范围十分广泛。公共关系实务在公共关系学的研究中占有十分重要的地位，因为人们学习和研究公共关系学的目的，就在于公共关系的实际运作，解决公共关系活动中的实际问题。公共关系实务是联结公共关系原理与公共关系实践的桥梁和中介，它包含的具体内容很多，主要有以下一些方面：

1.公共关系调查的研究，包括公共关系调查的目的、内容、原则、功用和具体的调查方法等；

2.公共关系策划的研究，包括公共关系策划的内涵、特点、功用原则和内容等；

3.公共关系广告的研究，包括公共关系广告的性质、特点、分类、一般程序和应遵循的原则，以及公共关系广告的设计和制作；

4.公共关系协调的研究，包括公共关系协调的功用、内容和如何进行内外公共关系协调等；

5.公共关系口才的研究，包括公共关系口才的含义、特点、功用，以及交谈、问答、说服、赞扬、批评、演讲、辩论、谈判的口才艺术和技巧等；

6.有关公共关系文书的研究，包括公共关系文书的含义、特点、基本要求，以及公共关系新闻稿、广告词、演讲词、年度报告、贺词、请柬等常用文书的写作等；

7.有关公共关系专题活动的研究，包括新闻发布会、展览会、典礼、仪式、赞助活动，对外开放参观、联谊活动的组织和突发事件的处理等；

8.公共关系礼仪的研究，包括公共关系日常基本礼仪、服饰礼仪、社交礼仪和涉外礼仪等。

由于公共关系实践活动是不断发展、不断更新的，因而公共关系学的研究对象和具体内容并不是凝固不变的，它总是处于一种开放的、动态的、不确定的状态之中。这一情况，正是公共关系学作为新兴的现代、横向、边缘、交叉的综合性学科所固有的特质，也是它具有蓬勃的生命力和光辉灿烂前景的基本动因。

三、公共关系学的研究方法

公共关系学的研究不但要正确理解公共关系学的学科性质，明确公共关系学的研究对象，而且还要根据其学科的性质和研究对象，选择和确立科学的研究方法，才能使公共关系学的研究取得相应的成效。由于公共关系学是一门新兴的、综合性的人文社会学科，它可从不同的角度、运用不同的方法去进行研究，通常用得比较多的有以下几种方法：

（一）坚持辩证唯物主义认识论

辩证唯物主义认识论是马克思主义哲学关于认识的来源、本质及其规律的学说。它认为客观的不依赖于人的意识而存在的物质世界，是认识的对象和源泉；认识是主体对客体的反映，是客观世界的主观映象。但这种反映不是对客观世界消极、被动的直观，而是主体在改造客体的实践基础上发生的积极地、能动地再现客体的本质和规律的过程。实践的观点是辩证唯物主义认识论的首要和基本的观点，实践是检验认识是否具有真理性的惟一标准。我们学习和研究公共关系学，自始至终都必须坚持辩证唯物主义的认识论，将它作为公共关系学研究的方法论，以实践的观点去看待公共关系现象，看待公共关系的本质、特征、功用、职能及其一般的规律，既把它看作认识对象，又把它看作实践对象，既对公共关系现象作出认识论的解释，又对它作出实践观的解释，将认识置于实践的基础上，将逻辑思考置于实践历史发展的基础之上，才能得出正确的结论，解决公共关系领域中的许多基本问题。为什么在我国当前公共关系学的研究中产生了种种唯心主义、形而上学和庸俗社会学的弊病，最根本的原因就在于违背了辩证唯物主义的认识论。因此，为了在公共关系学的研究中有所前进、有所开拓、有所突破，我们就必须认真学习马克思主义、毛泽东思想和邓小平理论，坚持辩证唯物主义认识论，并将它具体应用到公共关系学的研究中去。

(二)坚持理论与实践相结合

理论与实际相结合是学习马克思主义、毛泽东思想、邓小平理论的根本方法，也是我们学习和研究公共关系学的根本方法。公共关系学是理论性与实践性相统一的学科，公共关系的理论与应用是密不可分的。因此，在学习与研究公共关系学时，一方面要把握公共关系学的基础知识和基本原理，从实际出发，详细地占有材料，从无数生动的客观事实中寻求规律性的东西，对公共关系的理念和基本理论问题作出科学的回答，并勤于思考，勇于创新，提高理性思维的能力；另一方面，又要将公共关系理论与公共关系实践、与公共关系的实际运作联系起来，研究公共关系中出现的新情况、新问题、新经验，上升到科学理论的高度，再用来指导公共关系的实践，通过实践来验证和发展公共关系学的理论。理论联系实际的过程，实际上就是从感性到理性的整个辩证思维的发展过程，它包括了从具体到抽象、再从抽象到具体这样两个阶段。如果理论脱离实际，在公共关系学的研究中忽视人们创造的极其丰富的公共关系实践经验，而只停留在抽象、空洞的哲学思辩上，那就不但不能科学地回答公共关系学中的基本问题，而且还会将人们引入到玩弄概念的教条主义的泥坑；同样，公共关系学的研究如果忽视从感性认识升华为理性认识，即忽视理论上的抽象和概括，而只停留在公共关系的某些具体经验上，那也是无法从理论上对公共关系学的基本问题作出切合实际的、普遍的、深刻的、科学的回答的。

(三)坚持古为今用、洋为中用

"古为今用、洋为中用"，这是毛泽东为我党制定的对待古代和外国文化遗产的思想原则和基本方针，也是研究公共关系学必须遵循的重要方法。在我国古代，虽然没有明确的公共关系理念，但公共关系活动实践和成功的典型事例是大量存在的，本书在下一章将作具体介绍。现代公共关系学产生于西方工业发达国家，已经形成了比较完整的公共关系学理论体系。俗话说："他山之石，可以攻玉。"对于西方公共关系学的许多思想、理论、成功经验和具体做法，我们都有必要加以借鉴。因此，在公共关系学的研究中，我们应该坚持用马克思主义的立场、观点和方法科学地对待古代和外国的公共关系遗产，坚定不移地贯彻执行"古为今用，洋为中用"的方针，从古代极其丰富的公共关系思想和成功实践中，吸收对今天建构具有中国特色的现代公共关系学的有益和有用的成分，经过革新改造，用来为当前的公共关系实际需要服务；同时，要从中国的实际情况出发，有分析、有批判地吸收国外公共关系的理论和实践经验，加以消化和扬弃，为我所用。当然，由于社会制度、意识形态、文化背景和具体国情的不同，对外来的东西不能简单地照搬套用，而应取其精华，弃其糟粕，用它来充实和丰富我国的社会主义公共关系学，为建立和发展具有中国特色的公共关系学理论体系服务。

（四）学科比较法

有比较才有鉴别。公共关系学是一门新兴的综合性、交叉性、边缘性的独立学科，具有内容丰富、应用面宽，联系广泛的特点，它与哲学、管理学、传播学、社会心理学、行为科学等姊妹学科有着千丝万缕的联系。因此，学习和研究公共关系学，就有必要将公共关系学与相关的姊妹学科进行比较鉴别，找出它们之间的相同点和不同点，找出各姊妹学科在公共关系学中所处的地位和起到的作用，以及这些姊妹学科的基本原理、原则、方法和技巧在公共关系学中的创造性的运用。从公共关系学与相关姊妹学科的比较鉴别中认识它们的异同，就能较正确地认识公共关系学的学科性质及其本质特征。

（五）案例分析法

公共关系学是一门实用性很强的应用学科。公共关系案例分析如同医学的案例分析一样，是理论与实践的结合点。无论是在国内还是在国外，案例分析都是研究公共关系学的常用方法。典型的公共关系案例，不论是成功的还是失败的，都有助于人们加深对公共关系学的本质及其规律的认识和理解。因为，任何公共关系案例，都是公共关系学原理和方法的具体运用。依据具体案例对公共关系学的有关问题进行研究，对其活动内容、预期目标、运作过程、内在机制、成败原因、社会效果等进行具体的分析归纳、总结提炼，有助于提高人们的公共关系学理论素养和实践能力，并有助于人们在公共关系实践中发现新问题、总结新经验、探索新观点和新方法，从而推动公共关系学理论的进一步发展、完善和成熟。

第三节　公共关系学与相关学科的关系

公共关系学这门独立学科的建立，立足于公共关系实践经验的概括和总结，同时，又创造性地吸取了其他姊妹学科的研究成果，消化扬弃，为我所用。这也就是说，公共关系学与其他人文社会学科有着紧密的关系。要全面、正确地认识公共关系学的学科性质，有必要弄清楚公共关系学与相关学科的联系和区别。

一、公共关系学与哲学的关系

哲学是关于世界观的学说，是以最一般的概念形式表达人们对整个世界（自然界、人类社会和思维）的根本观点体系，是对自然知识和社会知识的概括和总结。哲学为公共关系学的研究提供世界观和方法论的基础，对公共关系学的研究起着导向的作用。中国的社会主义公共关系学必须坚定不移地坚持以马克思主义哲学为指导，才能步入健康发展的轨道，真正解决中国公共关系实践中的实际问题。如果背离了这一点，公共关系学的研究就会偏离正确的方向，甚至走向歧途。当然，像所有其他学科一样，哲学提供的只是理论基础和研究方法，它并不能取代公共关系学的具体研究。否则，就会把公共关系极其丰富的内容简单化，进而取消了公共关系这门独立的学科。

二、公共关系学与管理学的关系

管理学是对现代管理机能发展变化的概括和总结，它是以人和组织的根本利益为前提而进行有目的、有意识地进行监控的学科。公共关系学也是以人和组织的根本利益为前提，有效地利用人力、物力和财力去实现预定的目标，提高经济效益和社会效益，因而也要有目的、有意识地去进行一系列的监控活动。它内求团结，外求支持，营造组织生存、发展的良好环境。因此，在开展公共关系活动时，需要运用大量管理学的理论和方法。由此可见，公共关系学与管理学的内容有着某种重叠，它们有着相互渗透、交相为用的密切关系。但是，公共关系学与管理学的目标和重点有很大的差异。管理学的目标是强化对本单位的科学管理，而协助或参与管理，只是公共关系的职能之一，公共关系的目标是塑造和维护组织的美好形象，争取内外公众的理解、信任、支持和合作；管理学研究的重点是组织内部的管理，协调好组织内部各方面的关系，而公共关系学对组织内部和外部的关系都要进行研究，而且更着重于研究它的外部关系。

三、公共关系学与传播学的关系

传播学是研究人类传播行为发生、发展的本质和规律的一门学科。现代化的大众传播媒体主要有报纸、广播、电视、电影、杂志、书籍，因特网等。公共关系学与传播学有着密切的关系，这主要表现在：首先，公共关系活动的过程，本质上就是利用大众传播媒体采集、加工、处理和传递信息的过程。公共关系计划的实施，主要是运用大众传播原理、媒体和方法，收集各类公众的有关信息，通过选择、加工、整理、处置并相应向各类公众传播开去，以此来影响公众的态度，引发公众对组织的理解、信任、好感和支持，并能采取相应行为。其次，传播学的基本原理、技能、技巧和方法是开展公共关系活动必不可少的手段。能否有效地运用传播学的有关原理、技能、技巧和方法进行信息传播活动，是公共关系活动成败的关键。传播学的研究成果为公共关系学的建立在某一方面提供了理论基础，它是公共关系学的重要理论来源之一。然而，传播学与公共关系学研究的对象不同，前者主要研究传播行为的发生、发展，以及其功能、内容、过程、效果等，后者主要研究传播在公共关系活动中的运用和具体操作。此外，二者研究的目的和侧重点也有所不同，所以不能将它们混淆起来。

四、公共关系学与行为科学的关系

行为科学是研究人类各种行为的发生、发展及其变化规律的科学。它主要研究人类行为产生的原因、人类行为的控制和改造、人与物的配合以及人与人的协调等。公共关系与行为科学都要对个人和群体的外显和内潜行为进行研究，但研究的目的不同。行为科学对个人和群体行为的研究，是为了把握行为的规律，为每个人创造出一个优越的工作环境。公共关系学对人和群体行为的研究，目的在于使个人和群体适应社会公众的需要，为社会组织的生存、发展创造一个和谐的环境。因此，二者不能相互包容，更不能相互取代。

五、公共关系学与社会心理学的关系

社会心理学是介于社会学与心理学之间的一门边缘学科，主要研究个体、群体、组织、制度之间以各种形式相互影响的规律，以及在相互影响时个体的内在心理过程和形式。公共关系学必须借助社会心理学的研究成果，把握各类公众的心理需求和发展变化的规律，揭示特殊公众在某种情境下的心理奥秘，有针对性地开展公共关系活动，才能真正收到成效。社会心理是影响公共关系活动成败最重要的因素之一。然而，公共关系学并不是全面、系统地对社会心理学进行研究，而只是着重研究社会心理学原理和方法在公共关系中的具体运用，是一般与特殊的关系。所以，在公共关系学的研究中，既不应忽视公共关系学与社会心理学的联系，又不应将公共关系学与社会心理学等同起来。

此外，公共关系学还与经济学、决策学、教育学、伦理学、广告学、市场营销学、口才学、写作学等学科有着一定的联系，甚至还要借助于自然科学的研究成果和研究方法，所以，公共关系学是一门具有开放性、综合性和创新性的独立的现代人文社会学科。

第四节　学习公共关系学的重要意义

在商品经济高度发达、市场全球一体化的今天，竞争越来越激烈。任何社会组织要想在激烈的竞争中求生存、求发展，就必须自觉地树立公共关系意识，有目的地、长期不懈地开展各种公共关系活动，协调好组织内部与外部各方面的关系。而要卓有成效地开展各种公共关系活动，就必须认真学习公共关系学，掌握公共关系的原理、原则、规程、规范、规律、要领、要求、方式、方法、技能和技巧。人类已经进入 21 世纪，21 世纪是知识经济的时代。一切迹象表明，在知识经济时代里，社会组织只有插上"公共关系"的翅膀，才能在广阔的商品经济天地里自由翱翔，永远立于不败之地。

具体说来，学习公共关系学的重要意义，主要有以下几点：

一、公共关系的技能，是我们每一个人必备的基本技能之一

我们每一个人生活在社会上，都要学习和掌握某一门专业，从事某一种职业，在某一特定的组织里工作，这不仅是谋生的手段，而且也是个人成就一番事业所必需的。作为一个组织的成员，不管你意识到还是没有意识到，你的一言一行、一举一动都代表着组织的形象，你时时刻刻都在扮演着"公关大使"的角色。这也就是说，你在组织内担负的某一方面的工作，无不渗透着公共关系的因素，或多或少地包含有公共关系的工作在内。如果一个组织的成员，公共关系意识淡薄，连起码的公共关系学原理和公共关系技能、技巧也不懂得，那他就会耳目闭塞、信息不通，成了"孤家寡人"，是很难得到领导和同事们的关注、支持和帮助的，本职工作也是干不好的。尽管一个组织内的普通成员与公共关系专职人员的职责不同，但他们为之奋斗的总目标是一致的。在当前深化改革、更加开放的新形势下，对组织里的每一个成员，提出了新的更高的要求，这就是要树立强烈的公共关系意识，了解公共关系学原理和公共关系实务，掌握公共关系的基本技能，真正认识到这是我们每一个人必须具备的基本技能之一，是我们每一个人都需要掌握的基本功。只有这样，才能时时、处处、事事重视公共关系，处理好上下左右、四面八方的公共关系，塑造自身的和组织的美好形象，创造"天时、地利、人和"的社会环境，从而得到各方面的理解、信任、好感、支持和合作，事半而功倍，高效率、高质量地搞好本职工作。

二、学习公共关系学，自觉开展公共关系活动，有利于发展社会主义市场经济

我国在经济体制改革之前，实现的是计划经济，企业的人、财、物和产、供、销都依赖于政府，公共关系并不显得怎么重要。党的十四大以来，我国的经济体制进行了重大改革，由计划经济体制转变为社会主义市场经济体制，企业成了自主经营的市场主体，独立地处理人、财、物和产、供、销等多方面的关系。企业要真正地解决好这些方面的问题，就不能不借助于公共关系：一方面，企业要获得信息、物资、人才、设备、技术的充足来源，需要开展公共关系活动，在不同的企业、行业、部门之间建立长期、稳定、不断发展的合作伙伴关系；另一方面，要确保企业生产出来的产品畅销，也要借助于公共关系活动，提高企业的知名度和美誉度，引人注目，诱人求购，开辟市场，占领市场。实践证明，企业要生存、发展，关键是协调好内部和外部各方面的关系，这也要求重视公共关系，充分发挥公共关系的效能，提高企业内部的凝聚力，调动本企业员工的积极性、主动性和创造性，同心同德，团结奋斗，努力克服前进道路上的种种困难，提高工作效率，搞好生产经营，增进效益；同时要广结良缘，创造良好的外在环境条件，争取各有关方面的支持和帮助。俗话说："多个朋友多条路，多个敌人多堵墙。"公共关系活动正是沟通协调、消除误会、化解矛盾的润滑剂。一个国家，一个地区要发展经济，同样也需要运用公共关系牵线搭桥、收集信息、传播信息、监控环境、沟通协调好各方面的关系，才能引进先进的技术、资金、设备和人才资源，使该国该地区的经济走上健康发展的快车道。因此，学习公共关系学，以公共关系学为指导来开展公共关系活动，这是时代的需要，是改革开放的需要，也是社会主义市场经济的必然要求。

三、学习公共关系，自觉开展公共关系活动，有利于对外开放，开拓国际市场

对外开放是我国的一项基本国策，我们必须坚定不移地贯彻执行扩大对外开放的方针，任何时候都不能动摇。我们一定要清醒地认识到，当今的世界是一个开放的世界，经济、技术领域里的交流和合作，全球一体化市场的建立，正在使世界"变小"，国与国之间的"距离"正在拉近。我国进入世界经济大协作的新环境，发展同国外的经济技术合作和交流，已经成为我国走向繁荣富强的必由之路。要发展对外经济技术合作和交流，扩大对外贸易，提高我国产品在国际市场上的知名度和美誉度，占领国际市场，吸引外资，洽谈生意，引进先进的设备、技术、人才和管理经验，都要以公共关系学的原理和实务为指导，

才能开展卓有成效的公共关系活动，顺利地实现自己的目的。

四、学习公共关系学，自觉开展公共关系活动，有利于推进社会政治民主化的进程

在中国几千年的封建社会里，君主制、宗法制占据统治地位，人民群众与统治阶级是人身依附关系，他们处于社会的最底层，只能任人宰割，根本无自由平等可言。随着社会主义制度的建立，人民群众当家作主，成了国家的主人，他们的政治地位、经济地位发生了根本性的变化。但是，由于封建主义和资本主义传统观念的影响，由于受人的素质、生产力发展水平和文化程度等的制约，社会政治民主化的进程还比较缓慢，社会主义民主和法制还不够健全，"官贵民轻"观念、宗法观念、等级观念等还在侵蚀着人们的思想，"权大于法"、"情大于法"、"钱大于法"、"老乡胜于公章"等不良社会风气依然存在。而公共关系是一种平等互利的关系状态，它崇尚民主，广开言路；主张在法律面前人人平等，强调公平竞争；沟通信息，做到下情上达，上情下传；协调对话，消除隔阂，化解矛盾；尊重和维护公众的主人翁地位和切身利益，善待公众，与封建专制、"一言堂"是水火不容的。它要求各种社会组织都要根据民意来决策，并利用大众传播媒体向公众宣传政策、解释政策，争取公众的理解、信任、支持和合作，并按国家政治体制改革的要求，将组织的行为纳入法制化的轨道。可以预期，随着我国政治体制改革的不断深化，随着人们公共关系意识的不断强化，随着公共关系学指导下的公共关系活动的广泛开展，我国的社会政治民主化的进程将不断加快，社会主义民主与法制建设将得到进一步健全和完善。

五、学习公共关系学，自觉开展公共关系活动，有利于社会主义精神文明建设

我国二十多年的公共关系实践证明：任何公共关系活动，都必须体现社会主义精神文明建设的要求，坚持为社会主义精神文明建设服务，才能收到良好的经济效益和社会效益，赢得党和政府支持和公众的认同、赞赏；可以这么说，公共关系活动与社会主义精神文明的一致性，这是中国公共关系的重要特色，是社会主义公共关系与资本主义公共关系的根本区别之所在。因此，我们在开展各种公共关系活动时，必须在公共关系学原理和实务的指导下，继承和发扬爱国主义精神，为振兴中华而自强不息；要增强民族自尊心和自豪感，树立崇高的理想和坚定的信心，自觉地抵制民族虚无主义，抵制资本主义腐朽的价值观和颓废的生活方式；要反对拜金主义、享乐主义、个人主义、惟利是图、尔虞

我诈、损公肥私、权钱交易、投机倒把、贪赃枉法、走私受贿等腐败行为，净化社会环境，在培养有理想、有道德、有文化、有纪律的一代新人中，发挥积极的作用。这不仅是对一切公共关系机构和公共关系人员的要求，也是对一切公共关系活动的要求。

第二章　公共关系的形成和发展

公共关系学是一门既古老又年轻的学科。说它古老，是人类开始形成为社会，出现了管理机构，公共关系就成为了一种客观性的社会存在。说它年轻，是公共关系学作为一门独立学科的诞生，赋予它以科学内涵，建构较为严密而完整的理论体系，是在 20 世纪初期，迄今不到百年的历史。

第一节　公共关系的起源

公共关系的渊源，一直可以追溯到邈远的古代。如果将公共关系理解为"公众"关系的话，那么，这种关系在人类出现了社会组织以后，开展公共关系活动，建立良好的公众关系就已客观的存在了。因为只要形成了一定的社会组织，它就要面对各种公众，需要处理好各种公众关系，适应、改善和优化社会环境，以求得生存和发展。当然，人类早期的社会组织及其成员不可能了解公共关系这个概念，也不可能自觉地、有意识地从事公共关系活动，但我们必须承认，它的这种对内对外活动，的确是处于某种公共关系的状态之中，公共关系构成的三大要素——社会组织、公众和传播手段（大多是口头传播，以后又出现了文字传播）都已基本具备，这就是公共关系的起源。

公共关系是人类社会发展到一定阶段的必然产物。它的产生，必然具备以下三个条件：其一，原始人聚居在一起，从事共同的劳动，结成一定的社会关系，形成了不同类型的公众，这是人类早期公共关系活动存在的动因和基础；其二，社会管理组织的出现，如氏族议事会，这是人类早期公共关系活动产生的前提条件；其三，作为重要传播手段语言的出现（最早是口头语言，以后又出现了书面语言），这是人类早期公共关系活动产生的必不可少的条件。三者缺一不可。如果不完全具备这三大基本要素，也就谈不上有什么公共关系活动了。

恩格斯在《家庭、私有制和国家的起源》一文中说道：

氏族有议事会，它是氏族的一切成年男女享有平等表决权的民主集会。这种议事会选举、撤换酋长和军事首领，以及其余的"信仰守护人"；它作出为被杀害的氏族成员接受赎金或实行血族复仇的决定；它收养外人加入氏族。总之，它是氏族的最高权力机关。

有讨论公共事务的部落议事会。它是由各个氏族的酋长和军事首领组成的——这些人是氏族的真正代表，因为他们是随时都可以撤换的；议事会公开开会，四周围着部落的其余成员，这些成员有权加入讨论和发表自己的意见；决议则由议事会作出。按照通例，每个出席的人都可以随意发表意见，妇女也可以通过她们所选定的发言人陈述自己的意见。在易洛魁人中间，最后的决定需要一致通过，跟德意志人的马尔克公社在解决某些问题时一样。特别是，调整同其他部落的关系也包括在部落议事会的权限之内；部落议事会接受和派遣使者，宣战及媾和。

恩格斯在这里所说的氏族（部落）议事会，讨论有关全体氏族（部落）成员——公众的有关切身利益的问题，这就需要开展各种公共关系活动，处理好各种公共关系，将人们的认识和行动统一起来，分工合作，团结协作，来保证共同目标和目的的实现。原始氏族部落的首领，产生于氏族（部落）全体成员的推选，当选以后，他既要领导、管理本氏族（部落）的成员，包括分配他们的收获、财产，又必须代表大多数成员即公众的利益，听取他们的意见，凡重大事情，要及时地向公众传告，才能取得公众的理解、信任和支持。这就是人类早期公共关系活动的基本状态。由此可见，早在新石器时代后期，原始状态的公共关系活动，就已经成为了人类社会实践活动中的一项重要内容。

第二节　中外历史上的早期公共关系活动

人类进入阶级社会以后，由于人们在社会生产体系中所处的地位、对生产资料的占有和在社会劳动组织中所起的作用的不同，而划分为不同的阶级；在同一阶级内部，又因经济地位的不同而划分为高低不同层次的阶层。这时，原始的社会组织转变为国家机器，成了统治阶级统治被统治阶级的工具。但有一些明智的统治者，认识到自己的统治是建立在人民群众支持的基础上的，民众犹如水，既可载舟，又可覆舟。他们为了巩固自身的统治地位，认为运用和平的手段来维护统治比运用武力的手段更为有效，所以，除了给民众以基本的生存条件外，还重视社会舆论，听取民众的呼声，来控制和调节自己的统治行为；采取种种沟通、协调的方式来化解矛盾，消除对抗；或将自己的行政举措、政治意图昭告公众，以取得他们的理解、信任和认同，等等。凡此种种，都可视为阶级社会里的政府公共关系。在中外历史上，这样的实例比比皆是。

"葵丘之会"，是春秋时期一些诸侯国为结盟而举行的一次会议。齐桓公称霸以后，于桓公三十年（前651）在葵丘（今河南兰考、民权县境内）邀集宋、卫、曹、郑、鲁等国相会结盟。在这个结盟会上，规定各国之间要相互和好，不准填塞水源、阻遏粮食流通，不得改换嫡子，不得随意杀死大夫，不让士世袭官职，要选贤任能，等等。这是中国古代利用公共关系手段协调各国之间关系的典型事例之一。

战国时期的"合纵连横"，是当时一些诸侯国为了拉拢别的国家，在外交和军事上采取的一种斗争策略。合纵是指弱国联合起来进攻强国，连横是指随从强国去进攻弱国。当时各国都有一些纵横家专门从事这种活动，主要代表人物有公孙衍、张仪、苏秦等人。他们以自己的"三寸不烂之舌"到各国进行游说和鼓动，以达到其合纵或连横的目的。他们的所作所为实质上就是公共关系活动，是中国古代政府之间公共关系活动的一种典型反映。

"狡兔三窟"的成语说的是战国时策士冯谖为齐国宰相孟尝君所作的三次成功的公共关系策划。据《战国策·齐策》和《史记·孟尝君列传》记载，门客冯谖是孟尝君家中的门客。一次，他到孟尝君的领地薛城收债，却以孟尝君的名义当众烧毁了全部债据。第二次是孟尝君遭到齐王的妒忌，被免职回到薛城后，冯谖前往说动魏王，魏王派出车队，持重金到薛城聘请孟尝君担任魏国的宰相。孟尝君坚辞不就。车队来往三次，齐国百姓无人不知。齐王闻知后，十分震惊，赶忙派人请孟尝君回临淄继续为相。后来，冯谖又为孟尝君作了第三次公共关系策划，在薛城立下先王的宗庙（孟尝君与齐王同宗）。冯谖的三次公共关系策划，一是收买民心，为孟尝君树立爱民如子的形象；二是制造了带轰动性的新闻事件，使齐王和齐国百姓意识到孟尝君不仅仅只在齐国，而且在天下诸侯中也享有崇高的威望；三是既加固了孟尝君在自己社区薛城的地位，又改善了他与齐王之间的关系。冯谖的三次公共关系策划均获得圆满成功，难怪太史公司马迁赞叹道："孟尝君为齐相二十余年而无纤芥之祸者，冯谖之功也。"

此外，大家熟知的春秋后期的晋楚弭兵之会、烛之武退秦师、战国时触詟说赵太后、楚汉相争中刘邦为争取民心而发布的"约法三章"以及后来的张骞通西域、诸葛亮出使东吴促成蜀吴联合抗魏、唐代名僧玄奘去天竺求经、郑和下西洋等，都是我国古代成功的公共关系实例。

古希腊文明一直被推为西方文明的发祥地。公元前6～前4世纪，古希腊实行奴隶主民主政治，奴隶主阶级和被称为自由民的平民阶级中的男子都享有发言权和选举权。于是，围绕着竞选活动，有几种人开展了原始的公共关系活动：一是一批演说家、雄辩家和劝说者的公共关系活动，他们凭借自己出众的思辩技巧，宣扬自己的观点，批驳、制服自己的对手，在竞选中发表犀利的演说来左右局势，控制舆论导向；二是竞选者的公共关系活动，他们为了树立自己的形象、拉拢选民，或亲自出马，或雇用、借助演说家、雄辩家的"三寸不烂之舌"为他服务；三是一些贵族权势者的公共关系活动，他们为了巩固自己的统治地位，利用演说家、雄辩家为自己涂脂抹粉，树碑立传，大唱赞美诗。在古希腊，有一些卓越的政治家，善于运用公共关系手段，来宣传自己的政治主张，争取人民群众的认同和支持，其中最著名的是古希腊中心城邦雅典的政治家、民主派领袖伯里克利（约前495～前429）。伯里克利出身贵族，公元前462年，他与厄菲阿尔特共同反对以西门为首的贵族派，主张巩固民主制度，加强雅典的海上势力。公元前443～前429年间，他联任首席将军，成为雅典的最高领导者。他在当政期间，强化国家管理，较好地处理了内外部公共关系。对内，他致力于发展经济、文化，实行扩大民主的政策，规定国家由拥有最高权力的公民会议管理，所有成年公民皆可参加公民会议，讨论议案；执政官由抽签产生，且向所有公民开放；国家规定公职津贴，为贫穷公民担任公职提供保证；另有"观剧津贴"，资助贫穷公民参加城邦的文化生活等。这些政策的实行，使他获得平民的广泛支持和拥护。对外，与波斯建立友好关系，并巩固"提洛同盟"，以对抗斯巴达。由于他卓有成效的管理，使古希腊达到了全盛时期，史称"伯里克利时期"。

在古希腊，著名哲学家亚里士多德（前384～前322）运用严谨的思维逻辑和科学的方法写出他的经典性著作《修辞学》，强调语言修辞在人际交往和演讲中的重要性。他认为，修辞是沟通政治家、艺术家和社会公众相互关系的重要手段与工具，是寻求相互了解与信任的艺术；他还提出在交往沟通中，要用感情的呼唤去获取公众的了解与信任，要从感情入手去增强演讲和劝服艺术的感召力和真切可靠性。为此，西方的一些公共关系学者视亚里士多德的《修辞学》为人类历史上最早的公共关系著作。当然，这个观点从某种程度上来说是夸大其辞，但却又从一定程度上说明公共关系作为一门实践性艺术，从人类文明社会一开始就放射出自己灿烂的光芒。

古罗马政治家、雄辩家西塞罗（前106～前43），出身骑士家庭，早年当过律师，公元前63年当选为执政官，公元前51年任西里西亚总督。在他任执政官期间，遇到了以喀提林为首的阴谋集团篡夺政权的事件。为揭露他们的阴谋，西塞罗出色地运用了公共关系的手段，在元老院接二连三地发表了著名的《反对喀提林》的辩论性演讲。在演讲中，西塞罗表现了高超的公关才能和口才艺术，把讽刺、比喻、质问等修辞手法，同简练、明快、优美动人的词语巧妙地结合起来，使其演讲跌宕紧凑，酣然流畅，回肠荡气，铿锵有力，像诗一样充满着激情，像檄文一样充满着力量，将喀提林批驳得体无完肤，结果，喀提林遭到了失败。西塞罗的公关才能和口才艺术帮助他达到了既定的目的。

西方基督教的流传在很大程度上也依靠了公共关系的策划和运作，公元 1 世纪时，使徒保罗和彼得通过布道演讲、各类函件、策划的事件和其他类似公共关系的活动，来宣传基督教的教义。耶稣死后 40 年，《新约》问世，其四部福音也可看成是某种公共关系的宣传资料，因为它们主要是宣传教义，吸引群众信奉基督教，而不是为了提供耶稣生平的史料。

在谈到中外历史上的早期公共关系活动时，还必须提到伊拉克的考古发现。据报载，考古学家曾在伊拉克发现了公元前 1800 年的一种农业广告，它告诉农民如何播种、灌溉、收获庄稼以及怎样对待危害庄稼的老鼠，有点类似于现代社会某些农业组织公共关系部的宣传资料。此外，古代埃及、亚述、波斯等国的统治者，也都曾利用公共关系的手段来宣传自己，制造有利于自己统治的舆论。

然而，严格地讲，无论是古代中国古代东、西方，并不存在科学意义上的公共关系，因此使用该词时我们一般都应加上了引号，那时的一些类似今天的公共关系的思想观点与实践做法可称为"类公关"、"准公关"、"公关的萌芽"。总之，那时的公共关系不仅没有独立的思想体系，甚至连这一概念都没有，但它们确是今天公共关系产生的基础，是丰富的、宝贵的人类文明遗产，我们应该辩证地加以继承、取舍和扬弃。

第三节　现代公共关系的兴起和发展演变

现代公共关系的兴起是以现代社会的历史条件为基础的。它的产生和形成需要具备以下几个条件：一是资产阶级民主政治取代封建专制政治，总统、议员由人民群众选举产生，人民的民主权利受到尊重；二是社会生产方式的变革，由自由竞争向集中垄断过渡；三是商品经济的繁荣，由卖方市场转变为买方市场；四是传播技术的进步，主要是印刷技术和无线电技术的广泛应用，实现了跨地区、跨社会阶层的交流和沟通。在 19 世纪末到 20 世纪初，当时只有美国具备了上述这些条件，所以，现代公共关系兴起于美国，绝非偶然。

现代公共关系的兴起，和所有的新生事物一样，并不是一蹴而就的，也经历了一个由萌芽、初具雏形到基本成形，发展成熟的过程。

据考证，英语 public relations（公共关系）一词，最早出现在美国律师多尔曼·伊顿 1882 年对耶鲁大学毕业班的一次演讲中。他演讲的题目是《公共关系和法律职业的责任》，多处使用了"公共关系"这一名词。他将它解释为"大众利益"，与现代意义上的"公共关系"的内涵并不一致。他的这一提法引起了在座的大学生们的思考，在当时公众被欺骗、被愚弄的情势下，无疑起到了振聋发聩的作用。

1897 年，美国铁路协会出版的《铁路文献年鉴》上，出现了"公共关系"这一词语，它的含义与我们今天理解的"公共关系"含义基本相同，可看成是历史上第一次出现的现代意义上的"公共关系"这一词语。

19 世纪末 20 世纪初，美国自由资本主义逐渐过渡到垄断资本主义阶段，少数大财团不仅占有了社会大部分的财富，掌握了国家的经济命脉，而且还控制了政府。他们采取各种卑劣的手段，肆意搜刮民脂民膏，巧取豪夺，践踏公众利益，从而造成了劳资关系的空前紧张，公众舆论对此强烈不满。从 1903 年起，美国新闻界掀起了一场揭丑运动，俗称"扒粪运动"，对那些不法资本家和政府官员的腐败行为进行揭露和抨击。到 1912 年止，10 年间共发表了 2000 余篇揭露文章，同时还出版了不少宣传小册子和大量漫画作品。如新闻记者塔贝尔专门写了一本题为《标准石油公司发迹史》的小册子，对石油帝国的发家史进行了无情的揭露，使人们认识了它真实的丑恶面目。这场运动不仅深刻地批判了垄断资本家和政府官员的丑恶行为，伸张了正义和公道，而且还将不少企业置于不利的社会舆论环境中，使其声名狼藉，难以生存和发展。正是以此为契机，使一些企业开始认识到公众舆论和传播媒介的重要性，从而导致了以艾维·李为代表的现代公共关系的产生。

艾维·李(1877～1934)是美国佐治亚州一个牧师的儿子，毕业于普林斯顿大学，曾在《纽约时报》、《纽约世界报》等几家报社担任记者和编辑。几年的记者、编辑生涯，使他痛感企业界、新闻界和公众之间的不协调，严重地影响了新闻的真实性，因此，他决心在他所奉行的"新闻真实"和"让公众知晓"方面闯出一条路子来。1903 年，他在纽约创办了第一家公共关系咨询公司，向企业以及其他社会组织提供咨询和宣传服务，并协助客户建立和维持与新闻界及公众之间的关系。由此成为了第一个向顾客提供公共关系劳务并收取费用的人。社会上从此出现了公共关系这一行业。1904 年，他和乔治·派克合资成立了"派克和李公司"。这是当时第三家具有公共关系性质的公司(另一家是乔治·迈克尔利斯在波士顿创办的公司)。公司经营了四年，由于两人的观点不同而分手。艾维·李的公共关系思想的基本点是"讲真话"，这鲜明地体现在他 1906 年所发表的《原则宣言》中："这不是一个秘密的新闻机构，我们所做的一切都是公开的。这不是一个广告事务所，而是旨在提供新闻。……任何一位编辑都将十分愉快地在证实事实方面得到我们的帮助——简而言之，我们的计划是坦白和公开地代表企业及公众组织，对与公众有影响且为公众喜闻乐见的话题，向报界和公众提供迅速而准确的消息。……我们认为，对公众有益的，从长远来看对企业也同样是有益的。"艾维·李认为，一个组织要赢得信誉，必须坚持公开事实真相的原则，把真情如实告诉公众，以取得公众的理解、信任、支持和合作。如果真情的披露对组织不利，就应调整组织的行为。他的公共关系活动的做法是经常向报界提供免费公报，每次都要在公报上标明作者和他代表的组织名称，从而使他在新闻界和公众中树立起了良好的信誉。艾维·李的第一个客户是洛克菲勒财团。这个财团因下令在科罗拉多残杀罢工工人而声名狼藉，被称作"强盗大王"。他们向艾维·李提出改变"强盗大王"形象、平息工人罢工的怒潮的要求。艾维·李提出的措施是：聘请社会上有威望的劳资公司来核实与确定导致这次事故的具体原因，并将它公布于众；邀请一位工人领袖参与解决劳资纠纷；同时，他建议洛克菲勒财团向慈善事业捐款，增加工人工资，方便儿童度假、救济贫困工人等。洛克菲勒财团采纳了这些建议并加以实施后，公众对洛克菲勒财团的看法慢慢地有了改变，达到了预期的目的。尔后，艾维·李先后被美国电话电报公司、宾州铁路公司、无烟煤公司等多家巨型公司聘请，策划公共关系活动，调解劳资纠纷，减少社会摩擦，取得了令人瞩目的成效。在艾维·李的推动下，工商企业纷纷改变对待公众的态度，企业家们逐步意识到，与公众关系的好坏，直接影响到企业的兴衰成败，纷纷采用门户开放的开明经营方式，开始与员工和社会进行"对话"，促使现代公共关系迅速发展起来。艾维·李的公共关系思想和实践奠定了现代公共关系基础，促进了公共关系学的发展，因而他被誉为"公共关系之父"。但他的公共关系工作只凭经验和直觉，缺少科学理论指导，所以有人说他的公共关系工作只有艺术，没有科学。

与艾维·李同为现代公共关系先驱的还有爱德华·伯拉斯。爱德华·伯拉斯(1891～?)原是奥地利人，1891年生于维也纳。在他刚满周岁的时候，随父母移居美国。他是精神分析学派创始人弗罗依德的外甥，受到弗罗依德一定的影响，毕生从事公共关系工作。1913年，被聘为福特汽车公司公共关系经理；1919年，与夫人一起创办了第一家公共关系公司；1923年，发表了论述公共关系原理的第一本书《舆论明鉴》，并于同年在纽约大学讲授最早的公共关系课程；1928年，出版了《舆论》一书；1952年，出版了《公共关系学》教科书。他在第一次世界大战期间，曾在美国总统威尔逊成立的"公共信息委员会"中任职，负责向国外新闻媒介提供关于美国的参战情况。他建立了一套较完整的公共关系原理和方法体系，其主要之点是"投公众之所好"，即根据公众的兴趣、愿望和态度来开展宣传工作。他的公共关系思想和实践不仅讲究艺术性，而且讲究科学性，使二者有机地交融起来，从而为公共关系活动从艺术走向科学奠定了基础。

自从艾维·李打开公共关系的大门、爱德华·伯拉斯建立了公共关系学较完整的理论体系以后，公共关系事业在美国各行各业得到了蓬勃发展，并逐步走向职业化、专业化、规模化，除政府和企业外，社团、教育、文化、科技、卫生、工会、宗教团体、慈善机构等社会各界都开始运用公共关系，公共关系人员大量进入社会组织的最高管理层参与决策。

20世纪20年代初，公共关系由美国传到英国，随之传到西欧各国。斯蒂芬·特伦茨是英国公共关系的拓荒者，被誉为"英国公共关系之父"。斯蒂芬·特伦茨很佩服艾维·李。他在1926年担任英国政府的公共关系机构——"帝国市场委员会"秘书长期间，通过传播手段支持英国首相"卖英国货"的计划，使英国政府得到了公众的广泛支持。英国公共关系专家弗兰克·杰弗金斯是世界上公共关系著作最多的作者之一，又是一位著名的公共关系教育家，他先后到几十个国家讲学，推动了公共关系事业的发展。1948年，英国继美国之后，成立了世界上第二个全国性公共关系最高组织——英国公共关系学会。

1946年，法国在战后的重建中，认识到将企业、工厂向社会和公众开放，既能收到良好的经济效果，又可提高企业和工厂的知名度、美誉度，树立企业、工厂的美好形象。法国的经济学家受公共关系观念的启发，呼吁企业主们离开封闭的"象牙塔"，走进向社会和公众敞开的"玻璃屋"，建立现代文明企业，使公共关系在法国崭露头角。

1948年前后，加拿大、意大利、联邦德国、比利时、芬兰、挪威、瑞典等国家也都开始重视公共关系活动，相继成立了全国性的公共关系协会。

日本的公共关系是随着第二次世界大战后美军进驻日本而传入的。1947年3月，驻日本盟军总部的民间情报教育局用行政命令的方式在日本各府、县、单位设立"公共关系办公室"，公共关系的观念与实务开始在日本传播与发展。1949年，日本地方政府中专门主持新闻传播的官员100多人聚集东京，参加了历时三个月的公共关系讲习会，进一步推动了公共关系在日本的发展。1957年，日本成立了"国际公共关系公司"，该公司与全世界38个国家建立了业务合作，以组织海外业务为主，在纽约、巴黎、香港等地都建立了分公司。1964年，日本成立了日本公共关系协会。许多专家认为，战后美国导入日本的公共关系，成为了促使日本经济快速发展的一个重要因素。

20世纪50年代中期，中美洲、南美洲国家相继发展了公共关系事业。1959年，墨西哥公共关系协会在墨西哥城召开了泛美公共关系大会，美国和大多数拉美国家都参加了这一会议。1960年，有巴西、秘鲁、墨西哥等国参加的泛美公共关系协会正式成立，从此，拉丁美洲的公共关系活动一直十分活跃，并得到了稳步地发展。

20世纪60年代后，公共关系在澳洲、东南亚广泛传播，为澳大利亚、新西兰经济的发展和亚洲"四小龙"的经济腾飞起到了重要的作用。1967年,"泛亚公共关系协会"在香港成立,成员包括台湾、香港、澳门地区和东南亚各国。

20世纪70年代,原苏联和东欧国家也开始引进和发展公共关系。原罗马尼亚政府为获得美国政府的最惠国待遇,不惜花巨款聘请博雅公共关系公司代理其公共关系事务。

1955年,国际性的公共关系组织——国际公共关系协会(IPRA)在伦敦成立,出版《国际公共关系协会通讯》(不定期)和《国际公共关系协会评论》(季刊),这标志着公共关系事业已为全世界所接受,成为了一项全球性的事业。1958年,该会在比利时首都布鲁塞尔召开了第一次世界公共关系大会。尔后,每三年召开一次大会,已先后分别在15个国家召开了15次大会,有力地推动了全球公共关系事业的发展。

第四节 公共关系在当代中国

在中国历史上,公共关系思想和公共关系实践有着十分丰富的内容,然而,与市场经济紧相联系的现代公共关系在中国的兴起并迅速发展,则是与党的十一届三中全会以后我国推行改革开放、进入了社会主义现代化建设新时期是密切相关的。20多年的实践证明,改革开放需要公共关系,发展社会主义市场经济需要公共关系,加强社会主义物质文明和精神文明建设需要公共关系,国际交往、交流和合作也需要公共关系。现代公共关系在当代中国的兴起,有其历史的必然性。

早在20世纪60年代,欧、美、日等国的跨国公司开始在香港、澳门、台湾的一些大公司设立公共关系机构,本地的一些大中型企业竞相仿效,有力地推动了这些公司、企业生产和商贸业务的发展。70年代,港、澳、台的公共关系迅速发展,并达到了较高的水平。到了90年代,港、澳、台出现了一批专业的公共关系公司,还有许多兼营的公司,各公司、企业内部相继成立了公共关系机构,公共关系已得到相当地普及,从事公共关系工作成了某些人的职业。

中国内陆的公共关系是伴随着改革开放而发展起来的。1980年,我国开始在深圳、珠海、汕头试办经济特区。之后不久,在深圳的一些"三资"企业——主要是酒店、宾馆,按照海外的管理模式,最早设立了公共关系部。在我国学习国外先进管理风气的影响下,酒店、宾馆设立公共关系部这一新鲜事,逐渐受到企业界的关注,"三资"企业中的公共关系部越来越多。1983年9月,广州的中国大酒店最先设立了公共关系部。其后,广州的白天鹅宾馆也于1984年5月成立了公共关系部,紧随其后的还有南湖游乐园、东方游乐园、花园酒店等一批中外合资企业，进一步壮大了公共关系队伍，开展了卓有成效的公共关系活动，扩大了公共关系的影响。我国第一家国有企业——广州白云山制药厂的公共关系部也于1984年9月诞生。此后，随着改革开放的骀荡春风，公共关系有如几点星火，自南而北，自沿海而内地，迅速地在我国传播和蔓延开来。

与此同时，广东、北京的一些专家和教授开始把现代公共关系作为一门新兴的学科、一种现代管理科学和管理职能介绍到国内来，在理论界和高等院校里引起了人们的重视。1984年4月，深圳大学钟文教授等三人应邀参加了国际公共关系协会在澳大利亚墨尔本召开的世界公共关系大会，中国从此加入了国际公共关系组织的行列。1985年，深圳大学传播系创办了第一个公共关系专业，招收了第一届公共关系专业的大学生。

1984年至20世纪90年代初，我国公共关系出现了一个空前发展的局面，在社会上形成了一股"公关热"。在这一时期，公共关系专业期刊开始出现，公共关系的理论研究十分活跃，论文、专著、教材等形式的理论成果已经遍及全国各地。1985年1月，深圳市总工会举办了第一个公共关系培训班。同年6月，北京大学研究生院举办了公共关系讲座。1986年，深圳大学开设了公共关系学专业课程。接着，复旦大学、南京大学、中山大学、中南工业大学、中国科技大学等高等院校也相继开设必修或选修的公共关系学课程。1987年2月，国家教委正式批准把公共关系课纳入教学计划。不久，国家教委高等教育自学考试办公室、中共中央组织部干部教育局、中共中央宣传部理论局、劳动人事部人事教育局也联合发文，规定政治管理和行政管理、秘书学等专业均需开设《公共关系学概论》课程。从此，公共关系学作为一门专业基础课正式登上了我国高等学府的殿堂。1986年6月，我国第一个公共关系民间组织——广州地区公共关系俱乐部成立。1986年12月，上海市公共关系协会正式成立，这是我国最早成立的省（市）级的公共关系协会；接着，北京、广东、江苏等地也都先后成立了公共关系协会或学会、研究会等。1987年5月，中国公共关系协会正式成立。此后，我国各省、直辖市、自治区和不少大中城市也相继成立了地方性的公共关系组织。1991年4月，中国国际公共关系协会成立。所有这些，标志着我国的公共关系事业已开始走向规范化、专业化、一体化的道路。

中国公共关系事业的迅速发展，引起了国际公共关系界的注目。1984年10月，美国的希尔·诺顿公司在北京设立了办事处。1985年，两家世界上最有影响的公共关系公司——伟达公司和博雅公司先后进入我国。其中，博雅公司与中国新闻发展公司达成协议，成立了我国第一家专业公共关系公司——中国环球公共关系公司。1987年初，前任国际公关协会主席萨姆·布莱克应邀来我国深圳访问；年底，时任国际公共关系协会主席的保罗·库普也应邀前来深圳访问，他亲自向蛇口公共关系协会赠送了国际公关协会雅典公共关系道德准则证书，并正式邀请我国国际公共关系协会理事兼总干事长朱传贤加入公共关系协会。

综观这一时期的中国公共关系，随着公共关系知识的普及，公共关系事业发展到了一定的规模，成绩是主要的，主流是健康的，但层次还较低，存在着"拿来主义"的影响，或对外来的东西照搬照抄，或由人家主动上门现身说法，难免出现瞎子摸象、囫囵吞枣的现象。还有少数人将公共关系庸俗化，扭曲了公共关系的本质内涵，从而引起社会上一部分人对公共关系的误解。

从20世纪90年代初到2010年，可以说是中国的第二次"公关热"。这一"公关热"至今仍绵延持续，热度不减。可以这么说，在我国改革开放30年取得举世瞩目伟大成就的今天，在积极应对全球金融危机、经济全球化的新形势下，当前我国社会各方面对公共关系的需求也在与日俱增，中国公共关系业迎来了繁荣与发展的最好时期。延续至今的我国第二次"公关热"，它的最主要的特点是：促使公共关系原理进一步与中国的具体国情相结合，为建立有中国特色的公共关系学理论和开展有中国特色的公共关系实践活动而取得了令人欣喜的成绩。

第二次"公关热"的显著表征是：

其一，中国的公共关系事业得到党和国家领导人的重视。1991年5月，当中国公共关系协会在北京召开全国公共关系工作会议时，李瑞环、薄一波分别为大会写了贺词。李瑞环在贺词中说："中国公共关系事业的发展，是中国改革开放的必然趋势，它以新型的管理科学，协调社会各方面的关系，密切党和群众的联系，调动各种积极因素，维护安定团结，促进社会主义建设。"薄一波在贺词中恳切希望中国的公共关系事业能"总结经验，纠正缺点，坚持真理，为建设有中国特色的社会主义公共关系继续奋斗"。1994年2月5日，李岚清同志在全国企业干部培训工作会议上讲话时说："公共关系是门科学，搞国际经济技术合作不懂外语不行，不懂技术和经济管理不行，不懂公共关系也不行。"2004年9月19日，中国共产党第16届中央委员会第4次全体会议通过《中共中央关于加强党的执政能力建设的决定》，《决定》指出："坚持最广泛最充分地调动一切积极因素，不断提高构建社会主义和谐社会的能力是当前和今后一个时期，加强党的执政能力建设的主要任务。妥善协调各方面的利益关系，正确处理人民内部矛盾。建立健全社会利益协调机制，引导群众以理性的合法形式表达利益要求、解决利益矛盾，自觉维护安定团结。"要构建社会主义和谐社会，关键是要协调好各方面的关系；而要协调好各方面的关系，做好群众工作，这就需要党和政府的各级干部具有高超的公关能力。因此，提高党和政府各级干部的公关能力是提高执政党的执政能力的具体体现，是构建和谐社会的客观需要。在这方面，胡锦涛总书记、温家宝总理身体力行，在处理国内外重大事件上表现了卓越的公关艺术和公关技巧，为各国政要和广大人民群众所称道赞赏，成为我们学习的榜样。还有，在各地区公共关系协会、研究会召开的年会和研讨会上，当地党政机关的领导同志有的亲自参加会议，有的送来了贺词、贺信，对建立具有中国特色的公共关系事业、促进当地经济的发展提出了殷切的希望。

其二，公共关系的组织有了更大的发展。我国除已有的全国性公共关系组织——中国公共关系协会和中国国际公共关系协会外，各地方的公共关系组织，也由开放城市向内地，由南向东、向西、向北逐渐发展，到本世纪初，全国已经有 30 个省、直辖市、自治区成立了公共关系协会，省以下的地、市、县公共关系协会达 450 余个，还成立了铁路、煤炭、保险等行业的公共关系协会，设立公共关系部的公司、企业、事业单位则难以胜数。当前，我国公共关系从业人员已超过 15 万人。

其三，公共关系理论研究空前活跃。到本世纪初，全国已有公共关系专业报纸、刊物近 40 家，其中影响较大的有《公共关系报》、《公共关系导报》和《公共关系》杂志，许多报刊还开设了公共关系专栏，报道公共关系成功的案例，发表公共关系理论研究成果；全国已出版的公共关系专著、教材、译著和辞书等，已近 400 种。在全国和地方性的公共关系协会召开的年会和研究会上，汇集了公共关系学者、专家的理论研究成果和企业家公共关系实践成果，有的汇编成册正式出版，有的通过与会者的扩散，加强了公共关系理论研究的学术交流，促使公共关系的理论研究向纵深发展。

其四，公共关系知识得到了较广泛的普及。全国性的和地方性的公共关系协会举办了各种形式的公共关系培训班，各行业、企业、事业单位也举办了各种类型的公共关系讲习班，培养了大批公共关系专业人才。随着公共关系事业的发展，培训的层次正在逐渐提高，增多了中、高级人才的培训。北京市公共关系协会与中央电视台联合举办的《企业实用公共关系》电视讲座，广东电视台拍摄的电视连续剧《公关小姐》，深圳市公共关系协会和深圳电视中心联合拍摄的电视专题片《公关在中国》等，使公共关系为更多的人所了解。还有，一些省、市和企业建立了公共关系网站。所有这些，都有力地推动了公共关系知识的普及。

其五，公共关系教育飞速发展。当前全国全日制普通高校共计 1553 所（其中本科院校 642 所，专科院校 911 所）。为适应社会主义市场经济对公共关系高级专门人才的需求，到 2009 年底，据不完全统计，全国有 80 余所高等院校设立了公共关系专业或公共关系系，在高校开设公共关系课程的已接近 900 所。

高校中的职业技术学院，以培养实用型、技艺型、操作型工程技术人才及管理人才为主，普遍开设了《公共关系学原理与实务》的课程。全国有三分之一的民办高校，开设了"行政管理与公关"、"公关与文秘"、"涉外公关"等专业。有些职大、电大、党校、行政学院、干校，都把公共关系学列为授课内容。一些中等专业学校和职业中专也开设了公共关系的课程。有的省正在筹办公共关系学院，有的省已经办起了公共关系职业中学。

其六，公共关系的国际交流和合作有了进一步地发展。随着我国改革开放的深化，我国公共关系界与国际公共关系界的联系、交流和合作活动逐渐增多，为"让世界了解中国，让中国走向世界"开辟了新的途径。中国公共关系协会和各省、市公共关系协会邀请国外著名公共关系专家、学者来我国访问和讲学，或出访参加国际性的公共关系会议。不少高校聘请国外公共关系学者讲授公共关系课程，或合作开展公共关系理论和实务的研究。有些出版社购买了一些权威性的国外公共关系著作和辞书的版权，翻译后在我国出版，为公共关系的国际交流和合作做了许多有益的工作。

2001年12月11日，中国正式加入世界贸易组织（WTO）；2008年8月，北京成功地举办了第29届奥运会；2009年10月1日，我国迎来了新中国建国60周年、改革开放30周年庆典；今年5月1日起，在中国上海举行了为期半年之久的第41届世博会。这些具有里程碑意义的重大历史事件，不仅为中国的现代化建设带来了机遇与挑战，同时也为公共关系在中国的发展带来了新的契机和更大的压力，必将使我国的公共关系开创一个崭新的局面。事实表明，在这些重大历史事件中，我们在许多方面都创造性地运用公共关系策略、方法和技巧，有力地推动了工作的顺利进展和圆满成功。时代的前进、形势的变化和事业的发展向我们提出了新的更高的要求，这就不仅需要我国的公共关系专家、学者，努力践行科学发展观，与时俱进，不断创立符合我国具体国情的公共关系理论；同时也需要公共关系从业人员解放思想，开阔视野，不断提高自身素质，努力开创适合我国现代化建设公共关系事业的新局面。

第三章　公共关系的主体和受体

所谓公共关系，指的是社会组织与公众之间的相互关系，这种关系是在社会组织与公众之间的信息传播过程中实现的。任何一项公共关系活动，都由三个基本要素所构成，这就是：公共关系主体——社会组织；公共关系受体——公众；公共关系媒体——传播。在公共关系实践中，这三个要素是密不可分、相互依存、互为条件、缺一不可的。本章专门论述公共关系的主体和受体，下章再论述连接主体与受体之间的中介——传播。搞清楚公共关系的主体、受体及其相互关系中的一些基本问题，对于我们有效地开展公共关系活动，具有十分重要的意义。

第一节　公共关系的主体——社会组织

一、公共关系主体的含义

所谓公共关系主体，指的就是那些主动开展公共关系活动，向各类公众施加各种影响的社会各级各类的组织机构。

有些公共关系学论著和教材，将公共关系主体分成广义的和狭义的两种：广义的指社会组织，狭义的指公共关系运作的组织机构和公关人员，将二者混淆在一起，这是不恰当的。我们认为，公共关系主体就是指的社会组织，即执行一定的社会职能、完成特定的社会目标、主动开展公共关系活动、构成一个独立单位的群体，而不应包括公共关系机构和人员在内。

社会组织是公共关系活动中始终处于主要地位、主动开展公共关系活动的社会各级各类组织机构。它们是公共关系大网的编织者和缔造者，由它们构成了一种社会稳定关系的网络，成为社会秩序的基础。社会组织是公共关系的第一构成要素，是公共关系的主导。

在任何公共关系活动中，公共关系主体——社会组织始终处于最主导、最重要、最关键的地位，是公共关系构成要素中最积极、最活跃的因素。如果没有公共关系主体，公共关系媒体就无人使用，信息传播就没有来源，公共关系受体也就没有什么东西可以接受。所以，如果没有了公共关系主体，也就没有了公共关系活动，当然也就没有了公共关系。公共关系主体始终都是公共关系行为的施行者，它把握着公共关系的方向和目标，策划着公共关系活动的内容和传播方式，调整、控制着公共关系活动的行为和气氛，公共关系主体的"内在精神本质"直接决定着公共关系活动的优劣成败，直接影响着公共关系的质量和效益。

一般说来，社会组织具有以下几个基本特征：

（一）目的性

任何社会组织的建立都有着明确的社会目的，都有着本身的目标追求。社会组织的目标必须是具体、明确的，并为全体成员接受，这是组织存在的依据。社会组织存在的目的往往就是通过千方百计、千辛万苦的努力，最终达到预期的目标，实现组织所希望得到的满意结果。组织的所有成员、组织的所有活动都必须指向这一共同目标。如我国申请 2008 年在北京举办奥运会，当时北京奥申委和相关社会组织所进行的一切公关活动，都是紧紧围绕获得申办权这一中心目标而展开的。

（二）系统性

社会组织既是由各种要素所构成的一个有机系统，又是处于整个社会大系统中的一个小系统。如中国是奥运会大家庭中的一个成员，北京是中国的首都，是一座历史悠久和有着灿烂民族文化的美丽城市，北京奥申委和相关社会组织才有资格为获得 2008 年奥运会申办权而开展一系列的公关活动。

（三）整体性

组织是一个多数人的集合体，是一个复数的范畴。整体性不仅反映了组织成员是由多数人组成，代表着大多数人的利益，而且还表现在组织具有实现目标的结构和手段（组织结构是指明确规定的活动组合模式，这种模式确定了成员分工和权利分配；实现组织目标的手段是指管理、控制、协调的方法，如规章、命令、行为规范等）。因此，组织在开展各种公共关系活动时，要有效地形成和发挥整体效应。

（四）功能性

组织具有特定的功能。组织的功能依靠组织内部协调运转，围绕组织的目标而实现。这种运行和实现有赖于组织面临的外部环境和组织内部环境的变化，国外学者把这三者之间的相互联系和制约作用称为"组织战略三角"，三者保持综合动态平衡，才能保证组织功能的实现。

（五）适应性

社会组织是一个有机的"生长体"，总是存在于一定环境之中的，组织系统与环境之间不断地进行着信息、物质和能量的交换。所以，组织的生存与发展，必须具备对环境的适应性。

（六）变动性

社会组织生存于一定环境之中，社会发展以及相应的环境变化对社会组织的生存和发展必然会产生一定的影响。组织的兴盛与衰落，新生与消亡，在某种程度上，往往取决于社会环境的变化。因此，社会组织也总是处于不断的变动、变化、变革之中的。

二、公共关系主体的类型

社会组织是公共关系的主体。社会组织的性质不同，它所面对的公共关系对象——公众也就不同，采用的公共关系活动方式也就有所不同。所以，要卓有成效地开展公共关系活动，在确定社会组织的目标公众之前，必须对公共关系主体——社会组织的类型有所了解。从不同角度、按不同的标准，大体上可将社会组织划分为以下几种类型：

按照社会组织成员的关系为标准来划分，可将它分为正式组织和非正式组织两种类型。正式组织是指通过有目的、有计划的设计、规划，经上级主管部门批准、认可，按正规途径建立起来的组织，其成员关系比较确定和正规，有明确的分工和职责范围，有明确的目标、健全的制度和完善的管理。政党、政府、军队、公司、工厂、学校、医院、商店等均属于这类组织。非正式组织是指在人们共同的思想、信仰，以及相互喜爱、相互依赖的基础上自发形成的，以成员间的利害、情感需求为纽带来维系的组织。由于成员间的生活接触、情感交流、兴趣相近、利害一致，未经人为的设计、规划而产生交互行为和共同意愿，并由此形成自然的人际关系，发展成为非正式组织，其职能和活动规则并不严格，参加和退出都相当自由。业余体育组织、娱乐性的俱乐部、旅游团体、文艺沙龙、业余兴趣小组等均属非正式组织。根据它对社会组织的目标或目的所起的作用，可将非正式组织划分为积极型、中间型、消极型三种。正式组织是公共关系最重要的主体，公共关系主要是通过一定的正式组织为实现其公共关系而开展各种公共关系活动的，而从事公共关系的专门机构本身必须是正式组织或正式组织的代表。但作为公共关系的受体，它既可以是正式组织，也可以是非正式组织，而且非正式组织对公共关系活动的开展往往有着特殊的功用，对社会组织公共关系目标的实现起着促进、限制或阻碍的作用，所以，非正式组织逐渐被纳入到公共关系学研究的范围。

按照是否以公共关系理念为指导进行运作为标准来划分，可将社会组织分为潜在的公共关系主体和现实的公共关系主体两种类型：前者指不具备公共关系主体构成要素、没有发挥公共关系主体作用的社会组织；后者则指具备公共关系主体构成要素、能较好甚至充分发挥公共关系主体作用的社会组织。

　　按照对公共关系的认识程度和运作水平来划分，可将社会组织分为自发的公共关系主体和自觉的公共关系主体两种类型：前者指那些组织的领导者和公共关系专职人员素质不高、工作能力不强、对公共关系有所了解但认识还不够深入甚至片面、实际运作效果不佳的公共关系主体；后者则指那些组织的领导者和公共关系专职人员素质高、能力强、对公共关系有正确而深刻的理解、实际运作有显著成效的公共关系主体。

　　按照以产业的区分为标准来划分，可将社会组织分为第一产业组织、第二产业组织和第三产业组织三种类型。第一产业组织指从事农业、林业、牧业、副业、渔业等生产、经营和管理的部门及单位；第二产业组织指从事工业、建筑业等生产、经营和管理的部门及单位，其中工业又可细分为采掘、制造、电力、自来水、纺织、冶金、煤炭等行业；第三产业组织指从事流通和服务等经营和管理的部门及单位，包括金融、保险、房地产、旅游、公用事业、交通运输业、邮电通讯业、商业、饮食业、广播电视、教育、文化、卫生、体育和社会事业等。

　　按照社会组织的性质和宗旨为标准来划分，可将它分为政治组织、军事组织、经济组织、科技组织、文化组织、群众组织、宗教组织等。

　　按照社会组织所处地域的大小来划分，可将它分为地方性组织、区域性组织、全国性组织和国际性组织等。

　　按照社会组织掌握权力的情况来划分，可将它分为非权力型组织、准权力型组织和权力型组织三种类型。

　　按照规模大小、人数多少为标准来划分，可将社会组织分为巨型组织、大型组织、中型组织和小型组织等类型。

　　按照主要的活动方式为标准来划分，可将社会组织分为生产型组织、管理型组织和服务型组织三种类型。

　　按照组织的活动和发展状况为标准来划分，可将社会组织分为维系型公共关系主体和开拓型公共关系主体两种类型。

　　按照活动方式的特点为标准来划分，可将社会组织分为宣传型公共关系主体、交际型公共关系主体、参与型公共关系主体和服务型公共关系主体等类型。

　　公共关系主体的分类，在通常的情况下，更多的是根据社会组织的不同利益和目标，将其分成以下几种类型：

　　（一）互益性组织

　　这类组织的目标或目的是为组织内的所有成员谋取利益，其首要公众是组织的内部公众以及同一组织系统内部的纵横联系，主要包括党派、工会、各种协会、俱乐部以及社会团体等。

（二）盈利性组织

这类组织的建立和设置是为该组织的所有者和经营者谋利益，其首要公众是企业的所有者、经营者以及与企业息息相关的消费者。它的盈利主要依靠与其他企业的激烈竞争来提高效率和效益。主要包括工矿企业、商业贸易企业、金融机构、保险公司、旅游服务业等。

（三）服务性组织

这类组织不以盈利为宗旨，而以服务对象的利益为目标或目的，使接受它服务的公众受益，其首要公众是该组织的特定服务对象，如医院之于病人，学校之于学生，敬老院、托老所之于老人等。

（四）公益性组织

公益性组织的受益者是广大人民群众，不只限于与该组织的直接接触者，还包括与该组织没有什么接触的公众。也就是说，它以国家和公众的根本利益为首要目标，其公共关系对象是整个社会的所有公众。主要有政府、军队、警察、消防队、税务部门、红十字会、慈善会以及其他公益性机构等。

为什么要划分公共关系主体的类型呢？其目的就在于使公共关系部门和公共关系人员在面对一个社会组织时，能够客观、准确地判断该组织的性质、职能、特点以及公共关系现状，使之能清醒地把握住目前组织自身属于哪一种类型的公共关系主体，公共关系处于什么状态，从而为今后的公共关系活动寻找策划和实际运作的依据。

三、社会组织与环境

任何社会组织都不是孤立存在的，它既是社会环境的产物，又是社会环境的一个组成部分，与社会环境有着相互依赖、相互影响、相互作用的密切关系。一方面，社会组织的运行是在一定的现实条件和客观环境之下进行的，在运行过程中必然要涉及到多方面的因素，要受到社会环境的制约，因而必须不断解决有确定目标的社会组织和处于不确定状态（不断变化）的环境之间的矛盾，为自己营造一个良好的生存、发展环境，使本组织处于最佳的运转之中；另一方面，社会组织并不是消极、被动地去适应环境，而是积极、能动地去改善环境、优化环境，妥善处理好与各方面的关系，以获得他们的理解、信任、好感、支持和合作，这就是说，它反过来对社会环境也有所改变、有所改造、有所改进、有所改善、有所超越。这就是社会组织的公共关系谋划和实务。

从组织环境学的角度看，一个社会组织的环境是指组织本身所处社会环境与内部协调机制的总称。社会组织所处的环境既复杂又多变，它对社会组织的生存、发展有着直接的甚至决定性的影响。所以，社会组织必须充分了解和认识自己所处的环境，并根据环境的变化，不断调整自己的内部机制，使之更能适应并进一步优化自己所处的环境。

从环境的层次看，影响组织效能的客观社会环境有下列三个层次：大环境——包括国家和社会的政治、经济、文化等三大系统，对社会组织的影响是巨大而全面的；中环境——包括市场、分配、供应、技术、竞争、服务和团体压力等次级系统，各类社会组织不论其性质如何，均需依赖这些系统，才能实现自身的目标；小环境——包括组织结构、工作条件、人才配备、领导威信、人际关系等再次级系统。这些系统，决定了组织的特性。组织未能发挥效能，主要是在适应环境的各个环节上出了问题。因此，一个社会组织要善于适应和利用社会环境，并在适应和利用环境的过程中，努力改造和超越社会环境。

从公共关系的角度看，组织所处的社会环境通常分为内部环境和外部环境。内部环境，指的是组织内部成员间的关系，各职能部门的协调配合，因此就有了内部公共关系；外部环境，指的是组织与外部各类公众之间的关系、社会舆论对本组织的认知和评价，因此就有了外部公共关系。无论是内部环境还是外部环境，最终都要体现在构成环境的主体——人身上，这就是说，要有目的地开展对内外公众的公共关系工作，以增强组织内部的凝聚力和组织外部的感召力。

任何组织都有"营造环境"的需求和行为，但不同类型的组织对"营造环境"的目标（也就是公共关系的任务）是不尽相同的。如政治组织"营造环境"的目标，它面向全社会的公众，树立起领导者、管理者、保卫者的良好形象，赢得人民群众的信赖、认同、支持和合作，使党和国家的方针、政策、政令、法律、法规畅通无阻，得到全面的贯彻执行，保持社会的稳定和长治久安，以确保改革开放和社会主义现代化建设事业的顺利进行。经济组织担负着为公众提供生产资料和生活资料的任务，与国家的经济发展和人们的衣、食、住、行息息相关，它"营造环境"的目标是树立生产者、经营者的良好形象，凭借可靠的质量、信誉和优质服务，争取用户、顾客、消费者和其他公众的广泛支持，使组织在商品经济大潮和激烈的竞争中，增强竞争力，取得最佳的经济效益和社会效益。正是由于组织"营造环境"的目标不同，它们开展公共关系活动的具体内容和运作方式也就应该有所区别，切不可一律化、雷同化。

第二节　公共关系的受体——公众

一、公共关系受体的含义

公共关系受体，指的是在公共关系中处于接受地位的一方，也就是公共关系活动指向的对象。在公共关系学中，公共关系受体特指对一个社会组织的目标和发展具有现实和潜在利益和影响力的公众。

在现有的公共关系学论著中，都将公众称之为公共关系客体，这是不正确的。主体和客体是哲学的基本范畴之一，它构成了实践活动和认识活动的两项基本要素。主体指的是从事实践活动和认识活动的具有明确目的和意识特性的人；客体指的是存在于主体之外的一切客观事物、社会生活、实践活动。不论是自然界还是人类社会，不论是物质的东西还是精神的东西，一旦进入人的活动范畴成为实践的对象，就获得了客体的属性。所以，公共关系客体（或称公共关系本体）指的是公共关系本身，也就是公共关系的实质性内容，包括了公共关系学原理和公共关系实务的全部内容。公共关系客体是公共关系实践活动得以产生的根源和基础。公共关系实践离不开公共关系客体，离开了客体，公共关系实践就失去了它存在的依据，根本无法进行；公共关系理论也就成了无源之水，无本之木，这种"空中楼阁"式的抽象理论是毫无用处的。

公众是公共关系活动的特定对象，也就是公共关系内容（实践成果）的受施者、接受者。按照接受美学和现代阐释学的理论，公众应称之为公共关系受体，或称受众。公共关系中的一切公共关系活动，其目的都是为了受体，它不只是一种单纯指向物的世界的对象性活动，而是作为主体和受体的人与人之间的思想、情感和认识的交流、沟通活动。公共关系客体（内容、文本、成果）是供人观照、接受的，它的社会效果和实际价值，只有通过受体观照、接受的具体化，在观照、接受的过程中才能表现出来，得到实现，将"可能性的存在"变成"现实性的存在"。当然，受体在观照、接受过程中，并不只是消极、被动的反映，而是一种能动的、创造性的反映。受体对公共关系活动的信息反馈，为公共关系主体的公共关系实践提供了新的需要和动力，指引着主体对公共关系目标和方向的重新定位，使公共关系的实践活动能更好地适应和满足受体的需要，从而获得更佳的经济效益和社会效益。

作为公共关系的"公众"，也就是公共关系学的"公众"，它不同于社会学中"公众"的含义，指的不是社会上的大多数人，即"人民大众"、"民众"、"群众"等，而有着特定的含义，那就是：对一个社会组织的目标和发展具有现实或潜在的利益和影响力的所有个人、群体和组织。

二、公众的特点

作为公共关系受体的公众，主要有以下几个特点：

(一)公众的广泛性

任何一个社会组织所面对的公众都不是单一的，而是由社会和有关方面的公众所组成的复杂的群体环境。这也就是说，只要是与社会组织存在某种双向利益的个人、群众和组织，均可归入到公众中去。作为个人或群体来说，都不可能孤立地生活，必然要和各种社会组织广泛联系，成为某些社会组织的公众；作为社会组织来说，尽管它们从事的社会活动和经济活动的性质、内容有所不同，但不可避免地都要与各种社会组织发生关系，自觉或不自觉地成为某些公共关系主体的公众。而且，作为一个成功的公共关系主体来说，不仅要重视与本组织关系密切的特定公众，而且也要重视作为社会成员的所有公众。试想，一个社会组织只为特定的公众所认可和支持，而受到舆论的抨击、社会的谴责，那是根本无法立足的。由此可见，公众存在于社会的方方面面，其广泛性是十分明显的。

(二)公众的群体性

公众具有层次性，包括个人、群体和组织。但从公共关系的主体来看，公众在某些程度上又具有群体的性质。某一组织作为社会群体的一部分，大家都能理解；其实，即便是作为个人出现的公众，也一定是某一群体中的成员。就是没有固定职业的家庭主妇，也是一个家庭或同类型妇女中的一员，她到商店购物，商店这一公共关系主体就将她作为某一社会群体中的一员而与她打交道。根据社会学原理，通常将群体划分三个层次：(1)法人群体：即依法成立的社会实体，如工厂、机关、学校等；(2)任务群体：即在一定的时间内汇集到一起，从事类似活动、达到相同目标的社会成员集合体，如图书馆里的读者、商店里的顾客、风景名胜处的游客等；(3)角色群体：即指具有某一共同身份或从事共同职业的社会成员集合体，如工人、干部、教师、学生等。群体还可分为大群体和小群体、松散型群体和紧密型群体、同质群体等层次，有时若干群体并列，有时在某一特定群体中又镶嵌有其他的群体。

(三)公众的同质性

公众之所以能"聚集"在一起，是因为他们面临某些共同的"问题"，具有某种利益上的共同性。这种共同性，或称同质性，是指他们相互之间有着某种共同之点，如共同的需求、共同的目的、共同的心理、共同的意识、共同的心愿、共同的兴趣、共同的背景等。这种共同关心或需要共同解决的问题形成为某一社会组织特定的公众，双方共同利益的互动关系将该组织与特定公众紧密地联系起来，这一群体公众采取共同相似的态度或行为，构成了该组织所面对的特定的公众。如在一个社区里，居民与企业、机关之间本来没有多少联系，但社区内有某一化工厂存在严重的环境污染问题，危害到人们的健康，这个社区内的居民、企业、机关就有可能采取相同的态度和行为，不约而同地向这家化工厂提出共同的要求，形成相同的社会舆论，从而使他们的态度和行为具有某种同质性。

（四）公众的相关性

公众不是抽象的，而是具体的，总是同某些特定的社会组织发生联系，与某些特定的社会组织的利益相关，这才有可能成为该组织的公众。也就是说，一个社会性组织所面对的公众，通常都是要求从这个组织获得某些利益的个人、群体或组织。公众与社会组织的相关性主要表现在以下三个方面：公众是相对于一定的社会组织而言的，没有脱离具体的、实实在在的社会组织的公众；公众与社会组织之间是相互影响、相互作用的，社会组织的目标、策略、方针、行为直接影响、制约着公众，反过来，公众的态度、行为，对社会组织的目标、策略、方针、行为也会产生重大影响和制约，而这正是社会组织与公众形成公共关系的关键；由于公众与社会组织利益上的关联，社会组织对公众的选择和确定，寻找、揭示和具体分析二者之间的相关性，就成了公共关系计划的重要任务。例如，顾客到商店购买商品，得到某种消费和满足，而对于商店来说，它售出了某种商品，即实现了销售目标并从中获得了一定的利润，这就是它们之间的相关性。不难看出，顾客（公众）与商店（社会组织）存在某种相关性，它们之间的利益是相对的，或者说是互利性的。

（五）公众的变动性

公众不是封闭凝固、一成不变的，而是开放的、不断变动的，随着时间的推移和公众的目标、需求、兴趣等主观和客观条件的变化而变化，公众与社会组织之间有的关系产生了，有的关系消失了；有的关系不断扩张，有的关系则有可能缩小；有的关系越来越稳固，有的关系则越来越动荡；有的关系甚至会发生性质上的变化，如协作关系变成竞争关系等。公众的变动性还表现在以下一些方面：其一，公众形成的基础是由于他们面临着共同的利益目标而与某一社会组织发生关系，一旦问题得到解决，共同的利益目标得到实现，那么，作为公共关系意义上的公众也就不复存在，随着新的问题的产生，又会产生新的公众。例如，学校的公众——学生，由于求学的共同利益目标而聚合在一起，成了学校这一社会组织的内部公众，当学生完成学业、毕业离校后，他也就不再是学校的内部公众了，但尔后又有新的学生进校，成为学校新的内部公众。

其次，社会组织本身处于不断的发展更新之中，它所面对的公众也总是处于不断的变化之中：今天是某一社会组织的公众，明天则可能成为另一社会组织的公众；今天是这个商店的顾客，但未必明天仍是这个商店的顾客；今天与这一社会组织没有任何关系，可能到明天就会成为这一社会组织关系密切的公众，等等。还有，公众作为社会群体，其成员和数量也是不断变化的，如旅游公司组织旅游团队，这一次的成员与那一次的成员是不同的，旅游旺季人多，旅游淡季则人少等。

以上从五个方面论述了公共关系受体——公众的基本特点。了解和掌握了这些特点，不仅能正确理解作为公共关系学的公众的内涵，而且还能帮助公共关系部门和公共关系人员较准确地认识和分析公众的状态，改善和创造良好的公共关系环境，有效地实现社会组织的公共关系目标。

三、公众的分类

公众的构成是极其复杂的。卓有成效的公共关系工作应该建立在对公众科学的分类基础上，以便根据不同类型的公众，有针对性地采用公共关系策略和方式方法。从不同的角度，根据不同的标准，可对公众进行多种分类：

从社会组织对于公众的影响程度以及社会组织在运行过程中与公众发生关系的密切程度，可将公众区分为非公众、潜在公众、知晓公众和行动公众四类。所谓非公众，指与社会组织不发生任何关系的个人、群体和组织。这类公众，在一定时间、空间条件下，既不受社会组织行为的影响，又不对该社会组织产生任何后果。简言之，社会组织与这些公众不发生任何交互作用。在公共关系活动中区分"非公众"和"公众"，有助于克服公共关系工作的盲目性，避免将人力、物力、财力用到不需要的地方去。所谓潜在公众，指的是已经面临着共同的问题，在未来将与社会组织发生某种利害关系，但尚未意识到这一点的公众。例如，某一企业生产的新产品，经过公共关系人员的宣传、推销，使许多顾客萌生了购买的欲望，这类公众就是潜在公众。所谓知晓公众，指的是那些面临着共同的问题，而且也已意识到问题的存在，但尚未付诸实际行动的公众。知晓公众由潜在公众发展而来，在信息沟通方面已与社会组织发生联系，但由于种种原因还在犹豫，急切想了解问题的缘由和解决的方法，以便最终作出抉择。这类公众是公共关系工作的重点对象。所谓行动公众，指的是那些不仅意识到问题的存在，而且已采用了种种实际行动的个人、群体和组织。行动公众由知晓公众发展而来。行动公众的形成对社会组织构成某种影响，公共关系部门和公共关系人员必须时刻关注行动公众的动向，全力以赴地做好这部分公众的公共关系工作，使行动公众的影响朝着好的方向发展。

　　根据公众对社会组织的态度，可将公众区分为顺意公众、逆意公众和独立公众三类。所谓顺意公众，指的是对社会组织的政策和行为持赞同态度并积极支持、协作的公众。它是推动社会组织发展的基本公众和主要力量。公共关系部门和公共关系人员必须竭尽全力维持和强化这类公众的顺意态度，尽可能避免他们态度的逆转，防止他们产生不利于组织的影响。所谓逆意公众，又称反对公众，指的是对社会组织的政策和行为持否定或反对态度的公众。这类公众是公共关系工作的重要对象，公共关系部门和公共关系人员应采取切实有效的公共关系策略和方式方法，加强与他们的信息沟通和情感联系，促使逆意公众向顺意公众转化。所谓独立公众，又称中立公众，它介于顺意公众与逆意公众之间，对社会组织的政策和行为持中间态度，或态度不明朗。这类公众的态度向哪个方向转变，对社会组织来说是至关重要的。公共关系部门和公共关系人员应切实做好这一部分公众的公共关系工作，协调好与他们的关系，促使他们对本组织采取赞同、支持、协作的态度，这是一项十分重要的公共关系任务。

　　根据公众对社会组织的重要程度，可将公众区分为特殊公众、首要公众、次要公众和边缘公众四类。所谓特殊公众，指的是那些对社会组织具有特殊意义的公众，主要指新闻界、金融界的公众。报刊、电台、电视台的记者、编辑，既是社会组织的重要外部公众，又是借以与其他外部公众联系的重要媒介，金融机构的信贷，给予社会组织的生存和发展以经济支持，因而是十分重要的，公共关系部门必须与这些特殊公众搞好关系，赢得它们的理解、信任、支持和合作。所谓首要公众，指的是与社会组织联系最密切，对社会组织的生存、发展和成败有举足轻重作用的公众。如企业的员工、股东、用户、消费者等均居首要公众，公共关系部门和公共关系人员往往投入最多的时间、人力和金钱，来维持和改善这部分公众与组织的关系。所谓次要公众，指的是与社会组织的生存、发展有一定的影响，但不起决定作用的公众，其重要性相对小于首要公众。如政府公众、社区公众、经销商公众等。这类公众虽不是公共关系工作的重点，但切不可忽视他们的存在，要尽可能维持并不断改善与这部分公众的关系。所谓边缘公众，指的是与社会组织虽有联系，但联系较少，对社会组织的生存、发展关系不十分密切的公众。对企业来讲，慈善机构、学术团体、学校、医院等均属于这类公众。对于边缘公众，平日投入的时间、精力虽然较少，但切不可忘记他们的存在，也要做好他们的公共关系工作，以争取他们对社会组织的支持，促使他们向次要公众甚至首要公众转化。

　　根据社会组织对公众的好恶程度，或根据公众对社会组织的吸引程度，可将公众区分为受欢迎的公众、被追求的公众和不受欢迎的公众三类。所谓受欢迎的公众，指的是那些与社会组织两厢情愿、情投意合的公众，如股东、赞助者、捐赠者等，他们主动地对社会组织表示兴趣，社会组织也对这类公众十分重视，关系密切。所谓被追求的公众，指的是社会组织一厢情愿追求的公众。如新闻媒体，任何社会组织对它都感兴趣，千方百计和它建立联系，但新闻媒体不会对任何社会组织都感兴趣，因此需要公共关系部门和公共关系人员去主动追求，希望它们对本组织发生兴趣。所谓不受欢迎的公众，指的是那些对社会组织一厢情愿的追求，而社会组织则极力躲避的公众。如对那些穷追不舍地索取赞助的团体或提出种种无理要求的部门，社会组织无不是对它们退避三舍的。

在公共关系实践中，较多地是根据社会组织的状态以及公众对社会组织的关系，将其区分为内部公众和外部公众两大类。所谓内部公众，指的是社会组织内部形成的特定利益群体，即组织内部的成员。如企业内部的工人、干部、技术人员、股东等，学校的教师、学生、行政干部等。这类公众与组织的关系最为密切和直接，它们对组织的影响最大。这就是说，一个组织不仅置身于外部环境之中，而且有着自己的"内部环境"。不言而喻，内部公众是公共关系的重要对象，组织的公共关系工作总是从协调内部公众关系开始的。对于社会组织来说，内部公共关系是整个公共关系的基础和前提，如不能做到"内部团结"，就不可能求得"外部协调"。所谓外部公众，指的是社会组织外部形成的与该组织有关的特定利益的群体，也就是与该组织发生相互影响和相互作用的公众。一个组织的外部公众是十分复杂的，涉及到社会的方方面面，包括了一切与社会组织有直接或间接关系的个人、群体和组织，如政府公众、新闻媒体公众、原料供应者公众、经销商公众、横向同业公众、顾客公众等。外部公众一般都是要求从组织得到某种实际利益的公众。他们对组织的生存和发展具有实际或潜在的制约力和影响力。能否正确处理与外部公众的关系，是衡量一个社会组织综合素质的基本标准之一，也是一个组织获得成功的先决条件。公共关系部门和公共关系人员的重要工作内容，就是同组织外部的各种公众建立经常性的密切关系，了解他们的动态和意见、要求，同时将组织的情况及时告诉他们，使这一部分公众对组织持赞同、信任、支持的态度，为组织的生存、发展创造有利的条件。

此外，还可根据人们社会生活的不同领域，将公众区分为政治组织公众、经济组织公众、文化组织公众、科技组织公众和社会团体公众、宗教组织公众等；根据公众的组织程度，将其区分为组织型公众和非组织型公众；根据公众的稳定性程度，将其区分为稳定型公众、周期型公众、聚散型公众和流动型公众；根据公众本身的性质及其对社会组织的影响和作用，将其区分为权力型公众、支撑型公众和功能型公众；根据公众的出现顺序作纵向划分，将其区分为现实公众和未来公众：前者为正在与社会组织发生直接交往并有双向利害关系的公众，后者为尚未与社会组织联系但随时可能与社会组织发生利益关系的公众。限于篇幅，就不一一详细论述了。

第三节　公共关系中主体与受体之间的关系

任何公共关系活动，都离不开公共关系主体——社会组织，也离不开公共关系受体——公众。主体、受体和媒体（传播），再加上公共关系客体（或称公共关系本体，指公共关系活动本身和由它体现的成果），构成了一个行为系统，组合为公共关系行为的全部内在机制。在这其中，最重要的是公共关系的主体和受体，一方为施行者，一方为受施者，它们之间是相互依存、相互对立、相互影响、相互沟通、互利互惠、交互作用、良性或恶性循环的关系。公共关系活动的根本任务，就是协调好公共关系中主体与受体之间的关系，使二者相互适应、相互满意、消除误会、化解矛盾、优化关系、彼此促进、相得益彰。

如前所述，在公共关系主体与受体之间的关系中，主体始终处于主导的地位，成为公共关系活动中最积极、最活跃的因素。这主要表现在：首先，公共关系活动是有计划、有目的的活动，是体现公共关系主体意志的活动，是按照公共关系主体的意图自觉地、有序地开展的活动。从一般意义上讲，这种活动是从属于管理科学范畴的，因而，它的立足点在公共关系主体方面。其次，公共关系活动的内容是根据公共关系主体既定的目标或目的，由公共关系主体方面制定的，反映的是公共关系主体的需求。公共关系活动的过程，是公共关系主体把它所制定的活动内容付诸于行动的过程，因而，它是公共关系主体具体运作的过程。再次，公共关系活动的方法是由公共关系主体选择和运用的，体现的是公共关系主体的思想方法和工作方法，是为公共关系活动的目的、任务服务的。公共关系活动的方法在运作上的归属性和导向性，同样也反映了公共关系主体在公共关系中的主导支配作用。最后，公共关系的成效是以是否合乎公共关系主体的预定目标或目的为标准来进行衡量和评估的。公共关系活动是循环往复的，上一阶段公共关系活动的结束，就是下一阶段公共关系活动的开端。这就是说，公共关系活动新阶段的肇始是建立在对上一阶段公共关系活动的总结、评估基础之上的，主体的总结经验、吸取教训、制定新的活动计划是一种自觉的、富有创造性的、独立自主的活动。

然而，公共关系受体——公众，在与主体的关系中，它不只是消极、被动地接受，而是一种积极、主动的接受，在二者之间的关系中发挥着能动的作用。这主要表现在：首先，公共关系受体对主体的印象以及印象的转变，不是以公共关系主体的主观意愿和公共关系实践为转移的。公共关系主体只能对受体施加影响，但是否接受这种影响最终取决于公共关系受体本身，公共关系主体不能把自己的主观意愿强加于公共关系受体。其次，对公共关系主体传递的信息、提出的需求，公共关系受体可以理睬，也可以不理睬，可以作出积极的反应，也可以作出消极的反应。主体的态度积极，并不一定受体的态度就积极。受体对主体的态度以及对公共关系活动的态度，都反映了公共关系受体自身的意志。再次，主体的公共关系目标或目的，公共关系活动的效果和实际价值，只有通过公共关系受体才能得到实现，公共关系主体接受受体的信息反馈，是适应和满足受体新的需求、提高公共关系活动的质量和水平的强大动力。最后，对公共关系主体的价值判断，受体是根据自己的标准和尺度独立作出的，主体的价值判断不能替代受体的价值判断。受体有着自身的需求、理想、兴趣、自我意识和决策能力，由此来决定和规范自身的行为。受体的立场、态度和行为，有的有利于公共关系的发展，有的不利于公共关系的发展，有的对公共关系活动起配合、推动作用，有的则起阻碍、破坏作用。

在公共关系主体和受体的相互关系中，环境也是一个不可忽视的因素。公共关系的外部环境，如政治形势、经济状况、文化氛围、社会风气、党风、民风、时尚、流言、风俗等，不仅影响着公共关系主体，也影响着公共关系受体，还影响着公共关系活动的目标、任务以及完成任务、实现目标的方式方法。外部环境的影响，以及公共关系主体和受体的互相影响，形成了公共关系主体和受体的内部心理环境，必然制约着公共关系主体和受体的思想和行为。反过来，公共关系活动的开展是整个社会环境的一个组成部分，它也必然或好或坏地影响着周围的环境，构成为公共关系主体和受体的心理环境的重要内容。由此，我们必须认识到，环境不仅是公共关系活动必须具备的因素，同时它也是在公共关系活动中发挥着至关重要作用的因素。

唯物辩证法告诉我们，世界上的一切事物、现象和过程，都包含着既对立又统一的矛盾关系，矛盾着的对立面又统一、又斗争，由此推动事物的运动和发展。公共关系的主体和受体始终处于对立统一之中。它们之间的关系既是统一的，又是对立的。其统一性表现在：主体和受体二者缺一不可，相互依存，谁也离不开谁，由此才有公共关系；主体和受体都为对方提供机会，都能在良好的关系中获得利益和满足等。其对立性表现在：主体当中有受体、受体当中也有主体，主体和受体都有自身的利益；公共关系主体和受体的地位是相对的，因而它们的作用也是相对的，它们这种地位和作用的相对性，决定了公共关系主体和受体在一定条件下可以互相转化等。公共关系主体和受体的矛盾关系，不仅体现在它们的相互关系上，还体现在公共关系过程中。公共关系的过程，实质上就是矛盾运动的过程。因而，要深入地认识公共关系主体和受体的关系，不能只孤立地从主体和受体的相互关系上着眼，而应该从整个公共关系过程也就是从公共关系的矛盾运动过程来考察。

公共关系主体在公共关系活动中既然处于主导、关键的地位，那么，就应主动、积极地协调好与受体之间的关系，受体则要发挥能动的反作用。为此，要求做到以下几点：

一、树立互利互惠观念

公共关系主体与受体的关系是辩证的，它们既互相对抗、互相排斥，各自都有自身的利益和期望；同时，它们又相互依存，互为因果，双方都为对方提供机会，使各自的利益都能得到满足，期望都能得到实现。这就是说，从长远来看，主体和受体的关系是一种互利互惠的双赢关系。正是这种互利互惠的双赢关系，推动着公共关系向着好的方向发展。在主、受体的关系中，树立互利互惠观念，对有效地开展公共关系活动有着重要的意义：帮助公共关系主体找准公共关系工作的真正出发点，在实现自身公共关系目标的同时切实满足公众的利益和需求，才能赢得公众的理解、信任、支持和合作，树立组织的良好形象；公众是组织开展公共关系活动的对象，组织不能因自身的利益而损害公众的利益，树立互利互惠观念，这是引导公共关系活动健康发展的准绳，是保证公共关系活动不偏离方向的指针；互利互惠观念还是评价公共关系活动效果的重要依据，主体和受体双方的利益满足得愈充分，公共关系活动的成效也就愈加明显。

二、坚持诚信为本

诚信是一个社会组织的灵魂、是开展公关活动和进行公关工作的原则、是立人立业之本，是组织生存发展的根本条件。在我国的传统伦理道德范畴中，诚信作为基本的道德规范，是整个道德体系的基础。具体而言，"诚"是人的内在德性，包含着对自己良心的不欺，在无人监督的情况下，加强个人道德的内省，存善去恶，言行一致，表里如一。"信"是诚的外在表征，人诚于内必显于外，心有诚意，口则必有信语，对他人不存诈伪之心，不说假话，不办假事，开诚布公，取信于人。在中国传统文化中，诚与信互为表里、兼具神形。我们当前正处于社会主义市场经济的大环境中。从某种意义上讲市场经济就是信用经济，离开了诚信，市场经济就寸步难行。社会组织作为公共关系主体，在与公共关系受体公众的接触、交往、交流中，应始终坚持诚信为本，信誉至上，做老实人、说老实话、办老实事，坚决反对和制止弄虚作假歪风。这样，才能使主体与受体之间的公共关系处于正常、健康、良好的状态，社会组织才能赢得公众的信赖、信任和信服。

三、加强信息沟通

公共关系主体和受体既然存在利益上的冲突，因而出现思想上的分歧甚至对立是在所难免的。如何解决主体和受体之间的这些矛盾呢？其主要的途径是沟通。公共关系的重要职能之一就是要通过公共关系部门和公共关系人员的努力，运用恰当的传播方式和传播媒体，加强社会组织与公众的信息沟通和思想情感交流，协调好主体和受体的关系，妥善解决组织与公众的矛盾，满足公众的利益和需求，促使它们之间的关系朝着正常、健康、有利的方向发展，防止关系的恶化和激化。在主、受体关系中，之所以要加强信息沟通，这是因为：社会组织与公众之间存在利益冲突，这是客观的、经常的，也是躲避不了的，公共关系部门和公共关系人员必须正视这种矛盾，采用正确的方法，因势利导，化解矛盾，避免冲突，建立互利互惠的良好关系，维系组织的良好形象，如果任其发展，或处理不当，就有可能演化为对组织的破坏因素，有损组织的形象；加强组织与公众的信息沟通，是公共关系部门和公共关系人员的基本职责，离开了信息的传播和沟通，实际上就等于取消了公共关系工作，因此，可以这么说，公共关系部门和公共关系人员是否树立自觉的信息沟通观念，切实加强组织与公众的信息沟通和思想感情交流，这是能否顺利实现公共关系目标或目的的重要保证。

四、认识主、受体之间的关系处于不断地变化之中

同世界上的任何关系一样，公共关系主体和受体的关系也是不断发展变化的。在当前改革开放和社会主义市场经济的条件下，公共关系主、受体之间关系的变化的速度更快、机缘更多。主、受体关系变化的原因是多方面的：既有公共关系主体方面的原因，也有公共关系受体方面的原因，还有公共关系媒体方面的原因，社会大环境、中环境、小环境的改变对主体和受体关系的变化也会产生了不可忽视的作用。公共关系部门和公共关系人员进行公共关系策划，开展公共关系活动，必须把握当时的形势，看到公共关系主体和受体关系的变化，使公共关系实践有鲜明的针对性，有的放矢，才能取得满意的效果，实现公共关系的目标或目的。

第四章　公共关系的媒体——传播

　　传播，是公共关系的基本要素之一，是连接公共关系主体与受体的桥梁和纽带，也是社会组织开展公共关系工作的重要手段。公共关系的过程，就是传播的过程，就是以传播为手段来促进社会组织与公众的相互了解，建立起良好的关系。从本质上说，公共关系活动就是一种信息传播活动。离开了传播，公众无从了解组织，组织也无从了解公众。组织与公众的沟通，在很大程度上依靠信息传播；组织与公众之间的误解，也往往是由于信息不畅造成的。所以，开展公共关系活动，必须懂得传播的一般原理，娴熟地掌握和运用传播方式，选择恰当的传播媒体，有效地提高传播的效果等，这是公共关系活动成功的基础，也是公共关系人员必须具备的基本技能。

第一节　传播的一般知识

一、传播的含义

　　传播是人类社会诞生以来就存在的一种社会现象，传播行为是人类最常见、最基本的社会行为之一。当一个人呱呱坠地，他的第一声啼哭就开始了信息传播：宣告他来到了人间。在人类社会里，一切生产和社会活动都离不开传播。在日常生活里，人们的交谈、通讯、微笑、握手、穿戴，乃至新闻报道、各种广告、政治宣传，等等，都是一种传播行为。传播学者认为：衣食住行加传播，构成了人类生存和发展的基本条件。传播对于我们人类来说，犹如阳光、空气和水一样，是须臾都不可缺少的。

　　西方的传播者和公共关系学者对传播的定义有不同的见解：美国学者亚历山大·戈德认为传播"就是使原为一人或数人所占有的信息转化为两人或更多的人所共同占有的过程"。美国学者霍夫兰认为传播是"某个人（传播者）传递、刺激（通常是语言的）以影响另一些人（受传者）的行为过程"。布朗纳认为："传播是将观念或思想由一个人传递到另一个人的程序……其宗旨是使接受传播的人，获得思想上的了解"。传播教学理论家克劳德·香农和华伦·韦弗则认为："传播包括一个心灵可以影响另一个心灵的全部过程。"《牛津英文辞典》

对传播的定义是"借说话、写作或形象,对观念、知识等的分享,传递或交换"。《哥伦比亚百科全书》则认为传播是"思想和信息的输送,以区别于货物与旅客的运输,其最基本的形式是通过形象和声音",等等。尽管它们对传播内涵的界定表述各异,但都强调传播是人与人之间的信息交流和沟通,在这一基本点上是完全一致的。

综上所述,我们认为,所谓传播,指的是个人与个人之间、个人与集体之间,以及集体与集体之间通过各种媒体传递并交流思想、知识、意见、情感、需求、愿望等的一种社会行为,它是构成人类社会交往和交际的基本过程和人类社会得以形成和发展进步的最重要的工具。简言之,传播指的是个人或集体通过各方都能理解的载体或符号传递和交流信息的过程。

二、传播的构成要素

关于传播的构成要素,最早由美国学者理查德·威瓦尔提出人、信息、效果"三要素"说,为了解释和补充其含义,威瓦尔认为传播具有八个方面的特性,即:(1)传播必须在两个或更多的人之间进行;(2)传播不仅是指传递信息,它还包括信息反馈;(3)传播不只限于面对面的交流;(4)传播不必是有意为之的;(5)传播应该具有效果;(6)传播不一定使用文字语言;(7)传播必定受情境的影响;(8)传播还会受到干扰的影响。

尔后,美国的传播学者哈罗德·拉斯维尔于1932年提出了著名的"五W要素"说,即:(1)谁(Who 传者);(2)说什么(Say What 信息);(3)通过什么渠道(In which channel通道);(4)对谁谈的(Whom 受方);(5)产生什么效果(With which effects 效果)。因这五项要素的英文词中,都有一个"W"字母起首的词,故又称"五W传播模式"或"传播五W"理论。他认为,人们如果没有回答这五个要素,就不能恰当地反映一次传播行为或传播过程。

随着科学技术的进步,传播手段更加先进,传播理论也有了新的发展。关于传播的构成要素,现代传播学和公共关系学通常归纳为以下几个方面:

(一)信源

信源又称信息源,即信息的发布者、传播者。信源是信息产生的最初发源地,如果没有信源,信息就成了无源之水、无本之木。因此,信源是信息的基础。在公共关系活动中,如果是由企业发出信息,该企业的公共关系人员就处于信源的位置;如果是企业向社会搜集信息,那社会就处于信源的位置。

(二)信息

或称讯息,指信源传递的实质性内容。它实际上是内容及其表现形式——"符号"的综合体。如某企业生产的产品在国际博览会上获得金奖,该企业的公共关系人员需要将这条信息传播出去。那"获金奖"的事实本身就是信息的内容,将它写成新闻报道,其符号是文字;将它拍成电视片,其符号则是图像。只有符号与内容结合在一起才成为信息。只有内容没有符号的信息是无法传播的,只有符号没有内容的信息,则毫无意义。

（三）编码

传播者根据传播对象的特点,按照一定的规则,将内容编制成符号系统传播出去,使传播对象易于理解和接受,称为编码。如没有受过专业训练的公共关系人员,难以将一个有新闻价值的事件写成合乎规范的新闻稿,寄出后报社很难刊登,这就是传播过程中的"编码"出了问题。相反,一个训练有素的公共关系人员,可将这一事件写成合乎规范的新闻稿,各新闻单位见到后往往是一字不改地予以刊登,这就是掌握了"编码"的规则。

（四）媒介或渠道

它指的是进行信息传播过程中所应用的中介物和途径。媒介或渠道与信息密不可分,离开了媒介或渠道,信息就不复存在,更谈不上信息的传播和交流了。信息传播的媒介或渠道很多,口头传播中的媒介是空气,没有空气的振动,对话是无法进行的;新闻传播的媒介是报纸、杂志、广播或电视。此外,电话、信函、公文、书籍、互联网等都是公共关系的传播媒介。

（五）信宿

指信息传播的归宿,即传播的受传者,或称传播的对象,也有称受众、读者、听众的。如报纸的读者、电台的听众、电视的观众等,都是新闻传播中的信宿。公共关系活动中的各类公众,就是公共关系信息传播的信宿,一切信息传播的目的,都是要向信宿即传播对象传递信息,达到与信宿共享信息的目的。

（六）译码

信宿收到信息后,将信息符号译成自己能够理解和接受的内容,称为译码。这就像战争年代敌对双方截获了对方的密电,必须经过破译才能掌握其内容一样。如果编码传递的信息,受传者不能破译,那是毫无用处的。

（七）干扰

它指的是传播过程中放大或缩小信息量使信息失真的因素。干扰可出现在传播的任何一个环节,它是影响传播质量、降低传播效果的重要因素。常见的干扰有编码干扰(不会写作)、信息干扰(信息本身产生歧义使受传者误解)、信宿干扰(信宿本身条件影响了信息的正常接受)、媒介干扰(传播媒介本身出现的各种"噪音",如报刊上的印刷错误,电视上的静电干扰)等。在公共关系活动中,公共关系人员想方设法消除传播过程中的各种干扰,以提高传播的质量和效果。

　（八）共同经验范围

指传播者与受传者之间必须有共同经验范围里的"共同语言"。它们之间的经验范围愈大，"共同语言"就愈多，传播的效果也就愈好。如果毫无"共同语言"，则传播根本无法进行。公共关系工作人员在信息传播过程中，必须尽可能地寻找与受传者之间的共同经验范围里的"共同语言"。

　（九）反馈

指受传者对信息所作的反应。传播者可以根据反馈，调整策略或行动，改进传播方式，以提高传播质量和效果。反馈可分为：正反馈，即与传播者传递出的信息内容一致的反馈；负反馈，即与传播者传出的信息内容不一致的反馈；显反馈，即明显的、公开的反馈；隐反馈，即隐蔽的、潜在的反馈；零散反馈，即断断续续、零零星星的反馈；系统反馈，即完整、定期的反馈，如电视台每周一次的收视率调查等。公共关系部门和公共关系人员的任务之一就是要为组织搜集各种信息反馈。

　（十）环境

任何信息传播活动都在一定社会环境中进行的。在不同的社会环境里，同样的传播会取得完全不同的效果。这就告诉我们：中国的公共关系活动必须从中国的具体国情出发，切不可一成不变地照搬西方的公共关系做法。

三、传播的主要特点

为了深切、全面地认识传播的内涵，就必须对传播区别于其他社会活动的基本特点有所了解。传播的主要特点是：

　（一）传播的社会性

传播是一种社会现象，人类的生存和发展离不开传播。凡是有人群的地方，都会出现形式不一样的传播活动。任何个人都不可能孤立地生活，必然会与其他的人、与整个社会发生千丝万缕的联系，联系的渠道就是信息传播和交流。如果没有传播，个体的人就不能成为社会的成员，就不能接受社会道德的规范和法律的约束，实现从生物人向社会人的转化。在现代社会里，地球成了所有地球人的公共家园，人与人之间的交往越来越频繁，人与人之间的"距离"越来越近，传播的社会性也就越来越明显。

　（二）传播的符号性

人与人之间的信息传播必须借助于一定的"符号"系统来进行。这个"符号"系统包括语言、文字、音响、图像、形象、表情、动作等。在传播过程中，传播的一方制作、传递"符号"，另一方接收、还原"符号"。公共关系工作人员要善于针对不同的公共关系对象，根据不同的公共关系目标或目的，选择相应的传播"符号"，充分发挥不同"符号"的固有特性，以获得最好的公共关系效果。

（三）传播的互动性

传播活动是在公共关系主体和受体之间进行的，它本身就是一种双向的互动行为。就传播方式而言，既有单向的，又有双向的，但单向传播并不是只有传播者，而没有受传者，只是这种互动性、双向性表现得不明显、不充分罢了。试想，如果信息传播只有传播者，没有受传者，有主体而没有受体，那么，这种信息传播又有什么意义呢？公共关系工作人员只有认识到传播的互动性，将信息传递与信息反馈有机地结合在一起，才能实现真正的信息共享。

（四）传播的工具性

人类的信息传播行为，说到底是一种工具性行为，即利用传播作为工具来监测环境、适应环境，进而改造环境。我们必须认识到，传播如同语言一样，它本身具有工具性，而不具有阶级性，是全民都使用的一种工具。这就是说，传播原理、传播实务、传播方式、传播手段你可以拿来用，我也可以拿来用。但是，为什么传播、如何传播，即传播的目的，传播的指导思想，却有着鲜明的阶级性、政治性。如李洪志就运用传播宣扬"法轮功"，欺世盗名，干尽了坏事，以达到他不可告人的反动政治目的。

（五）传播的时代性

传播既是人类社会生存、发展、进步的前提条件，又受制于社会科学技术和生产力发展的水平。人类的传播经历了原始传播（以标记、表情、口语为主）、文字抄写传播、印刷媒介传播、电子媒介传播这样四个发展阶段，表现出了鲜明的时代性。今天，光电通讯、卫星转播、国际互联网等，其传播的先进性是以往任何时代都不可比拟的。至于传播的内容，随着时代的发展而不断丰富、更新，体现了鲜明的时代精神，其时代性尤为明显。

第二节　公共关系的传播方式

传播方式是社会组织在公共关系信息传递、交流过程中所采用的具体形式。根据不同的标准和方法，可对公共关系的传播方式进行不同的分类。常见的分类方法主要有以下两种：

一、按照传播的通道分类

按照传播的通道即从传播者的角度进行分类，可将传播方式分为自我传播、人际传播、组织传播、中间传播、大众传播五种。

（一）自我传播

自我传播又称个人内向传播，也就是个人的自我交流，传递信息的主体与接受信息的受体是同一个自我，如沉思默想、自我反省、自言自语、自问自答、触景生情、自我陶醉，自我慰藉等。

（二）人际传播

指个人与个人以及个人与组织之间的信息传递、交流和沟通，这是人类应用最早也是最常见、最基本的传播方式，渗透到了人类生活的一切方面。它包括面对面和非面对面两种形式：前者是一种共同时空的传播形式，主体和受体在同一时间和空间里进行信息交流和沟通，双方不断变更角色，彼此能够看到对方的表情、动作，听到对方的声音，及时作出反馈，如交谈、讨论、谈判、接待记者采访等；后者是一种非共同时空的传播形式，参与传播活动的双方不在同一时间和空间内进行信息交流和沟通，必须通过一定的媒介进行远距离的传播，如通信、打电话、致贺电和寄问候卡片等。人际传播主要靠语言（包括口头语言和书面语言）进行，非语言则起着补充、修饰和强化的作用。语言是人际传播最重要的载体，具有表意准确、直接快捷、自由灵活的特点。非语言的人际传播主要靠势态语（表情、身姿、手势）、情感、衣着、摆设和交往的时间、次数、空间距离等。人际传播具有信息刺激强度大、交流手段丰富、反馈灵敏快捷、易于传情达意、最富人情味等优点，但也具有传播面窄、信息贮存和复制能力差等缺点。在现代社会，随着科学技术的发展，传播的手段越来越先进，但人际传播却有着别的传播方式不可取代的特点，仍然是现代社会必不可少的传播方式。

（三）组织传播

指组织与组织之间和组织内部各部门之间、组织与其成员之间的传播。它把许多独立的个人、群体联结起来成为一个整体。它是疏通组织内外渠道、密切组织内外人际关系的信息传递、交流、沟通过程，其主要特点是：传播的主体是社会组织，而不是个人；组织内部信息传递、交流、沟通具有层次性、有序性；组织外部信息传递、交流、沟通具有公开性、大众性；正式的信息传递、交流、沟通与非正式的信息传递、交流、沟通二者并存；传播具有明确的目的性和可控性；传播手段的丰富多样性；可集思广益，形成"团体压力"，表达多数人的"一致看法"；但组织传播尊重个人意见不够，常迫使少数持不同意见者保持沉默。如报告会、演讲会、小组讨论会、座谈会等均属组织传播。它是促使组织内外相互了解、获得反馈、决策管理、评价成果、协调关系、开展合作和竞争的有效手段，对提高组织的效能起到十分重要的作用。组织传播本身又可细分为自上而下、自下而上、横向(平行)传播三种类型。

(四)中间传播

又称中介传播,指通过人或物等中间媒介所进行的传播。如个人或组织通过信函、公文、电话、电传、国际互联网和托人传话等方式进行信息传递、交流和沟通。公共关系中主、受体不能直接交往时所采用的请柬、致谢信、信函、公文、电子邮件等均属中间传播。中间传播虽不如人际传播那样能直接传递信息,当场反馈、表情丰富,具有间接性,但它不受时间、地点等条件的限制,能灵活方便地进行信息传播,特别是国际互联网的开通,其传播的速度和广度是其他任何传播方式难以企及的。

(五)大众传播

又称大众交流、公共通讯,是一种现代化的传播方式。它是职业的传播者利用报纸、杂志、广播、电视、书籍、国际互联网等传播媒介向为数众多的受众提供消息、知识、思想、见解以及各种各样的信息。由于大众传播能借助现代传媒的力量,及时、快捷、大范围地传递信息,因此,在当今社会里,大众传播成为了"社会的中心力量"。大众传播的主要特点是:它是公共的,因而具有公开性、公告性、共享性;它能在最短的时间内控制最大的空间,突破时空的限制,发挥传播速度快和辐射面广的优势,影响巨大,有可能一夜之间"誉满全球"或是"臭名远扬",这是为其他传播方式所不及的;大众传播的信息,必须真实可靠,应对国家、公众、社会、法律、道德负责,真实性是大众传播的生命线;大众传播的总体对象是确定的,但从个体来说,又是不确定的、非组织性的,性。它的不足之处,是主体一般不与受体见面,反馈比较缓慢,反馈信息的来源也比较分散,不易被及时、准确、充分地把握。在公共关系活动中,尤其是大规模的公共关系活动中,一般都选择大众传播的方式。在信息高度发达的信息社会,大众传播成了公共关系活动的"常规武器"。

二、按照传播的信息流向分类

按照传播的信息流向分类,可将传播方式分为单向传播、回应传播和双向传播三种:

(一)单向传播

传播(主体)与接受者(受体)不发生直接的交流关系。其特点是:信息的传递为线性的,不搜集反馈信息。这种传播方式,不能在反馈信息基础上及时调整传播行为,有一定的局限性。

(二)回应传播

传播者(主体)发出信息以后,接收者(受体)按照传播的要求,将对信息的理解或自己掌握的信息回传给传播者。如问卷咨询、通过信函传递或在新闻媒介上征求公众意见等。当传播者接收到接受者回转过来的信息，就构成回应传播。回应传播通过信息反馈渠道，形成为一个完整信息反馈环。

（三）双向传播

传播者（主体）与接受者（受体）相互向对方发出信息，相向传递。在信息传播过程中，传播者不仅要发出信息，而且还要接收信息。接受者既要接收信息，同时也发出信息。经过双方相互交流和沟通，能更多地了解对方的需求和对信息的接收能力，从而及时调整自己的对策和行动。双向传播多运用于日常生活与工作中。

第三节　公共关系传播媒体的选择

媒体（Medium），或称媒介、传媒，其英文原意是指居于中间的物体，使人与人或人与事发生某种联系，并用以扩大和延伸信息的传播工具或手段。公共关系媒体（Public Relations Medium）或称公共关系传媒，公共关系媒介物，是在公共关系活动中传播信息、实现公共关系主体与受体之间联系的某种物质媒介或物体载体，是沟通社会组织与公众的桥梁和纽带。可用以传播公共关系信息的物质载体即某种物质技术工具，均可称之为公共关系传播媒体。公共关系传播媒体在公共关系活动中起到相当重要的中介作用，没有公共关系载体，也就没有任何公共关系活动。因此，对于公共关系机构和公共关系人员来说，熟悉公共关系传播媒体的性能并能娴熟地运用它们，这是必须具备的基本技能之一。

随着科学技术的发展和生产力水平的提高，特别是光电微波技术的日新月异，高速信息公路的开通，为公共关系的信息传播、交流与沟通提供了丰富多样的公共关系传播媒体，目前已达数百种之多。公共关系媒体因其性质、特点和功用的不同，一般可分为自用媒体和租用媒体、专用媒体和通用媒体、短用媒体和长用媒体、计量媒体和非计量媒体、快速媒体和慢速媒体、直达型媒体和接近型媒体、通过型媒体等。而按照媒体的物质属性和公共关系活动的物质技术工具的特点，通常将公共关系传播媒体划分为以下几类：

一是诉诸人视觉的印刷媒体和图像标识媒体。包括报纸、杂志、书籍、招贴、路牌、包装纸、传单、年历、信函、海报、名片、自编资料、宣传小册子、商标、照片、图画、示意图、徽记、门面装潢、代表色、代表实物等。

二是诉诸人的听觉的电波媒体。包括有线广播、无线广播、电话、录音、广播宣传车等。

三是诉诸人的视觉又诉诸人的听觉的光电音像综合媒体。包括电视、电影、幻灯、录像、投影机、图像缩放屏、电子显示大屏幕、多媒体电脑、国际互联网等。

在所有公共关系传播媒体中，被公认为传播信息广、普及程度高、用得最为频繁的大众化公共关系传播媒体，为报纸、杂志、广播、电视、国际互联网五种，通常被称之为现代五大公共关系媒体。这五大媒体，在传播方式、手段、功能、效果等方面都有所不同，它们各有其优长，也有不足的地方。公共关系部门和公共关系人员必须清楚地了解并把握这五大媒体各自的特点和彼此之间的差异，使不同媒体切合公共关系活动的要求，才能有的放矢，事半而功倍，获得最佳的公共关系效果。

一、报纸

报纸是以国内外社会、经济、政治、科技和文化等为主要内容的、散页的、定期的连续出版物。它是进行宣传的最广泛、最有效的工具，与亿万人民的生活密切相关，也是当前最主要的一种公共关系传播媒体。由于报纸具有新闻性、群众性、真实性、教育性、保存性、综合性等特点，从而决定了它在各种媒体中的优势地位。报纸的主要优点是：发行量大，品种繁多，尤其是综合性报纸，其覆盖面涉及众多的读者阶层，读者数量远远超出它的发行量，且读者对象稳定；报纸分日报、晚报、隔日报、周报等，以日报为主，传播及时，流传迅速；阅读报纸不受时间、地点、环境的限制，读者的选择余地大，拥有绝对的主动权，可随时阅读和反复阅读，且易于保存，便于查找；报纸的版面大，篇幅多，改稿换稿便捷灵活，发行地区、发行对象明确，可供公共关系主体自由选择和利用；报纸的新闻性最强，而其他传播媒体往往是娱乐性、商业性大于新闻性；报纸的专业性也较强，具有长期的传统和深远的社会影响，在反映舆论、公共服务、专业宣传等方面优于其他传播媒体；国内报纸多为党和政府、部门的机关报，借助报纸开展公共关系活动，可享用报纸素有的威信，对公共关系主体产生信赖感；还有制作简便、费用低廉等。它的主要缺点是，必须经过印刷、发行环节才能到达读者手中，传播速度不够迅速，如遇恶劣天气或在非常时期（如自然灾害、战争等）会因发行环节受阻而失去时效；读者必须具有一定文化程度和理解能力，因而读者面受到限制；读者一般多阅读当天报纸，隔日报纸就成了历史，很少有人翻阅，生命短促；它内容庞杂，包罗万象，读者阅读较草率，分散了读者的注意力；报纸以文字为主，虽可附插图和照片，但总不及电视、电影那样生动、直观，能给人以现场感等。

二、杂志

杂志又称期刊，和报纸一样，也是一种以印刷符号传播信息的连续出版物。杂志有固定名称，以卷、期或年、月顺序编号出版，每期版式基本相同。杂志不像报纸那样以新闻报道为主，而是以各种专门知识分门别类地来满足读者的需要。杂志可按内容分为综合性杂志、专业性杂志和生活性杂志，按出版周期分为周刊、旬刊、半月刊、月刊、双月刊、季刊，按发行范围分为地区杂志、国内杂志和国际杂志，按学科分为自然科学、社会科学、文化艺术杂志等。实践证明，杂志是开展专业性和专题性公共关系活动的最好传播媒体。杂志的主要优点是：能充分运用现代印刷技术，印刷精美、色彩艳丽，表现手法丰富多样，除以语言文字为主外，还融合了绘画、摄影、书法等；版面集中，形象整洁，悦目怡神，欣赏价值高；发行面广，发行量大；专业杂志由于有固定的读者群，宣传对象明确，针对性强，报道内容细致，宣传效果好；成册装订，携带方便，阅读持续性强，精读率和传阅率高；不受时间、地点、环境的限制，且易于保存和查考；阅读杂志多为业余闲暇时间，读者情绪稳定，思想和注意力集中，阅读效果好。杂志的主要缺点是：出版周期较长，时效性差，传播速度慢，尤其不利于传播变化迅速的经济信息；杂志虽比报纸生动活泼，但与电视、电影相比，仍嫌死板、机械；专业杂志因受读者文化水平和专业知识的限制，读者范围小；制作程序复杂，费用较高等。杂志和报纸是一种交叉性的传播媒体，也就是说，它们之间可以兼容共用，有关公共关系活动的报道，既可拿来刊登在报纸上，又可拿来刊登在杂志上。

三、广播

广播是通过无线电波或电缆导线，用电讯号向听众传播信息、播送节目和提供服务的媒体。按传播方式，广播可分为无线广播和有线广播。我国的电台广播遍及城乡各个角落，收音机的普及率已达到户平一台，城市已向人手一台发展，为传播各种信息创造了极为有利的条件，因而广播媒体为公共关系主体所经常采用。它的主要优点是：费用低廉，广播无论是筹建成本还是使用都比报纸、杂志、电视低廉，无线电设备简便，容易购置，节目制作方便迅速，成本也低；传播迅速，覆盖面广，通俗易懂，老少皆宜；不受文化程度、年龄、时间、地点、环境的限制，无论是居家还是出门在外，无论是工作还是休息，都不影响收听；传播方式灵活自由，可长可短，形式多样，新闻报道、实况转播、对话、讲座、讲演等，使相同的内容通过不同的表现手法取得丰富的传播效果。它的缺点是：传播信息受时间限制，缺少记录性；内容虽然通俗易懂，但不易深入深刻，不易给听众留下难忘的印象；听众选择节目的范围有限，不能任意地改变收听时间、顺序或调节收听的速度，被动性强；"只闻其声，不见其形"，有声无形，缺少形象、画面的配合，直观性差；转瞬即逝，很少为听众主动接受，常在无意中听到，随听随忘；听众分散，很难获得确切的听众调查数据等。

四、电视

电视是运用电波来传输语言、音乐、文字符号、图像、动作、表情等兼有视、听觉的现代综合性传播媒体。电视的对象是观众，它接近于面对面的直接传播，其效果主要在于画面的表现，配合语言文字的说明，在极短时间内(10～30 秒钟)传播信息，给人留下强烈而深刻的印象。电视是最受大众欢迎的一种传播媒体，具有丰富的表现力和强大的吸引力。它的发展历史虽然很短，从 20世纪 30 年代出现黑白电视，50 年代出现彩色电视，只有几十年的时间，但它是一种最先进的传播媒体，拥有众多的观众，传播效果远远超过了其他各种媒体。它的主要优点是：视听兼备，兼容了许多其他媒体的优长，集语言、文字、声音、音乐、诗歌、舞蹈、绘画、书法、图像、雕刻、建筑、工艺、戏剧、电影等，集空间艺术、时间艺术、时空综合艺术于一体，有声有色有形，形象生动，能逼真、突出地从各个方面展现出事物、场景的特征和形貌；电视通过声色之美和视听之妙，给观众带来身临其境的现场感，容易引发观众的兴趣，可信性和感染力大；电视深入千家万户，观众一般以家庭为单位，指向性宽，收视率高，覆盖面广；传播速度快，在时间上具有播放的同时性，在空间上具有同位性；观看电视没有文化程度的限制，收看时间多在晚上，观众视听情绪轻松愉快，干扰因素少；电视不受时空限制，迅速便捷，传真度高，表现手段灵活多样，有利于重复宣传，造成连续、统一的形象。积累效果好，据经验测定，在我国所有传播媒体中，城市家庭由电视直接产生的传播效果约占一半左右，而由电视造成的积累性效果则可达 70%。它的主要缺点是：电视在荧屏上一闪而过，转瞬即逝，播映时间很短，传播缺少记录性，信息不易保存；电视的播放时间和内容都是固定的，内容的增删较困难；观众收看电视处于被动地位，选择的余地小；电视节目从制作到播放，耗时费资，不能迅速地将信息制作为节目；由于缺乏选择性，所受干扰较大，观众常产生逆反心理等。电视作为非流动性的综合传播媒体，一般先要用文字写成脚本，再拍成电视片或录像，然后由电视台安排播映时间，分一次或多次播出。公共关系电视是否成功，在很大程度上取决于脚本的优劣。有时公共关系电视的创意、主题很好，但脚本却很糟糕，语言没有特色，那是根本无法拍出好的公共关系电视的。

五、国际互联网

国际互联网联结了世界上150多个国家和地区的几万个计算机网络，接有上万个信息库，其信息媒体包括文字、数据、图形图像、声音等形式，信息属性有软件、图书、报纸、杂志、档案等类别，信息内容涉及到政治、经济、科技、教育、法律、军事、文艺、体育等社会生活的各个领域。它可以提供全球性的信息沟通，几亿网上用户遵守共同的协议，共享信息资源，彼此交织成一种新的"电脑网络文化"。计算机网络的出现，极大地改变了人们的生活，具有划时代的意义。网络拥有丰富的信息资源，人们可以方便快捷地查询和使用，人们在网上可以寄送电子邮件、访问网上其他用户、点播电视节目等。一些国家的新闻媒介向网络用户发行电子报纸，开设网络广播；一些商家在网络中开设了虚拟超市，顾客不用出门，就能在网上商场中购买到自己所需要的商品；许多社会组织都建立了自己的网站或网页，将本组织的详细资料输入网络，向新闻机构和公众提供本企业相关信息，宣传本企业的良好形象，公众只需轻轻点击一下，便可一览无余。中央和地方的"政府上网"，各地的"企业上网"、"电子政务"、"电子商务"、"网上学校"、"网上录取"、"网上购物"等，更促进了计算机网络和信息高速公路的发展。网络吸取了报纸、广播、电视、电影等传媒的诸多长处，越来越成为人们获取信息的重要渠道。但网络也有缺点，就是容易遭受破坏性程序——"病毒"的侵袭，而且由于信息量太大，因而无法绝对确保信息的真实性，一些重要信息的保密工作也亟待加强。

此外，电话、手机短信、书籍、新闻电影、企业刊物、自编小册子、宣传资料、会议、展览等，也是公共关系活动中用得较多的传播媒体。

在公共关系活动中，应根据社会组织公共关系目标和目的的要求，结合不同传播媒体的特点，并且考虑自身的经济实力，选择恰当的传播媒体，力求以最少的费用支出获得最好的传播效果。一般说来，公共关系传播媒体的选择应注意以下几点：

（一）根据公共关系目标选择传播媒体

在具体实施公共关系传播时，应根据公共关系活动的具体目标来选择传播媒体，这是一条最基本的原则。社会组织开展的每一项公共关系活动，都有着明确的目标或目的，目标和目的不同，所选择的传播媒体和传播方式也应有所不同。如果社会组织公共关系活动的目标或目的在于提高自身的知名度和美誉度，树立良好的形象，则需重视信息的覆盖面，一般宜采用报纸、电视的传播媒体，让尽可能多的公众知晓；如果是为了在组织内部形成一种理念或精神，则采用印发自编刊物和宣传小册子更为合适。

(二)根据公共关系的不同对象选择传播媒体

在具体实施公共关系传播时，应根据公共关系活动的具体对象来选择传播媒体。公共关系的对象(公众)有不同的分类，他们各自有着不同的需求和期望；公众还有年龄、性别、职业的差异，他们的社会背景、生活环境、经济状况、思维方式、文化程度、时尚习俗、兴趣爱好等均有所不同，对不同的目标公众应选用恰当的传播媒体。例如，对文化程度不高的公众，视听比阅读更易为他们所接受，故宜选择大众传播媒体中的广播、电视；如果是企业宣传延年益寿的药物或最新科技成果，则宜放映电视、新闻电影和在报纸、专业杂志上刊登。

(三)根据公共关系活动的具体内容来选择传播媒体

在具体实施公共关系传播时，应根据所传播的公共关系具体内容来选择传播媒体。公共关系传播都有着特定的目的，内容千差万别，各不相同，应有针对性的选择恰当的传播媒体。内容的报道有多有少，有简有繁，同一内容中有主要部分和次要部分，它们对传播的要求也有所不同，所选择的传播媒体也应有所区别。如内容较多，需详细介绍，宜选用文字图表相结合的印刷媒体，便于公众反复阅读和研究；若是介绍一次场景复杂的事件，则采用电视新闻最为理想。

(四)根据讲求经济效益的原则选择传播媒体

在具体实施公共关系传播时，应根据社会组织的经济支出能力来选择相应的媒体。我国大多数的社会组织，就目前的情况来看，底子较薄，经济实力不够雄厚，只能拨出一小部分的资金来开展公共关系工作。因此，策划公共关系活动时，一定要本着节约的原则，以尽可能少的经济支出获得尽可能好的传播效果。在一般情况下，以选用广播、报纸为宜，不要动辄便把眼光投向电视、新闻电影等大制作。如果不计成本，只讲求"轰动效应"，传播媒体选择不当，就很可能会落得个"赔了夫人又折兵"的结局。

以上四点不是相互孤立的，而是密切相关、互为因果的。所以，在筹划公共关系传播时，公共关系部门和公共关系人员应统筹兼顾，综合考虑，才能做到科学、合理地运用传播媒体，使公共关系传播获得理想的整体效应。

第四节 公共关系传播的效果

公共关系传播效果指社会组织实施公共关系传播后对公众的影响和公众对社会组织的反映。公共关系传播的目的在于树立社会组织的良好形象，影响并改变公众固有的态度，赢得公众的理解、信任、支持和合作。公共关系传播效果的分析，是公共关系传播的最后一个步骤。

　　公共关系传播效果的测定是一个比传播方式、传播媒体更为复杂的问题。人们对公共关系传播效果的认识，经历了一个从威力无比到影响有限、再到作用可大可小，因人、因事、因时、因地而异这样三个阶段。最早的传播理论"枪弹论"认为公共关系传播作用无限，有如子弹射入靶子那样影响着公众；尔后出现了个人差异论、社会分类论、选择性因素论等，从根本上动摇了"枪弹论"，实践表明，公共关系传播的作用不是无条件、无限的，而是有条件、有限的，从而形成了公共关系传播有限效果论；再后，发展到因人、因事、因时、因地而异论，具体情况要具体分析，不可一概而论。这是一种比较科学的辩证的认识。人们对公共关系传播效果认识的发展，对于指导公共关系部门和公共关系人员的具体实践，增强自觉性，减少盲目性，避免少走甚至不走弯路，具有重要的意义。

　　衡量公共关系传播效果的标准多种多样，一般说来，传播的范围越广，提供的有效信息量越大，对传播对象（公众）的理念、态度、行为的影响也就越大；公众对公共关系传播的反响越积极，公共关系传播的效果也就越大，反之，公共关系传播的影响就小，效果就不好。

　　影响公共关系传播效果即传播障碍的因素很多。从公共关系传播过程看，传播障碍（干扰）存在于传播的各个环节，其中最主要的，一是机械性传播障碍（又称功能性传播障碍），如机械故障，传播媒体质量差，印刷物存在质量问题和电波受到干扰，导致传递的信息内容模糊不清和失真，或是存在传播线路之外的外界干扰，主要是传播的社会环境、时间、场合不当所引起，从而导致传播受阻；二是社会性传播障碍，主要有语言障碍、习俗障碍和心理障碍等。这些传播障碍影响整个传播系统的畅通，制约着公共关系传播功能的发挥。因此，在实施公共关系传播时，应该采用切实有效的措施，在保证传播媒体畅通无阻的前提下，重点帮助公众努力克服心理障碍和心理失误，打破心理困惑的窘境，保持正常、健康、稳定的心态，这样，才能使公共关系传播获得预期的理想效果。

　　那么，怎样才能有效地提高公共关系传播的效果呢？各地公共关系实践的经验表明，可从以下几个方面入手：

一、把握公众的个性心理和群体心理

　　心理，是人脑的机能，指感知、记忆、思维、情感、意志及个体心理特征等观念组成的整体，属于与客观现实相对立的精神生活领域。人的心理可分为个性心理和群体心理两种：前者又称个体心理，指决定一个人对现实的态度和积极行为的稳定的、经常性的心理倾向和心理特征，包括一个人的自我意识和需求、动机、兴趣、理想、信念和世界观、人生观、价值观等成分，制约着一个人的思想倾向和整个心理面貌；后者又称团体心理，指两个或两个以上的个体在相互作用过程中所产生的共同心理，有别于其他群体的要求、态度、兴趣、价值和行为方式等，它包括群体意识、群体感受、群体思想、群体情感、群体精神、群体士气、群体内聚力等。在人类的社会生活里，由于个人先天生理素质的差异和后天环境的影响，虽然表现出了个性心理的独特性、差异性，但作为社会关系中的人，每个人的心理倾向和心理特征都是群众心理的具体表现，有着共性的一面，形成一种心理定势，如诱发心理、从众心理、拥有心理、优先心理、对比心理、攀比心理、自惑心理、逆反心理和首因效应（第一印象）、晕轮效应、移情效应、近因效应、投身效应等，在具体实施公共关系传播时，必须切实掌握公众的个性心理和群体心理状态及其发展变化趋势，摸清他们的思想脉搏，选择恰当的公共关系传播媒体和传播方式，使公共关系传播顺应公众的个性心理和群体心理，投其所好，因势利导，才能取得满意的成效。

二、弄清公众的选择性注意

注意，指人的感觉、知觉、记忆、思维、想像等心理活动指向并集中于特定的对象。注意有两个最明显的特点：指向性和集中性。指向性指对一定事物的选择；集中性指对选择事物的贯注和深入。选择和深入的积极状态使人脑在某一时间内清晰地反映特定的对象，而对其他事物的反映则模糊不清或完全没有反映。在日常生活中，人们周围的信息是无穷无尽的，而人脑所能接受的信息却是极其有限的，通常都是只愿意接受那些与自己的需求、理想、兴趣、生活方式相一致的或自己需要、关心、有实际意义的信息，而回避甚至抵触那些与自己的需求、理想、兴趣、生活方式不相一致或自己不需要、不关心，没有实际意义的信息。如高校老师在阅读报刊时，总是留意新书出版信息，尤其关心与自己所从事的专业一致的新书出版信息，这就是注意的选择性。在具体实施公共关系传播时，一定要明确目标公众，弄清他们的选择性注意，选择恰当的公共关系传播媒体和传播方式，千方百计使传播的信息尽可能引起公众的选择性注意，始终指向注意中的优势兴奋中心，才能取得理想的传播效果。

三、公共关系传播者应具有良好的条件

实践证明，公共关系传播要取得成功，除了要求有优越的客观条件（指传播设备、环境）外，还要特别重视传播者自身良好的主观条件，使传播者与受众建立起良好的关系，心曲相通，引发共鸣，达到同声相应、同气相求的目的。

研究表明，传播者具有下列条件之一者，有利于提高传播效果：一是权威。对所传播的信息，由享有声誉的专家来发布，比由不为人知的普通人来发布更能引起公众的注目和信任，因为人们都乐于相信权威们讲的话。二要客观。一个人的声誉是由专门知识和客观态度两个方面构成的。如果传播者在公众心目中被认为是态度超然的，不是借传播来谋取个人的私利的，说话就比较客观、公正，从而容易赢得公众的信任。三是"自己人"。如果受传者认为传播者与自己不相上下，把他看做是"自己人"，那就比较容易接受传播者的意见。这与人们在日常生活中比较喜欢听从朋友的忠告的道理是完全相同的。将这一点有意识地加以利用，在传播学中称为"认同策略"。例如，某一中药厂推销降血脂和降血压的中成药，虽采用了种种传播方式，效果仍不明显。后来，这家中药厂请来了一位肥胖的患高血脂和高血压的老年医学教授，现身说法，结合医药学原理讲解这两种中成药的药性和药效，在多家电视台播映，很快就打开了销路。采用这种"自己人"传播，减少了商业色彩，收到了很好的效果。

"舆论领袖"是在群体成员相互交往和信息交流过程中自发形成的，他居于非正式组织"领头人"的引导位置，具有某种凝聚力、号召力和影响力。"舆论领袖"的地位不是官方授予的，他的地位和影响也只是相对的，只在某一时间、某种条件下对某个问题有一定的权威性和影响力。如某人在单位可能是法律方面的"舆论领袖"，而另一个人则可能是体育比赛的"舆论领袖"。至于官方人士、学者、专家、社会名流等，可看做是既定的"舆论领袖"。在具体实施公共关系传播时，必须善于发现那些非正式的"舆论领袖"，并善于通过他们去影响公众。如一个企业为改善社区关系而召开恳谈会，除了邀请社区中各单位的领导和居民委员会的负责人以外，还应该考虑该社区中有哪些"舆论领袖"？有哪些离退休干部在老同志中有影响？哪个小伙子在待业青年中是"哥儿们头"等，在召开社区恳谈会时，切切不可忘掉了他们。

第五章　公共关系的类别、模式和施行原则

公共关系的类别是根据公共关系的特点进行分门别类的；公共关系的模式指的是一定的公共关系目标和若干相应的具体方法、技巧构成的有机体系；公共关系的施行原则，指的是公共关系活动所依据的准则或标准。公共关系要协调和处理的是有着鲜活生命的、有思想、有情感、有独特个性的人与人之间的关系，因而是一种最富创造性的智力活动。公共关系活动要达到预期的目的，就一定要坚持按客观规律办事，分辨公共关系的类别、熟悉公共关系的模式，遵循公共关系的施行原则。

第一节　公共关系的类别

公共关系的类别，指的是公共关系从不同角度，按不同标准而做出的分类。

按照公共关系的状态，可将公共关系分为静态的公共关系和动态的公共关系两大类。所谓静态的公共关系，亦称为自然状态的公共关系，是指实际上客观存在的公共关系现象和活动。它是不以社会组织及其成员是否意识到它的存在为转移，是任何社会组织都实际上存在的，是无法回避的。所谓动态的公共关系，亦称为自觉状态的公共关系，是指在自觉意识下有目的、有计划、有步骤进行的，体现了公共关系职能的公共关系现象和活动，它又可细分为日常性公共关系和专业性公共关系两种。

按照公共关系的目的，可将公共关系分为赢利型公共关系、服务型公共关系和融洽型公共关系三大类。所谓赢利型公共关系，也就是企业公共关系。工商企业生产、经营的目的在于实现产（商）品，并开展卓有成效的公共关系活动，提高企业和产（商）品的知名度、美誉度，扩大产（商）品销售，切实做好售后优质服务工作，并尽可能地扩大外贸出口，提高产（商）品的市场占有率，从而实现更多的赢利。所谓服务型公共关系，也就是政府、社团公共关系。政府机关、社会团体和一切不以赢利为目的的社会组织，它们开展公共关系的目的，在于加强与公众的联系和沟通，缩短与公众的距离，关心人民群众的疾苦，为人民群众办实事、办好事，提高办事效率，树立美好的形象，以赢得公众的

理解、信任、好感、支持和合作，使党和政府的路线、方针、政策、政令、法律、法规畅通无阻，促进社会主义物质文明、政治文明和精神文明的建设，促进国民经济的发展和繁荣，保持社会的稳定和长治久安，确保人民群众安居乐业，构建社会主义和谐社会。所谓融洽型公共关系，是以创造组织周边和睦相处环境为目的的公共关系。任何社会组织都处于一定的社会环境中，与周边的机关、部门、单位、个人难免会发生各种矛盾，存在种种分歧和误会，这就需要开展公共关系活动，加强与各方经常性的信息交流和沟通，化解矛盾，消除误会，协调好各方面的关系，使本组织的工作能得到周边兄弟单位和公众的理解、关注、支持和帮助，形成一种亲密团结、同心同德、共同协作、相互支持、融洽相处的气氛。

按照公共关系主体身份的不同，可将公共关系分为政府公共关系、社会团体公共关系、企业公共关系、商业服务业公共关系、事业单位公共关系、新闻媒体公共关系等。

按照社会组织与公众的关系，可将公共关系分为内部公共关系和外部公共关系两大类。所谓内部公共关系，指的是一个社会组织同其内部公众之间的关系以及组织内部的公众相互之间的关系，主要包括领导成员之间的关系、部门关系、员工关系、干群关系、股东关系等。所谓外部公共关系，指的是一个社会组织同外部各类公众的关系，主要包括政府关系、社区关系、媒体关系、金融关系、国际关系以及同用户、顾客、消费者、竞争者、原材料供应商、经营商、特殊社团的关系等。本书第十二章"公共关系协调"中将对组织内部和外部的公共关系协调作翔实的论述，此处从略。

第二节　公共关系的主要模式

公共关系模式，指的是公共关系的运作和方法系统，它是由一定的公共关系目标和任务，以及由这些目标和任务所决定的若干具体方法和技巧的总和，具有某些特点的公共关系功能。公共关系模式具有明显的实践性和适应性的特征，仅适用于特定的公共关系目标、任务和特定的公共关系对象——公众，这就要求公共关系部门和公共关系人员，一定要根据社会组织的性质、公共关系的特点和任务、客观的环境条件和不同的公共关系对象，选择恰当地公共关系模式，才能达到预期的公共关系目标或目的。

根据公共关系具体运作的工作方法和技巧的特点，常用的公共关系模式主要有以下几种：

一、建设型公共关系模式

这种模式多用于社会组织为开创新局面、提高知名度和美誉度、塑造自身的美好形象，使公众对该组织及其产(商)品、服务表示出新的兴趣、形成新的感觉而开展的公共关系活动。它适用于社会组织(尤其是企业)初创或重新恢复的时期，或工商企业的新产(商)品、新服务首次推出的时候，让公众留下美好而难忘的"第一印象"。这种模式较多的采用宣传和交际方式，如开业广告、开业庆典、新产(商)品展销、新服务介绍、免费试用、免费招待参观、开业折价酬宾等，向社会各界主动介绍自己，宣传自己，广交朋友，广结良缘，形成有利于本组织生存、发展的社会关系网络。

二、维系型公共关系模式

这种模式多用于社会组织的稳定发展时期，通过各种传播媒体和传播方式，主动地、不间断地开展公共关系活动，维持和巩固组织在公众心目中的美好形象，进一步促进组织与社会各界的密切关系，争取他们更多的支持和帮助。事实表明，组织与公众良好关系的建立，决不是一两次成功的公共关系活动就能完成的，必须在平日以比较平稳的方式，持续不断地向公众传输信息，交流沟通，并搜集公众的信息反馈，改进自身的工作和服务，提高工作效率和质量，使组织的美好形象潜移默化地扎根在公众的记忆里。维系型公共关系模式又可分为"软维系"和"硬维系"两种：前者指维系对象不够具体、明确，没有多少实质性的内容，常以较低的姿态把组织的有关信息持续不断地传递给公众，目的在于使组织的美好形象始终保持在公众的记忆里；后者指已建立起较稳定的工作业务关系的组织或个人，为进一步联络感情，加强合作，常采用低价优惠、赠送礼品、邀请参加各种活动等方式，使组织与社会各方的关系得到进一步地发展和巩固。

三、防御型公共关系模式

这种模式多用于社会组织出现某种潜在危机时，为防止自身公共关系失调而开展的公共关系活动。它适用于社会组织与外部环境出现了不协调或与内外公众关系发生了某些摩擦苗头的时候，公共关系部门和公共关系人员主动采用防御与引导相结合、以防御为主的策略，敏锐地发现组织自身公共关系失调的症状和前兆，采取果断而恰当的措施，调整组织自身的政策和行为，促使其向良好的公共关系方面转化。这种模式常采用调整和预测的手段，发现组织生存、发展中存在的问题和潜在危机，采取有效的防御措施，来重新赢得公众对组织的理解、信任、支持和合作。

四、进攻型公共关系模式

这种模式多用于社会组织与外部环境发生某种冲突时，公共关系部门和公共关系人员采取主动进攻的方式，抓住有利时机和有利条件，帮助组织调整自身的政策和行为，改变现存的社会环境，创造有利于组织生存、发展的新局面。它要求组织以攻为守，攻守结合，密切关注客观环境的变化，主动地适应环境、改造环境，避免环境的消极影响，改变组织对环境的依赖关系，做到与外部环境的变化相协调，并创造有利于组织生存、发展的新环境。如企业可通过不断地研制、开发新产品、开拓新市场、吸引更多的客户、建立新的合作关系、减少与竞争对手的摩擦、与同业建立联系与协作关系等，来避免受到多种环境消极因素的影响；还可通过"院外"活动，争取政府通过有利于组织生存、发展的立法等。

五、矫正型公共关系模式

这种模式多用于社会组织的公共关系出现严重失调、组织形象遭到严重损害的时候，为了恢复组织的美好形象、挽回组织的声誉而开展的公共关系活动。社会组织形象和声誉遭到损害的情况大致有两种：一是由于外界的某种误解，甚至是人为的诽谤、攻击；二是由于组织内部管理的不完善或过失所致。对于前者，公共关系部门和公共关系人员应迅速查清原因，公布真相，澄清事实，采取有效措施来控制影响面，平息风波，消除损害组织形象和声誉的各种消极因素；对于后者，则应在弄清事实、原因的基础上，采取相应的对策，在问题处理上要及时，在关系上要作适当的让步，在态度上要真诚，才能尽快求得公众的谅解，恢复公众的信任，重新树立起组织的美好形象。

六、咨询型公共关系模式

这是一种以采集信息、调查民意，为社会组织提供信息服务为主的公共关系模式。它通过新闻监督、民意测验、舆论调查等方式，掌握准确可靠的信息，为组织的决策、管理、生产和经营活动提供咨询，当好参谋，使组织的理念、策略、行为尽可能地与国家的整体利益、市场的发展趋势以及民情民意一致。咨询型公共关系的形式多种多样，如组织市场调查和产（商）品调查，开展有奖测验活动，制作调查问卷收集用户意见，建立联系卡，建立来信来访制度和相应的接待机构，设立"市长专用电话"、"市长专邮"、"厂长信箱"，设立监督和举报电话，接受举报和投诉，开办各种咨询业务等。

七、服务型公共关系模式

这是一种以提供各种优质服务为主要手段的公共关系模式。其目的是通过种种优质而周到的服务，显示社会组织的诚意，密切组织与公众的关系，获得社会各界对组织的了解和好评。它主要的特点是依靠组织本身的实际行为，做好本职工作，为群众多办好事、实事，而不是依靠广告和宣传。所以，它基本上是人与人之间的直接传播形式，以情动人，人情味足，反馈灵敏，调整迅速。优质服务不仅仅限于专门的服务行业，任何社会组织都应以自己独特的方式向公众提供各种必要的服务，以有效地实现人际间的思想、情感、行为层次的沟通和融洽。事实上，优质服务带来的声誉和效果，往往不亚于企业产（商）品的质量和技术。

八、交际型公共关系模式

这种模式无需借助传媒，而是人与人的直接接触，进行经常性的感情联络，为组织广结良缘，建立广泛的社会关系网络。这种模式具有直接性、灵活性和较浓厚的感情色彩、人情味足的特点。其方式可分为团体交际和个人交往两种：前者有各式各样的招待会、座谈会、工作午餐会、宴会、茶话会、联谊会、舞会、慰问等；后者有交谈、专访、探望、祝贺、礼仪电报、赠送鲜花或礼品、个人署名的信函来往等。交际型公共关系模式缩短了人与人之间交往的心理距离，是公共关系活动运用得最为广泛的一种模式。

九、宣传型公共关系模式

这种模式是社会组织运用各种宣传媒介、途径和方式，向外宣传自身，加强公众对组织的了解，形成有利于树立组织美好形象和信誉的社会舆论。它具有主导性强、时效性强、影响面大的特点，能有效地利用各种传播媒介沟通组织与公众的关系。它经常使用的传播媒介有广告、新闻稿、板报、演讲、记者招待会、印发刊物、制作视听宣传材料等；也可以根据需要选用报纸、杂志、广播、电视、互联网等大众传播媒体。宣传型公共关系模式根据宣传对象的不同，可分为内向宣传和外向宣传两种：前者以组织内部公众为对象，通过各种宣传媒介、途径和方式，让内部公众及时、准确地了解和掌握与组织有关的种种信息，以鼓舞士气，增强凝聚力，取得内部的团结一致，全力支持组织工作；后者以组织外的一切与组织有关的公众为对象，通过各种宣传媒介、途径和方式，让他们迅速获得对本组织有利的信息，取得他们的理解、信任、支持和合作，形成良好的社会舆论环境。

十、社会型公共关系模式

这是社会组织利用举办各种社会性、公益性、赞助性的活动来开展公共关系活动的模式。其目的在于扩大组织的社会影响，提高组织的社会声誉，树立组织的美好形象，赢得社会各界对组织的理解、信任、好感、支持和合作，为组织的生存和发展创造良好的外部环境。这种模式大体上有三种形式：一是以组织本身的重要活动为中心开展的公共关系活动，如开业剪彩、获奖庆典、周年纪念等；二是以组织所处的社区或有关组织的活动为中心开展的公共关系活动，如名人书画展出、名人故居修葺和开放、赞助本地区的文化、体育活动和文艺演出等；三是以赞助社会公益或福利事业为中心而开展的公共关系活动，如赈灾、捐助希望工程和环境保护、赞助福利慈善事业、资助贫困学生完成学业、投资公共服务设施的建设等。其活动范围可大可小，可简可繁，采用的为综合性的传播手段，人际传播、组织传播、中间传播和大众传播交错使用，它带有战略性的特点，不着眼于眼前的经济利益，而着眼于组织的整体形象和长远利益。

第三节　公共关系的施行原则

公共关系的施行原则指开展各种公共关系活动时必须遵循的法度、标准和规矩，对公共关系活动起到导引、规范和约束的作用。由于社会组织的性质和职能不同，它们所面对的公众和所要解决的具体问题也各有不同，因而各个组织开展公共关系活动的目的、内容和具体形式也必然有所不同。但公共关系是一门科学，又是一门艺术，在长期的实践的过程中形成了一些带普遍规律性的东西，这就是公共关系的施行原则。实践证明，要使公共关系活动正常、顺利、健康地开展，达到预期的目的，就必须恪守公共关系的施行原则；如果违背了这些原则，就会偏离公共关系的正确方向，使公共关系活动走向歧途。公共关系的施行原则主要有实事求是的原则、服务公众的原则、平等互利的原则、信誉第一的原则和全员公关的原则，现分述如下：

一、实事求是的原则

"实事求是"这一成语，最早出自西汉班固所著的《汉书·河间献王传》："修学好古，实事求是。"原意是指做学问的态度要根据实证，求索真相。毛泽东在《改造我们的学习》一文中，对"实事求是"这一词语做了新的解释，指出："'实事'就是客观存在的一切事物，'是'就是客观事物的内部联系，即规律性，'求'就是我们去研究。"实事求是就是主观与客观相符合、认识与实践相统一；就是一切从实际出发，详细地占有材料，运用马克思主义、毛泽东思想、邓小平理论的普遍原理作指导，找出周围事物的内在联系，探求其发生、发展、变化的规律性，作为行动的指南。

公共关系活动必须遵循实事求是的原则，包含了以下几层意思：首先，要尊重客观事实。这里所指的客观事实，就是社会组织与公众的公共关系状态，它反映了公众对社会组织的联系、理解，信任和支持的程度。这种公共关系状态是客观存在的事实，是不以人们的意志为转移的，任何公共关系活动都是为了改善社会组织的公共关系状态。因此，公共关系策划和公共关系计划的制定，都应尊重客观事实，坚持一切从实际出发，切不可以主观意志来替代客观事实。其次，要讲真话。在开展公共关系活动时，必须坚持以客观事实为基础，要讲真话，如实反映情况，做到真实、全面、客观、公正，有一说一，有二说二，是好说好，是坏说坏，既不夸大，也不缩小，决不可隐瞒真相和文过饰非。再次，一定要真诚。对待公众，一定要真心相待，坦诚相见，不虚情假意，不搪塞敷衍，要真正做到对公众负责。有些社会组织开展的公共关系活动，搞什么"玩传播"、"玩宣传"、"玩技巧"的把戏，以此来糊弄公众、欺骗公众，虽可使公众一时受骗上当，但最终总会暴露出它欺诈的面貌，如前段时间被政府有关部门取缔的各类传销和变相传销就是如此。当某些组织欺诈的真相被揭露后，这个社会组织就会被公众所唾弃，而走向了绝路，因为它的所作所为都是与实事求是的原则背道而驰的。

无数事实证明，开展公共关系活动必须遵循实事求是的原则，才能获得成功。这是因为：其一，公共关系是沟通社会组织与公众的联系和关系的，沟通的基本手段是进行双向的信息传递和交流，而信息的真实性、准确性就成了公共关系活动的基本前提；其二，一个社会组织的公共关系策划和公共关系的制定，只有实事求是，坚持从实际出发，才能作出科学的、符合客观实际的决策；再次，任何社会组织开展的公共关系活动，只有实事求是，尊重客观事实，讲真话，真诚对待公众，才能取得公众的信赖、信任和信服，即使一时工作上出现了失误，只要将实情毫无保留地告诉公众，仍然能得到公众的谅解、信任和支持，不会损害组织的形象和声誉；最后，只有遵循实事求是的原则，坚持从实际出发开展公共关系活动，才能使公共关系策划和公共关系计划的制定，切合当时的实际情况，真正解决公共关系中的主要问题，从而实现公共关系的目的。

二、服务公众的原则

公共关系的对象是公众，公共关系实质上就是公众关系，就是密切、协调、改善和处理好社会组织与公众的关系。离开了公众，公共关系就失去了意义。所以，开展公共关系活动，必须以公众为指向、为依归，遵循服务公众的原则。

前面已经说过，公共关系的公众，指的是对一个社会组织的生存和发展具有现实或潜在的利益关系和影响力的所有个人、群体和组织。公共关系的对象是各种不同的社会公众。因此，公共关系部门和公共关系人员必须树立强烈的公众意识，任何时候都不可忘记了公众，要做到公众关系活动必须以公众为依归。平日，我们经常听到一些工商企业所说的"用户至上"、"顾客第一"、"消费者是上帝"、"公众的需要就是我们的需要，公众的困难就是我们的困难"、"竭诚为广大消费者服务"等，表明了这些工商企业有着自觉的公众意识，是坚持服务公众原则的具体体现，也是它们真心实意、一心一意、全心全意为人民服务的具体体现。

要在公共关系活动中遵循服务公众的原则，就必须做到：首先，要树立自觉的公众意识，掌握公众分类的标准和尺度，了解公共关系的目标公众。因为，没有公众的分类就没有政策，没有政策也就没有科学的决策和正确的方式方法。其次，要了解和掌握公众的个性心理和群体心理，了解和掌握影响公众理念、态度、行为的心理因素及其发展变化的趋势，有针对性地开展公共关系活动，以减少公共关系活动的盲目性，避免人力、物力、财力上的浪费，做到以尽可能少的财政支出获得最佳的公共关系效果，满足公众的需求和期望。还有，要将对公众的研究与对问题的研究有机地结合起来。公众是与社会组织发生交互作用并面临共同利益、共同问题的社会群体。任何社会组织所面临的问题都是纷繁复杂的，只有从研究每个问题入手去研究与该问题相关的公众，具体探讨因问题而产生的目标公众和特殊公众，结合问题的轻重缓急，制定出相应的公共关系对策、计划和具体运作的方式方法，把力量用在刀口上，所开展的公共关系活动才会有成效，公众的实际问题才能得到真正的解决，从而在公共关系施行过程中真正体现出了服务公众的原则。

三、平等互利的原则

平等互利既是协调和处理人与人、组织与组织关系的原则，也是协调和处理政府与政府、国家与国家关系的原则，同样也是开展公共关系活动的原则。

所谓平等，指的是人们在社会、政治、经济、法律等方面享有相等的待遇。在公共关系活动中，公共关系主体(社会组织)和公共关系受体(公众)始终要坚持平等性的原则，保持平等的地位，否则，一方居高临下，一方俯首低就，任何公共关系活动都无法正常、顺利、健康的开展。

在公共关系活动中的平等，具体内容包括了人格平等、权利平等、真理面前人人平等三方面的含义。所谓人格平等，是指在公共关系活动中，主体与受体的人格是完全平等的，没有尊卑高低的区别，他们处于相同的地位，服从同样的公共关系规律、规程、规范和规则。如果没有人格上的平等，搞什么"权力强制"、"以人为据"、"诉诸权威"等，那是没有真正的公共关系的。所谓权利平等，指的是主体与受体的权利和义务都是平等的，既要享受合理合法的权益，又要承担相应的义务，不能只享受权益而不承担义务，或为自己的权益而损害了对方的权益。所谓真理面前人人平等，指的是主、受体之间出现分歧、发生矛盾时，解决分歧和矛盾的惟一办法就是服从党和国家的路线、方针、政策、法律和法规，服从国家和人民的整体利益，服从真理，做到在真理面前人人平等。成功的公共关系应该是不惟上，不惟权，不惟官，不惟权威，不惟人多势众，只惟真理，也就是要追求真理、服从真理、捍卫真理。

所谓互利，指的是主、受体双方在利益上有着某种共同性，是互利互惠的，对双方都有好处。在第三章第三节"公共关系中主体与受体之间的关系"中，谈到如何协调和处理好主体与受体之间的关系，第一条讲的就是树立互利互惠的观念，相同的内容没有必要再在此处重复，可参阅。为什么在公共关系活动中必须恪守互利原则呢？这是因为：首先，公共关系活动是为社会组织所制定的目标和任务服务的，而这种服务是以一定的社会责任为前提的，它是在政策、法律和道德允许的范围内，以"利他"的方式来达到"利己"的目的的，所以，社会组织既要对自身负责，同时又要对公众负责。其次，在现代社会里，任何个人、群体和组织都不可能孤立的存在，组织与组织之间，组织与个人之间，个人与个人之间都存在着相互依赖的关系，而公共关系活动正是利用这种相互依赖的关系来实现的。这也就是说，公共关系活动利用这种相互依赖的关系，将"利他行为"转化为"利己行为"，最终取得"利己"的效果。试想，如果没有互惠互利，又怎能达到"利己"的目的呢？还有，平等是互利的前提，只有主、受体地位平等，社会组织既关心自身的利益，又关心公众的利益，在平等的基础上实现互利互惠，双方都从公共关系活动中获得好处，满足了自己的利益和期望，公共关系活动才能正常、顺利、健康的开展，最终实现公共关系的目标或目的。

四、信誉第一的原则

信誉，指的是信用和名誉，这是一种最重要的无形资产，是个人和社会组织的处身之道、立足之本。俗话说："言必信，行必果"、"言而有信"、"一诺千金"、"一言重于泰山"、"人无信不立"、"人无信必败"，都说明了信誉对人生、对事业成功的重要性。

对公共关系主体来说，信誉包括组织信誉、产（商）品信誉和服务信誉。其中产（商）品信誉是较低层次的信誉，只是社会组织（主要是企业）生产、技术、经济、人员素质的综合反映；服务信誉是产（商）品信誉的延伸和发展，进入了较高的层次，是社会组织经营、管理、监控的综合反映；而组织信誉则是最高层次的信誉，它是组织作为社会成员所承担的社会职能和履行的社会责任的标志。组织信誉包括了产（商）品信誉和服务信誉在内。公众对组织的信誉度高，必然对产（商）品信誉和服务信誉满意；反之，如果公众对组织的信誉度低，对组织生产、经营的产（商）品信誉和服务信誉不够满意或不满意。

公共关系活动必须恪守信誉第一或信誉至上的原则，这是因为：首先，是因为我国是社会主义国家，社会主义企业生产和经营是为了更好地满足人民群众日益增长的物质文化生活的需要。在组织与组织之间、企业与企业之间、生产企业与工商业企业之间、组织与个人之间、企业与消费者之间，其根本利益是完全一致的，因而必须讲究信誉，杜绝欺诈，不允许以不正当的手段去损害公众的利益。其次，信誉是一种最重要的无形资产，是无价之宝，一个社会组织只有建立了良好的信誉，才能广结良缘，赢得社会各界的理解、信任、好感、支持和合作，建立良好的社会生存环境；而失去了信誉，也就失去了组织生存、发展的社会环境。还有，随着改革开放的深入和社会主义市场经济体制的建立，产（商）品的生产、经营已由"卖方市场"变成了"买方市场"，企业之间的竞争将越来越激烈，因而信誉也就越来越重要。有信誉才有市场，投资商才乐于投资，原材料供应商才争着去供货，经销商才乐于推销你的产（商）品，用户和消费者才乐意购买你的产（商）品，对组织内部才有凝聚力，对外部才有吸引力和感召力，这样，才会使企业在激烈的市场竞争中永远立于不败之地；否则，必然是企业内部人心涣散，外部公众则避而远之，企业就定然会在竞争中失败。

五、整体一致的原则

整体一致原则是指社会组织在开展公共关系活动时，要站在"社会"的高度，对由活动可能产生的对社会经济效益、社会生态效益及社会精神文明建设等几方面的影响综合起来统一考虑，使诸方面均符合公众的长期利益和根本利益。这种力求使诸因素效益一致的思想和做法，就是整体一致的原则。任何社会组织所从事的活动，对社会生产的影响是多方面的。以一个企业为例，企业在为社会提供产品和服务的同时，对社会的政治、文化、教育、道德和生态等方面也会产生积极或消极的影响。所以企业对生产经营活动要进行全面的权衡，不仅要从企业本身的角度，而且还要从整个社会的角度来衡量和评价其经济效益与社会效益。如有的商业企业为了获取高额利润，竟然经销假冒伪劣商品，严重损害了消费者利益，虽然企业经济效益可观，但其社会效益是十分低下的。有的生产企业只顾生产，而对废气、废水、废渣的排放不认真处理，以致影响附近居民的生活，甚至影响厂区附近农作物的生长，污水污染了河流，造成了极大的社会危害。这些做法只考虑本企业的经济效益，而对社会效益和生态效益造成了严重的不良后果，违反了公共关系整体一致的原则，社会蒙受重大损失，最终企业也必将吞下自己酿成的苦果。在社会文明不断发展的当今社会，越来越多的社会组织认识到坚持社会整体效益的重要性，主动贯彻整体一致思想，严格按整体一致原则办事，使公关活动开展得有声有色。如壳牌（中国）有限公司在北京密云县认养"壳牌林"、开展"壳牌美境行动"、赞助出版全国第一本《儿童环保行为规范》、支持中国探险学会等一系列公关活动，就贯彻和坚持了整体一致的原则，在社会上产生了很好的影响。

六、"全员公关"的原则

"全员公关"，国外叫作"全员 PR"，指的是社会组织的全体成员，从最高领导层成员到全体员工，都具有自觉的公共关系意识，都将自己的日常工作与组织的职责任务、将自己的形象与组织的整体形象有机地结合起来，都主动地、积极地开展公共关系活动，都按照公共关系的目标和要求去做。经验证明，当一个社会组织的全体成员都自觉地做公共关系工作时，这个社会组织就进入了"全员公关"的境地。

"全员公关"是社会组织开展公共关系活动取得成功的保证。这是因为：首先，一个社会组织的整体形象是靠组织内所有成员的具体形象表现出来的，个人形象是组织形象的缩影，组织形象是组织内每个成员形象的总和。所以，组织的全体成员，上自最高层领导成员，下到全体员工，都要时时、处处、事事注意塑造自身的美好形象，并从中折射出组织的美好形象，使自己成为组织美好形象的代表。如在组织中的成员不注意自身的形象，就有可能因此而损害了整个组织的形象，这就是人们常说的："一粒老鼠屎，坏了一锅汤"。其次，社会组织的领导成员应重视公共关系工作，支持公共关系工作，必须认识到组织内设置公共关系专门机构只是一个职能部门，它必须在领导班子的统一指挥下开展工作，一切公共关系策划和公共关系计划的制定都要服从并服务于组织的总目标和总计划，都必须得到领导班子的批准和认可后才能付诸实施，因此，组织的领导成员要有强烈的公共关系意识，全力支持公共关系部门和公共关系人员的工作，并以身作则地带头做公共关系工作。还有，公共关系工作是立体的、全方位的，它渗透到了组织开展的各方面的工作中，渗透到了各项工作的始终。这也就是说，在各项中心工作和日常业务工作中，公共关系贯穿于它的全过程，贯穿于每一个工作环节，因此，自始至终都要重视公共关系工作，都要竭力协调和处理好与内外公众的关系，这样，才能保证组织目标和任务的完成。

第六章　公共关系职能

公共关系职能，指的是公共关系活动的宗旨、任务、职责、功用和效能的统称，它从总体上规定了公共关系活动的方向、范围和要达到的目的，回答公共关系活动"为什么做"、"做些什么"和"做得怎样"的问题。公共关系的宗旨是广结良缘，"内求团结"，"外求发展"，努力使社会组织与公众之间建立起一种相互沟通、理解、信任、支持、合作的亲密融洽关系，改善组织的生存环境，为实现组织的既定目标和目的创造有利的条件。公共关系活动以塑造和维护社会组织的美好形象为目标，为这一目标所开展的一系列工作和活动，就形成了它的职能范围。了解和把握公共关系的基本职能，对正常、顺利、健康地开展公共关系活动十分重要，同时对把握公共关系活动的原则以及对公共关系活动规程、规范、方法和技巧的运用也是很有帮助的。

第一节　塑造形象

"形象"这个词语，它的本意是人或物的形状、姿态、相貌、外观等。公共关系的形象，一般指的是社会组织在公众心目中的整体形象，即一个社会组织通过自身的活动向公众展示其本质特征并进而给公众留下的关于组织整体性和综合性的认识和评价；或者说是公众对这一社会组织的员工素质、组织管理水平、技术创新程度、产(商)品质量、服务状况和社会效益等的总的印象、看法和评价。组织形象或称组织公关形象，它一般具有以下几个特征：

一、组织形象是客观的

任何一个社会组织都处在一定的人际环境和社会舆论环境中，它的理念、政策、行为、产(商)品、服务等必然给公众留下或好或坏、或深或浅的印象，从而形成某种基本态度、看法和评价。公众的这些印象、态度、看法和评价的总和，就构成了一个组织客观的公众形象。组织形象是一种客观存在，任何组织都有其客观的社会(公众)形象，不管你是否意识到了这一点。虽然组织形象的塑造离不开传播，但最终还是取决于组织自身的理念、政策、行为、产(商)品、服务是否正确和过硬。如果组织自身存在缺陷，哪怕传播媒介吹得再好，那也是无法改变客观存在的真实的组织形象的。

二、组织形象是多面的、立体的综合反映

公众对任何一个组织的态度、看法和评价，不是单一的，而是多方面的；不是平面的，而是立体的；不是个别的，而是公众舆论的综合反映。公众从不同角度对同一组织可能得出不同的印象、态度、看法和评价，在不同时期也可能对同一组织产生不同的印象、态度、看法和评价，而且第一印象往往持久地起着先入为主的"首因效应"作用。从组织本身来说，影响组织形象的因素也是多方面的、立体的，如工商企业的产(商)品质量、合理价格、经营方针、服务态度、技术水平、广告宣传等，都对组织形象的塑造起着综合的作用。任何一个方面的不完善，或者忽视了某些细节，都有可能对组织形象产生不良的影响。

三、组织形象不是绝对的

组织形象是相对的，而不是绝对的。这就是说，不同公众对组织的印象、态度、看法和评价是有差异的，是在不断变化着的。一方面，由于组织面对的公众广泛而复杂，他们有着不同的需求、爱好和期待，与组织的关系有亲有疏，与组织的交往有深有浅，他们看问题的角度也有不同，因而对组织的印象、态度、看法和评价就必然存在着各种差异；另一方面，组织自身随着形势的发展变化，也在不断的发展变化，有的前进，有的守旧，有的落后，它的社会形象也总是处于不断地发展、变化之中。组织形象的好坏与否，有两个评价指标，就是知名度和美誉度。所谓知名度，是指一个组织被公众知道和了解的程度，以及组织对社会影响的广度和深度，它是评价组织名气大小的客观尺度，不涉及到"质"的价值评价。所谓美誉度，是指一个组织受公众信任和赞美的程度以及组织对社会影响的美、丑、好、坏，一般指美的、好的、肯定的方面，它集中表明组织的公共关系状态，是评价组织"质"的好坏的客观尺度。知名度高不一定美誉度高，美誉度高也不一定知名度就高，知名度低并不意味着美誉度也低，美誉度高也并不意味着知名度高。组织形象追求的目标是：既要有知名度，更要有美誉度。

组织的整体形象是由多重因素构成的，它的构成因素主要有：

（一）产（商）品形象

即通过组织所生产和经营的产（商）品反映出来的形象，包括品种、质量、款式、性能、材料、外观、包装、商标等。出版社出版、发行的书籍，学校培养的学生，餐馆的菜肴等，也是产（商）品，同样属于产（商）品形象的范畴。

（二）经营形象

即通过组织的经营管理活动所展现的形象。它与组织各方面的行为有关，如经营思想、经营作风、管理水平、劳动效率、财务资信、履行合同的信用、技术开发和市场拓展的业绩以及人事制度、就业条件、职工福利、价格策略、售后服务等。

（三）服务形象

即通过优质服务所展现的形象。任何组织都应自觉地为公众提供满意的服务。公众对组织的印象最直接经常地是通过服务来体现的。谁为公众服务得好谁就赢得人心，在激烈的市场竞争中谁就处于优势地位。

（四）员工形象

即指组织内部的领导者、管理人员、技术人员和全体员工所展现的形象，这是组织形象中最积极、最活跃的因素，包括了员工的思想、品德、素质、学识、能力、作风、风度、举止、谈吐、服饰等内容。组织内部的每一个员工，都应对自己严格要求，将自身的形象看成是组织形象的化身。

（五）环境形象

即通过组织所在的空间环境及其设施所展现的形象，包括门面、招牌、厂容店貌、办公室、展览室、会客室、生产场地、林木绿化，以及橱窗、指示牌的设计、装潢等。环境形象构成了现代办公文明、生产文明、商业文明的重要内容。

（六）文化形象

即通过组织的整体文化素质所展示出的形象，包括企业精神、道德风尚、价值观念、行为准则、民主作风、历史传统、英模人物、文化网络以及口号、训诫、厂歌、厂旗、厂服和各种宣传品等，显示着该组织特定的文化氛围。

（七）标识形象

即通过标志和识别系统，帮助公众识别和记忆组织的形象，包括组织名称、品牌、商标、徽记、广告形象、包装设计、主题词、宣传格调、典型音乐、特定的字体和色彩等。

以上构成组织基本形象的要素，可从内涵和外显两个方面去加以理解。如质量和性能是产（商）品形象的内涵，外观和包装是产（商）品形象的外显；品德、素质、学识、能力等是员工形象的内涵，作风、风度、举止、谈吐、服饰等是员工形象的外显。在二者的关系中，内涵形象是外显形象的基础和前提，外显形象是内涵形象的延伸和深化。

公共关系部门和公共关系人员在开展公关活动时，切切不可忘记塑造组织形象这一最重要的职能：当公众对组织缺乏认识和了解时，应主动地宣传组织、介绍组织，促进公众对组织的认知和了解；当公众对组织及其产（商）品有了基本的印象和良好的评价之后，应继续努力、强化这种良好的舆论态势，使组织形象进一步深入公众心中；当公众对组织的评价游离不定、好坏莫辨时，应谨慎地发挥引导作用，使公众舆论尽可能地向有利于组织的方向发展；当组织形象受损时，应该根据不同情况采取相应措施，如果是因组织自身失误危害了公众利益，就应该本着实事求是、有错即改的态度，坦率认错，尽快采取补救措施，将损失减少到最低限度。

塑造形象，是公共关系最重要、最核心的职能，其他的各项公共关系职能都应环绕塑造形象这一职能来进行。因为，随着改革开放形势的深入发展和社会主义市场经济体制的建立和完善，导致了社会组织的重心由有形资产向无形资产转移，而社会组织的整体形象和信誉就是最重要的无形资产，它有着与有形资产等同甚至更为重要的价值。无数事实表明，在现代社会里，组织与组织之间，尤其是企业与企业之间的竞争，不仅仅是市场、产（商）品、质量、价格、技术、服务等方面的竞争，更是组织整体形象的竞争。当社会组织一旦在公众心目中树立起美好的形象，就定能获得社会各界的理解、信任、支持和合作，取得事业上的成功；反之，当社会组织一旦给公众留下不好甚至恶劣的形象，声名狼藉，它在事业上定会一败涂地。西方有人说过，假如有一天可口可乐公司在世界各地的分厂一夜之间烧个精光，那么第二天一早，全世界的银行家都会向它贷款，因为可口可乐公司作为世界第一饮料的拥有者的美好形象是不会被大火烧掉的。由此可见，塑造形象在激烈的市场竞争中有着何等重要的地位！

塑造组织的美好形象，尤其要重视塑造组织的有效形象和特殊形象。所谓组织的有效形象，是指公众心目中对某一社会组织的实际形象。有效形象是公众利益和组织利益的统一。因此，组织在选择、规划"有效形象"时，首先要明确自己的目标公众是谁，他们的需求和期望是什么？其次，要明确组织自身的性质、特点、作用以及所具备的条件，以此作为区别公众的需求和期待的标准。凡是没有条件、没有能力做到的，不宜作为组织形象确立和选择的标准。所谓特殊形象，是指同组织有着特殊利益关系和对组织有着特殊要求的公众，他们对组织的态度、看法、评价和期待。每一组织都有自己的特殊公众，处理好自身与特殊公众的关系，处理好特殊公众与其他公众的关系，使组织的"特殊形象"同"整体形象"达到平衡统一，这是公共关系工作的重要内容。

公共关系部门和公共关系人员是社会组织整体形象的设计师和塑造者，因此，在开展公共关系活动时，始终都要将塑造、维护、巩固本组织的美好形象置于首位，要像保护自己的眼睛一样去维护本组织的形象，而决不可去损害它。因为，只有当组织在公众心目中树立起了美好的形象，公共关系部门和公共关系人员才算尽到了自己最主要的职责。而组织一旦树立起了美好的形象，才能得到公众的信任、支持以及政府、有关部门的关切和帮助；才能增强员工的凝聚力、向心力和归属感；才能吸引投资和吸引更多的人才到本组织工作；才能提高本组织的自我生存和发展的能力，从而在激烈的竞争中占领和扩大市场，立于不败之地。

如何去塑造、维护和巩固组织的美好形象呢？总结公共关系的实践经验，可以从以下几个方面入手：第一，苦练内功，坚持知识创新和技术创新，不断改善经营管理，为社会提供优质产（商）品和优质服务，满足人民群众日益增长的物质文化生活的需要。第二，依靠真实传播，加强组织与公众的联系和沟通，提高组织的知名度和美誉度，赢得社会各界的认同、信赖、支持和合作。第三，工商企业可通过有鲜明特色的商标、厂名、厂徽、厂服等具体形象标志来提高自身的知名度。第四，塑造、维护和巩固组织的美好形象是一项长期性的战略任务，要有长远的眼光，着眼于长久不懈，着眼于未来，顺应公众对组织不断变化着的期望值和评价标准，不断地塑造和更新自身的整体形象。

第二节　沟通信息

什么是信息？最简单的解释就是：信息就是消息、情报。如果要给信息以科学的定义，可以这么概括：信息是指客观存在的事物通过物质载体发出的信号、指令、数据、资料、消息中包含的所有可以传递和交换的知识内容；或者说信息就是具有实际内容的新知识、新情况、新问题、新经验、新变化的消息或情报。可以说，凡一切能帮助人们消除不确定性的东西都是信息。

客观世界的信息，一般可分为自然信息、生物信息和社会信息三大类。公共关系中所说的"信息"，指的是社会信息。所谓社会信息，泛指与人类各种物质文化和日常生活密切相关的信息。社会信息与自然信息、生物信息的重要区别在于：社会信息不是原始的，而是在一定条件下，经过人们识别、筛选、加工之后形成的信息。社会信息在当代主要通过四种载体而存在和被感知：一是实物，二是语言，三是文字、图形，四是电磁波。

信息同能量、物质一起成为现代物质文明的三大要素。物质给人类提供材料，能量向人类提供动力，而信息所给予人的是知识和智慧。所以，信息具有与物质、能量大不相同的特征：

一、可传递性

信息可以快速传递，这是信息的本质特征。人与人之间信息的传递依靠语言、书信、表情、动作等；社会活动信息可以通过报纸、杂志、公文等途径传递。当今社会，电子技术与现代通信、人造卫星技术相结合后，大量信息不仅可以通过电报、电话、传真，而且可以通过广播、电视和通信卫星、国际互联网等，在极短的时间内传递到地球上的每一个角落，使我们有可能看到地球上任何一个地方发生事情的实况。

二、可处理性

信息是可以识别、压缩、加工和转换的。人们可以通过信息处理，获得有用信息，除掉无用信息；可以将文字信息转换为图像信息；可以对信息进行归纳、综合、精炼、浓缩，把大量的数据、资料汇集到一起，压缩成一个或几个公式、一条或几条要点。

三、可存储性

信息可以存储在人脑中，也可以存储在其他介质上，如纸张、胶片、计算机等。我国目前主要是通过手工处理方式把信息存储在纸张上，从今后的发展趋势看，信息将主要采用电子存储，如磁带、磁盘、微缩胶片、电脑、多媒体等。

四、可伸缩性

任何事物都处在发展变化之中，反映事物特征的信息也必然随之发生变化，并在内容上不断扩充；另一方面，信息经过加工、提炼、选择、整理、归纳和概括，可以使其系统化，精炼化和浓缩化。

五、可共享性

我们知道，物质、能量是守恒的，在交换过程中遵守等值交换原则。如果占有者将自己拥有的物质或能量转让给别人，那么他就失去了这些被转让的物质或能量。而信息则不同，信息交换的双方都不会失去原有的信息，信息作为一种资源，可以共同分享，可以开发利用。

信息的流通是一个前后相连、周而复始的过程，包括信息的收集、处理、传递、反馈、储存、利用等环节，是一个完整的系统工程。对信息的基本要求是：准确真实；迅速及时；全面系统；有效实用。

当今世界，被称之为"信息爆炸"的时代，信息已成为事业成功和经济发展不可或缺的重要战略资源。信息是管理的基础，决策的依据，提高效益的保证。管理、决策和提高效益的一个重要前提是科学预见，而要实现科学预见，这就需要掌握大量历史的和现实的、内部的和外部的、上级的、平级的和下级的、国内的和国外的各种信息。

采集信息是公关工作的必要前提，在信息社会中，信息已成为公认的巨大资源。公共关系是信息产业。不采集信息，公共关系就成了无米之炊。因此，无论是内部公关还是外部公关，任何策划都应从采集信息开始，这样才能做到知彼知己、百战不殆。

公共关系作为社会组织的预警系统，运用各种行之有效的方法和手段，广泛收集信息、分析整理、监测环境、反馈舆论、内外沟通、预测趋势、评估效果、提供咨询，帮助社会组织面对复杂多变的社会环境，保持高度的灵敏性和应变力，维持组织和整个社会环境的动态平衡。

公共关系工作所需要的信息，包括内源信息和外源信息两个部分：前者主要指来自组织内部各方面的信息，包括组织领导层和各部门的管理人员、技术人员以及全体员工的信息和动态，他们处在组织日常工作运转的第一线，对组织内部的人、财、事、物的状况和动态的了解与评价，是重要的内源信息。后者指组织所处的外部环境（公众）的信息，组织的外部公众对象非常广泛、复杂，公共关系需要建立广泛的社会信息网络，密切注视外部公众的各种信息和动态，既要关注已经发生联系的公众对象的信息，也要预测可能发生关系的潜在公众对象的动向；既要重视具有直接利害关系的公众对象，也不能忽略那些只有间接关系的公众对象，如客户的需求，合作者的看法，投资者的意向，竞争者的动态，政府官员的看法，新闻界的评价，意见领袖的观点等。

公共关系部门和公共关系人员所收集的信息，不应只局限于与社会组织职责权限性质直接相关的业务信息上，还应包括组织所处社会的政治、经济、文化、科技、舆论、民情等全方位的信息，要密切注意社会环境的各个方面对组织的印象、看法和态度，作出科学的分析和评估，预测其发展的趋势和可能产生的后果，有针对性地提出应变的策略、办法和措施，编制和推行各种公共关系方案，提供给组织的领导者，作为科学决策和科学管理的依据，作为改进工作、调整政策、改善关系、处理意外和紧急事故、树立组织美好形象的依据。公共关系部门和公共关系人员所收集、整理和发出的社会信息，应尽可能争取为大众传播媒体所采用，使其传送到尽可能多的公众中去。这种全方位、多角度的主体信息沟通网络，具有宏观性、社会性和广泛的群众性，往往是其他职能部门提供的业务信息所无法替代的，因而对组织的生存和发展有着特殊的重要意义。

第三节　建立信誉

关于信誉的含义及其功用，本书第五章第三节"公共关系的施行原则"的第四点"信誉第一的原则"已作了介绍，此处不再重复。

所谓组织信誉，指的是一个组织的威信和影响力在公众心目中的信赖和地位。对于一个企业来说，它的信誉一般包括了产（商）品质量信誉、经营作风信誉和优质服务信誉三个方面：产（商）品质量信誉指产（商）品有上乘的质量，以优质取胜，更新换代，创立名牌，用户和消费者信得过；经营作风信誉指企业有科学的经营管理，视信誉为企业的生命，信守合同，对用户和消费者高度负责；优质服务信誉指企业为用户和消费者提供第一流的服务，包括销售服务、售后服务、咨询服务、技术服务等。

对于任何一个社会组织来说，不但要提高自身的知名度、美誉度，同时还要提高公众对自身的信任度。所谓公众对组织的信任度，指的是公众对组织的信用、声誉和认可的程度。对于一个企业来说，其信任度是由企业的产（商）品信任度和对企业本身的信任度两方面构成的，是通过企业的生产经营活动以及公众的印象、态度、看法和评价反映出来的。企业的产（商）品信任度，是指用户、消费者对企业产（商）品的质量、价格、服务等的信赖程度。产品信任度是较低层次的信任度，仅仅拥有部分公众。企业本身的信任度，是指包括用户、消费者在内的整个外部公众对企业全部生产经营活动以及履行社会职责情况的综合评价。良好的企业信任度必须建立在优质产（商）品的基础上，并由低层次向高层次发展，即首先建立好产（商）品信任度，在此基础上进而树立公众对企业的信任度。信任度的高低，关系到企业的生存和发展，因此，企业应从整体利益和长远目标出发，赢得公众更高的信任度。

当社会组织一旦建立起良好的信誉，就会生发出多重的功能。主要有以下几种功能：其一，广告功能。在现实生活中，总是由少数公众对社会组织（企业）的某种产（商）品或服务给予一定的赞誉后，然后通过他们将信息传播开去，达到了广而告之的效应，有口皆碑，使更多的公众主动地选择这一组织的产（商）品或服务。其二，延续功能。当一个组织（企业）生产、经营的产（商）品和服务一旦获得良好的信誉后，就会长久地在用户、消费者内心中占有地位、享有长期的威信，随着用户、消费者对该产（商）品的替换使用，往往会使这种产（商）品具有"遗传"的特性，这就是历史上某些产（商）品的信誉长久不衰的原因之所在。其三，扩散功能。组织（企业）的某种产（商）品或服务获得良好的信誉后，实际上就是使自身在广大用户、消费者中作了有效的广告宣传。这样一来，一种产（商）品或服务的信誉就会带动其他的产（商）品或服务的信誉，使该组织（企业）生产、经营的产（商）品或提供的服务，在用户、消费者中有着比其他同类组织（企业）更大的竞争优势。

社会组织的良好信誉同社会组织的美好形象一样，一旦建立起来，就必须加以爱护、维持和巩固，否则就会损伤和丧失。那么，如何来爱护、维持、巩固社会组织的信誉呢？主要应做到以下几点：首先，要保证产（商）品质量并不断有所改进和提高。信誉的根本还是产（商）品的内在质量，只有在保证产（商）品的内在质量并不断有所改进、提高的基础上，组织的信誉才能维护和巩固。其次，确保服务质量并不断有所改进和提高。服务质量的高低同样直接影响着组织（企业）的信誉，再好的产（商）品，如果没有与之相配套的优质服务，解决用户、消费者的后顾之忧，组织（企业）的信誉也是难以维持和巩固的。再次，要树立正确的经营观念，不断改进经营作风，将组织（企业）利益与公众利益、当前利益与长远利益、经济效益与社会效益有机地结合起来，促进良好社会风气的形成和推进社会主义精神文明建设的发展，这是维护和巩固组织（企业）信誉的重要方面。最后，要加强信誉管理。信誉是一种无形的资源和财富，必须加强管理。加强信誉管理的办法很多，如建立用户意见反馈制度，建立产（商）品质量跟踪信誉卡等。

第四节　决策咨询

公共关系部门不是决策部门，公共关系人员不是决策者，但在领导决策过程中，公共关系部门和公共关系人员却发挥着重要的作用。这就是，公共关系部门和公共关系人员在广泛收集信息的基础上，给领导者提供切实可行的意见或建议，发挥领导"思想库"、"智囊团"的作用，成为领导者决策时的重要助手和参谋。

在领导者决策的过程中，公共关系部门是辅助领导决策的重要部门之一，公共关系人员是领导决策的重要咨询者。这是因为：其一，既然社会组织的公共关系状态关系到组织的成败兴衰，因而，公共关系工作自然也就成了领导者的重要工作之一。公共关系部门是公共关系的专门机构，公共关系人员是公共关系的专业人员，他们对公共关系的业务最为熟悉，掌握了娴熟的公共关系技能和技巧，领导者重视并策划公共关系活动，具体实施公共关系计划，就不能不依靠公共关系部门和公共关系人员，充分调动他们的积极性和创造性，使它（他）们成为领导者开展公共关系活动的参谋和得力助手。其二，现代社会的领导决策，强调科学化、民主化和规范化，反对领导者的经验决策和独断专行。在知识经济时代，由于信息量的急剧增加，科学技术的日新月异，经济转轨所产生的矛盾错综复杂、千变万化，任何领导者个人的智慧、才干都是难以应付的。这就需要领导者善于借助他人的头脑和双手，来弥补领导者个人才智、经验、精力和能力的不足。公共关系工作与组织所承担的职责、任务密切相关，与各职能部门的业务工作密切相关，公共关系部门和人员，在策划公共关系活动和制定公共关系计划时，对领导者的决策意图、思路和要求比较熟悉，这有利于它(他)们担负起为领导者决策咨询的角色，发挥参谋和助手的作用。

公共关系部门和人员在领导者决策的过程中，发挥着咨询、辅佐、建议和参谋的作用，它的角度不同于技术的、财务的、业务的、人事的角度，而是一种客观的、社会的、相对超脱的角度，即从公众的角度、组织形象、信誉的角度和传播沟通的角度，为领导者的决策提供咨询服务。它协助领导者在决策时考虑各种复杂多变的社会制约因素，平衡各种复杂的社会关系，重视决策行为的社会影响和社会效果，预测决策的发展趋势；帮助领导者在决策和具体实施过程中，将组织的利益与群众的利益统一起来，将组织内的部门利益与组织的整体利益统一起来，将组织近期目标和长远目标统一起来，将经济效益和社会效益统一起来。同时，公共关系部门和人员，还要通过各条渠道，观察、评价、反馈决策实施中和实施后的公众影响和社会效果，为调整决策或进行新的决策提供公众和新闻舆论的信息，促使领导者在决策时始终关注公众利益和社会影响，进一步塑造、维护和巩固组织的美好形象。

公共关系部门和人员为领导决策提供咨询的范围，主要有以下几个方面：一是对本组织内部方针、政策和行动提供咨询意见，辅佐决策，制定出合乎组织发展的目标；二是对本组织公共关系战略、经营销售战略和广告宣传战略、CIS 战略、组织文化战略等提供咨询意见，使原来分由几个部门负责的工作发展成为一个系统，并制定出科学的实施方案供决策者参考；三是为组织制定公共关系传播的策略和方案，同时为组织开展公共关系活动确定目标公众对象；四是帮助领导者对组织的形象进行"定位"，为组织设计具有鲜明个性和社会认可的统一的公众形象；五是当组织面对各种问题尤其面临各种危机时，预测并制定公共关系的应变对策和方案，使组织在激荡变化的社会环境中保持主动地位和应变能力，能顺利地度过危机。

公共关系部门和人员要充分发挥领导者决策咨询的作用，应该重视各方面信息的收集、归纳和分析，没有真实准确的信息，是根本谈不上决策咨询的；在收集、归纳、分析各种信息的基础上，围绕预定的公共关系目标，提出切实可行的方案，供领导决策时参考；也可同时提供几种方案，让领导者在决策时权衡轻重利弊，选择其中的一种；还可将可供选择的几种方案，集思广益，取长补短，重新优化组合，形成一个新的最佳方案，供领导决策之用；在领导作出决策之后，则应通过一系列公共关系活动予以贯彻实施，及时收集反馈信息，调整和修订方案，以确保目标的最终实现。

第五节　协调关系

公共关系中的协调是在沟通的基础上，经过调整，达到组织与公众互惠互利的和谐发展。协调的重要作用在于保持组织管理系统的整体平衡，使各个局部能步调一致，以利于发挥总体优势，确保计划的落实和目标的实现。马克思说过，人们奋斗的一切都同他们的利益有关。公共关系也是以利益为基础的。社会进入市场经济以后，许多过去用武力、由行政手段调节的关系，现在需要按经济规律来调节。组织作为一个开放系统，面对各类公众和各类公众各自的利益要求，组织公关要想为组织创造一个良好的内外部环境、协调各种关系，就必须本着真诚互惠的原则首先承认这些利益，然后按公共关系双向对称原则来尽量满足这些利益；当各种利益发生矛盾时，应本着公平对等的原则加以协调、平衡，既不能无视正当要求，也不能厚此薄彼。

协调和改善社会组织与公众的关系，是公共关系活动最重要的职能之一。公共关系是广结人缘的艺术，是为组织在公众中树立起一种"可亲可爱"的形象。公共关系要充分发挥社会组织与公众双向交流、沟通的桥梁和纽带作用，就必须重视协调关系的工作，运用调节、调解、调和、调处、调理、调停、调配的手段，为组织广交朋友，广结善缘，消除误解，化解矛盾，减少摩擦，避免冲突，成为组织正常运转的"润滑剂"和"缓冲器"，争取社会各界对组织的理解、信任、好感、支持和合作，使组织与公众的关系趋于亲密化、融洽化、和谐化和同步化，为组织的生存和发展创造"人和"的社会环境。

公共关系中组织与公众关系的协调，是一个复杂的运作过程，它由一些必不可少的基本要素构成，即：（1）协调主体。也就是协调者。由于协调的内容和难易程度的不同，有的是某一公共关系人员，有的则是公共关系部门的公共关系人员群体。（2）协调对象。指协调的当事人，也就是公共关系活动所指向的目标公众。熟悉协调对象的情况，得到协调对象的配合，是公共关系协调成功的关键。（3）协调意图。指通过协调所要解决的问题或要达到的目的。有效的协调，必然是协调与意图与协调实践相统一的产物。（4）协调结果。指通过公共关系活动达到了协调的目的，解决了矛盾，获得了满意的效果。公共关系部门和人员应对协调结果进行科学的检验和评估，总结经验，吸取教训，作为今后开展公共关系协调的借鉴。(5)协调环境。指进行公共关系协调时的内外部条件，也就是开展公共关系协调的背景。协调环境对公共关系协调有一定的影响和制约作用。如果不了解协调环境及其发展变化的情况，协调工作就会脱离实际，协调目标就难以实现，甚至有可能导致公共关系协调的失败。

　　在现代社会里，组织所处的社会环境越来越复杂，可以说是千头万绪、千变万化；千岩万壑，变幻莫测。例如，在计划经济时代，国营大、中型企业只有一个"婆婆"，就是代表国家的行政主管部门，人、财、物、产、购、销等都由"婆婆"作主；实行社会主义经济体制改革以后，将企业推向了市场，企业成了社会主义市场经济的法人主体，必须自主地处理好与各方面的关系，除行政主管部门和政府各职能部门外，还要与众多的客户、投资者、协调者、竞争者以及各种传播媒体打交道；同时还必须处理好本企业内的员工和企业所在地兄弟单位以及广大居民的关系。在这张社会大关系网中，任何一个"绳结"上出现了问题，都会对组织的生存、发展不利。报载，杭州近郊有一家国营大厂，转变为股份制后，生产蒸蒸日上，产(商)品供不应求，亟待扩建两条生产流水线，但由于工厂与所处的农村关系紧张，长期对立，无论厂里出什么高的价钱，乡里硬是寸土不让，使这家厂子连续几年都无法发展。无数事实表明，在社会主义市场经济条件下，面对着日益激烈的竞争，社会组织比过去任何时候都需要开展公共关系活动，协调好与各方面的关系，增进与内外公众的情感，创造一个友爱、和谐、融洽的氛围。做好了协调关系的工作，就能减少误会和摩擦；即使发生了误会和摩擦，出现了突发事件，也易于及时、妥善的解决，避免将矛盾激化和公开化，不至于带来大的麻烦和损害。由此可见，协调关系的工作，实质上就是广结人缘的工作，就是使双方关系亲密化、和谐化、融洽化的工作，就是防患于未然的工作。

　　公共关系协调的方法，主要有权威仲裁法、反馈调节法、自律法、感情疏通法、信息分享法、协商法等。

　　公共关系的协调工作，范围非常广泛，内容十分丰富，主要内容有决策协调、政策协调、计划协调、业务工作协调、利益协调、人际关系协调和各种纠纷的协调等。从协调的对象看，可分为内部协调和外部协调两种，本书下编"公共关系实务"将列专章对内部公共关系协调和外部公共关系协调作专门的论述，此处从略。

第七章　公共关系工作的程序

公共关系工作程序或称公共关系过程，指的是为实现某一公共关系目标，而有目的、有计划、有步骤地开展的一系列公共关系活动。它体现了公共关系工作的内在联系和基本规律，勾画出了公共关系发展过程的概貌。任何公共关系工作都是一个动态的过程，大体上可分成几个前后相互衔接的阶段，而每一阶段中的具体环节和内容都不同程度地带有方法论的特点。公共关系工作按照一定的程序运作，可将公共关系工作纳入到科学管理的轨道，合理地配置各种资源，恰当地处理各相关因素的矛盾，正确地选择传播媒体，得心应手地运用各种公共关系方法和技巧，顺利地实施公共关系计划，圆满地发挥公共关系的各项功能，综合体现出公共关系工作的整体效应，使公共关系工作取得理想的效果。

公共关系工作程序是首尾衔接、环环相扣、循环往复的动态发展过程，一般包括形象调查、制定计划、组织实施、检测效果四个阶段，公共关系学称之为"四步工作法"。下面就这四个阶段分别予以说明。

第一节　形象调查

形象调查是公共关系工作的开端，或称为第一阶段、第一步骤。要设计、塑造、树立组织的良好形象，必须对组织在公众中的现有形象有准确的了解，必须能及时、有效、准确地获取组织外部信息，把握公众舆论。因此，形象调查是公共关系工作程序中其他各个阶段乃至整个公共关系工作的前提和基础。

形象调查不同于一般的公共关系调查。虽然形象调查也归属于公共关系调查的范围，却不是它的全部，它仅属于公共关系工作开始前的特定的关于组织形象的调查。形象调查的目的在于了解公众对组织的认识、态度、看法、意见和评价，了解各类公众情况的变化以及对组织所产生的影响，分析组织所处的环境，实事求是地评价组织当前的公共关系状态，从中发现问题，寻找不足之处，为制定公共关系计划提供依据。

所谓组织形象，就是社会公众对组织的全部印象、认识、态度、看法和评价。组织形象虽是公众对组织的评价，却是组织的理念、政策、行为和社会效果在公众心目中的反映。它基于客观事实，是客观见之于主观的东西。要准确地了解公众对组织的印象、认识、态度、看法和评价，就需要有针对性地开展调查，对组织的自我期望形象和实际形象进行客观的比较、分析，找出二者之间的差距，并采取切实有效的措施，尽可能地弥补和缩短二者的差距。

组织形象分为组织的自我期望形象和实际社会形象。自我期望形象是公共关系所要达到的目标，而实际社会形象则是公共关系工作的出发点或起点。组织的自我形象或称理想形象，是指一个社会组织自身期望在公众心目中所建立的形象。它是一个组织公共关系工作的内在动力、基本方向和奋斗目标。组织对自我形象的期望值，要从实际出发，做到主观愿望与客观可能性的有机结合。因为期望值越高，公共关系工作的成功率就越小；期望值过低，那就失去了形象调查的意义；期望值适中，开展公共关系工作既有了明确的目标，通过积极努力又可保证公共关系工作的成功。对组织自我期望形象进行科学的、实事求是的调查，主要有以下几个方面的工作：

(一)组织的实际状态和基本条件的调查

首先，要调查了解组织内部的基本情况，如组织的建立时间、职责范围、历史传统，正在做什么？能够做什么？具备哪些有利条件和不利因素等。对党政机关和事业单位来说，要调查和掌握组织的职责范围、工作内容、机构设置、层次结构、管理方法、活动原则、办事程序、人员组成、领导水平、工作效率以及员工的培训、使用、待遇和重大决策、重要事件等。对工商企业来说，要调查和掌握组织的经营方针、组织管理、生产状况、财务状况、技术开发状况、市场经营状况、人事组织状况以及产(商)品的种类、规格、型号、质量、花色、式样、价格、广告宣传、包装装潢、经营特色、服务水平等。

(二)员工层面的调查

组织确定的公共关系目标，需要广大员工的理解、认同和支持，才可能得以实现，因此，需要通过调查，了解和掌握员工对组织的态度、看法、评价、要求及各种批评、建议，了解和掌握他们对领导层提出的总目标的支持程度，了解和掌握员工对组织的向心力、凝聚力和期望值，发动全体员工帮助组织寻找工作中的薄弱环节，提出改进的建议。

(三)管理层面的调查

一个组织的行政、生产、技术、业务管理层面是它的核心力量，他们的状况如何，往往关系到组织的生存和发展，因而应进行重点调查，确切了解和掌握他们对组织的认识、态度、要求和评价，对领导层提出的总目标支持的程度，从中分析组织的潜力和发展趋势，判断组织的生命力。

（四）领导层面的调查

一个组织形象设计的蓝图首先来源于领导层。领导层决定着组织的总体目标和发展方向，从而决定着组织形象的定位，决定着公共关系的政策和策略。领导层的价值观、精神状态和行为方式，直接影响着组织形象的个性和风格。所以，需要通过调查，确切了解和领会领导层的决心和意图，熟悉他们的思想作风、工作作风和经营管理手段，测定他们对组织形象的期望值和具体要求，以此作为组织形象设计的重要依据。

通过上述四个方面的调查，从主观愿望和实际可能上，确定组织的自我期望形象，才是科学的、客观的、实事求是的。

在认真了解了组织自我期望形象的基础上，再对组织当前的实际形象进行调查。反映组织实际形象的镜子是社会舆论和公众评价。公共关系部门和公共关系人员要善于运用各种调查方法，了解和掌握组织在公众中享有的知名度和美誉度，测定组织在社会上的实际形象状况。

一、公众网络的辨认和分析

公众评价和社会舆论是反映组织形象的一面镜了，因此，首先要对组织的公众范围、公众分类、主要目标公众、媒介公众、同业公众、顺意公众、逆意公众等进行调查分析，通过辨认各类公众，甄别对象，确定民意测验的对象和形象调查的范围。只有明白无误地认清组织的公众网络，才能找准调查对象，获得满意的调查结果。

二、组织形象地位的测定

在对公众网络调查、辨认、分析的基础上，运用抽样法、访谈法、问卷法等方法，对公众心目中的组织实际形象进行调查。然后，根据知名度和美誉度两项指标，综合分析公众对组织形象的评价意见，测定组织的实际形象地位。综合知名度和美誉度两项指标，可将组织形象的实际状况作如下划分：（1）高知名度，高美誉度；（2）高美誉度，低知名度；（3）低知名度，低美誉度；（4）高知名度，低美誉度。这四种状况说明组织处于不同的形象地位，在公众心目中有着不同的印象、态度、看法和评价。

三、组织形象要素的分析

组织形象包含的内容不是单一的，而是由多种因素构成的。因此，要正确评价组织的实际形象，就有必要调查和分析构成组织形象的具体要素，分析影响组织形象的主、客观原因，以便有的放矢地制定改善公共关系状态的政策、策略、办法和措施。要将组织形象分解为公众对组织的各个项目的具体评价，通过统计，分析各个项目的具体评价数据，确定组织形象的特征，勾画出组织形象的细节。例如，对工商企业的组织形象要素，可分解为经营方针、办事效率、服务态度、业务水平、组织管理、企业规模、经济效益等项目，分别定为很好、相当、较好的不同档次，先后用是否正直、高低、诚恳或恶劣、有无创新、有无名气、影响大小来表示，统计每一调查项目公众不同评价所占的百分比。

在上述组织自我形象调查、分析和组织实际形象调查、分析的基础上，将二者进行比较、鉴定、分析、判断，揭示二者之间的客观差距，找准公共关系存在的问题，努力去弥补和缩小二者之间的差距，进而明确公共关系工作的目标和任务，对组织形象重新进行设计和定位，为制定公共关系计划提供客观的依据。

第二节　制定计划

制定计划是公共关系工作程序中的第二阶段或第二步骤，在整个公共关系工作程序中占有十分重要的地位。计划制定得是否科学、客观、符合实际、切实可行，对以后公共关系工作的开展关系极大。完备的公共关系计划就等于公共关系工作成功了一半。

公共关系计划，指的是一定社会组织为改善公共关系状态，树立美好形象，在确立公共关系目标、分析公众情况、选择工作方法、筹划工作步骤、预算公关费用的全部过程中形成的设想、安排、打算和行动方案。

公共关系计划的制定，要注意做到组织利益、公众利益和社会整体利益的统一，组织整体形象和特殊形象的统一，组织知名度和美誉度的统一，公共关系计划与组织的整体发展规划的统一，注重前瞻性、可行性、平衡性、激励性和富于创造性的特点。

一、确立公共关系目标

确立公共关系目标是制定公共关系计划的关键步骤。所谓公共关系目标，是指在一定时间内能控制公共关系工作全过程的目标体系，一般包括长远目标、近期目标、一般目标和特殊目标等。组织所开展的各项公共关系工作，都是围绕所确立的目标体系而实际运作的。

公共关系工作目标与公共关系调研中所确认的问题是紧密相连的。针对形象调查对组织的自我期望形象和实际社会形象比较分析后找到的二者之间存在的差距、所要解决的问题，自然也就确立了公共关系工作所要达到的目标。为此，在确立公共关系目标之前，有必要对所依据的公共关系调研材料作进一步的分析和审定，确切了解组织在社会公众中的知名度和美誉度，测定组织在社会上的实际形象状况和自我期望形象的差距，剖析形成这种差距的原因，采取相应的措施，寻找解决的办法。这也就是找准公共关系存在的问题，明确公共关系工作的目标和任务，设计公共关系工作的主题，从而为公共关系工作指明方向。公共关系目标一般分为战略目标和策略目标，前者是指有关组织整体形象和长远发展的重大的总体目标，后者则指围绕战略目标制定的具体实施的短期目标。确立公共关系目标时，应注意与组织的整体目标相一致，不可南辕北辙，另搞一套，要尽可能明确具体，切忌空泛抽象，以致无法监测与控制，要留有余地，以便应付可能发生的临时性危机或在条件变化时能灵活适应。

二、分析公众情况

公共关系工作的对象是具体的公众。任何组织都有特定的目标公众。公共关系工作是以不同的方式针对不同的公众而开展的，目的是为了塑造和树立受公众欢迎的组织形象。因此，在制定公共关系计划时，自然就要对公众状况进行实事求是的分析和研究，以确定开展公共关系工作的具体公众对象。

确定目标公众对象，第一步是鉴别公众的权利要求。任何组织与公众之间都是在需求与满足中形成互利互惠的关系，成功的公共关系计划应对公众的各种权利要求进行概括的分析，找出各类公众权利要求中的共同点和共性的问题，把满足他们的共同权利要求作为设计组织总体形象的基础。第二步是分析各类公众特殊的权利要求，由于不同公众总是从各自的特殊视角来进行组织形象定位的，因而制定公共关系计划时就要善于从不同公众的特殊视角来观察组织的形象，选择同组织的理念和发展利益相同、相近或利益关系特别紧密的公众，作为公共关系工作的主要对象。

根据不同的标准，可对公众进行不同的分类，如：可根据组织对公众的态度和看法，将其划分成最受欢迎的公众、受欢迎的公众、被追求的公众和不受欢迎的公众等；根据公众对组织的态度和今后的发展情况，将其划分成非公众、潜在公众、知晓公众、行动公众等；根据公众对组织公共关系密切的程度，将其划分成关键公众、重要公众、次要公众、一般公众等。为满足每一类公众对象的权利和要求，均可具体制定出针对性很强的公共关系工作计划。

三、编制经费预算

任何一项公共关系工作，都要花费一定的人力、物力、财力。编制经费预算的目的，是为了事先对公共关系中的每项工作所必需的人力、物力、财力进行估算和分配，做到心中有底，避免超支和浪费，保证公共关系工作正常、顺利地进行，力争以较少的开支来取得最佳的效果。

公共关系预算总额确定的方法很多，最常见的有：一是比例抽成法。即根据一定时期生产、经营业务量的大小、按产值、销售额或利润额抽出一定比例作为公共关系工作经费；二是经费承包法。即按组织常年公共关系实务匡算出一定量的经费，承包到位，作为公共关系工作预算；三是目标先导法。即先制定出公共关系工作期望达到的目标，逐项列出细目，计算所需经费；四是量入为出法。即按组织的财政状况，从实际出发，提出组织可以负担的经费，作为公共关系工作之用。

公共关系预算的项目主要有：人员劳务工资；行政办公费；设备材料费；调研培训费；大型公共关系活动专项经费等。

公共关系经费预算，应有总目标和细目的开支预算，通常要制成表格，逐一列出，这样既方便核算，又可备将来核查。

四、撰写公共关系计划书

公共关系计划书的种类繁多，从不同角度考虑，有不同的分类方法。如，按时间分，有长期公共关系计划、年度公共关系计划、季度公共关系计划、月度公共关系计划等；按组织层次隶属关系分，有中央、省、地(市)、县相应机关单位的公共关系计划，或总公司、分公司(厂)、经营部公共关系计划等；按范围分，有股东公共关系计划、政府公共关系计划、组织对外开放公共关系计划等；按活动项目分，有新闻发布会计划、组织庆典活动计划、广告词征集和评选活动计划等。实际上这些类别有时是重合的，也就是说，一份公共关系计划可同时属于几个种类，如《××公司 2005 年公共关系工作计划》。

公共关系计划书的基本内容，一般包括：

(一)公共关系目标(必要时可列总目标和分目标)；

(二)公共关系活动主题(包括主题和副主题)；

(三)公共关系情况分析，掌握近期的公共关系状态；

(四)公共关系活动项目和传播媒体的选择；

(五)实施步骤和时间安排；

(六)活动经费预算；

(七)评估成效的设想和办法；

(八)领导机构和人员分工。

这是就一般公共关系计划而言的，如果是单项的公共关系工作或活动计划，内容则有所不同。如新闻发布会的计划内容是：选择新闻媒介；确定时间、地点；明确具体公共关系目标；拟写新闻稿；主持人、工作人员、接待人员的安排和调配；提供设施、物品及记者所需的器材；会场布置；编制经费预算等。而组织外来人员参观企业的公共关系计划内容是：活动的具体目标；确定来宾名单和寄发请柬；服务、向导人员的配备和培训；文字材料（包括解说词、企业介绍、产（商）品说明书等）；确定参观路线；环境布置；提供必要的服务设施（如车辆、休息室、餐厅、安全帽等）；纪念品；经费预算；成果考核的细则和方法等。

第三节　　组织实施

这是公共关系工作程序中的第三阶段或第三步骤，是在公共关系计划被采纳之后，将计划具体落实、付诸实施，使之变成现实的过程。公共关系计划的组织实施，是公共关系程序中最为复杂，也最为多变的一个关键性环节，直接关系到公共关系工作的成败得失。从某种意义上说，公共关系计划的组织实施甚至比公共关系计划的制定更为重要。这是因为：公共关系计划的组织实施是解决公共关系问题的中心环节；公共关系计划的组织实施决定了公共关系目标能否实现以及实现的程度和范围；公共关系计划组织实施的结果为后续公共关系计划的制定提供重要依据。公共关系计划的组织实施，其作用、影响贯串于公共关系工作的全过程，它对提高公共关系工作效率和增强公共关系工作效益有着重大的现实意义。

公共关系计划的组织实施过程，是一个上下衔接的完整过程，可将其分成三个小的阶段：首先是组织实施的准备阶段，包括制定具体实施方案，确定对各类公众的沟通计划，确定实施的具体措施和采用的方法、技巧，组成实施机构，训练实施人员并向他们详细介绍计划的内容和实施所必需的条件；其次是组织实施的执行阶段，这是最重要、最关键的一个阶段，实施机构切实按照已经设计好的实施计划程序，一一落实各项措施，运用各种行之有效的公共关系方法和技巧，实施确立的公共关系目标；最后是组织实施的结束阶段，应做到善始善终，完满结束，实现公共关系的预期目标，为下一步的效果检测做好准备。

在组织发展的不同时期，公共关系计划实施的策略和方法、技巧应该是有所不同的，所以，公共关系计划的组织实施也可分成下列几个时期：一是初创时期。目的是树立公众对组织的美好印象，应善于先声夺人，制造声势，塑造"组织一体化"的美好形象。二是遇到风险时期。当组织遇到风险、处于危机时，应开展针对性强的公共关系工作，采取灵活、有效的宣传、沟通方式，影响公众，争取公众的信任和支持、拯救组织，使组织转危为安。三是顺利发展时期。应通过各种公共关系工作，经常地对公众进行宣传、沟通，保持和巩固组织的声誉，维护组织的美好形象，进一步扩大组织的知名度和提高组织的美誉度。四是组织形象受到损害时期。当组织遭人陷害(如造谣、产(商)品被假冒、遭破坏等)或由于某些原因导致公众产生误解，或由于组织自身工作上的差错、失误危及公众利益，组织形象受到损害时，应开展卓有成效的公共关系工作，运用各种宣传、沟通手段，向公众作出解释，澄清事实真相，并将采取的预防措施告知公众，甚至可运用法律手段来维护组织的信誉和形象；如属工作上的失误，则应实事求是地检讨过失，修正错误，采取补救措施，并将这些情况如实告知公众，以求得公众的谅解和支持。公共关系计划的组织实施，包括撰写新闻稿、召开记者招待会、新闻发布会，组织各种讨论会，策划广告宣传，筹划领导人的演讲、报告，举办展览会，开展联谊活动，策划新闻事件，制发宣传资料、新闻电视、录像和广播讲话，组织参观访问等。这些内容将在后面的章节专门论述，此处从略。

从一项具体的公共关系活动而言，如何组织实施公共关系计划呢？可从以下几个方面入手：

一、认真拟定具体公关活动的实施方案

公共关系活动计划实施的负责人应根据公关活动的目标和客观环境的要求，对具体公关活动时间的安排、地点的选择、对象的确定、程序的控制、内容的构思、方式的采用以及人员的分工、费用的开支等，进行认真仔细的研究，拟制出切实有效的实施方案。在拟制具体实施计划的过程中，一般不能随便改变或放弃既定的目标，也不能轻易变动实现目标的基本步骤，而应将目光牢牢地盯住既定的目标，一切活动都应以实现目标为依归；同时还要严格控制工作进度，保证整个活动计划的实施能按原计划规定的基本步骤进行。

二、选择传播媒体

由于公共关系计划的大多数项目是针对特定的公众对象而进行的信息传播活动，因而公共关系计划的组织实施，就是运用各种传播媒体，把预期的信息传达给公众，改变他们对组织的认识、态度、看法、评价和行为，创造对组织有利的舆论环境、维护和美化组织的形象。组织实施公共关系计划的过程，实质上就是针对公众对象进行信息传播的过程，因而，公共关系计划的组织实施，离不开对传播媒体的选择。

传播是将公众与组织连接起来，使之相互沟通的纽带和桥梁，达到相互适

应的目的。一旦公共关系目标和公众对象确定以后，就要考虑选择最恰当、有效的传播媒体，来塑造和树立组织的美好形象，优化组织的生存环境，争取社会各界对组织的理解、信任、好感、支持和合作。如前所述，各种传播媒体各有所长，又有所短，因而，必须根据公共关系的目标、公众对象的特点和所传播的信息内容，并考虑到组织的经济实力，选择恰当的传播媒体，才能与公众进行顺利的沟通，收到良好的传播效果。切不可草率从事，讲求排场，搞花架子，以致造成人力、财力、物力上的浪费。

三、建立环境监测系统，及时修正计划的具体内容

坚持原公关计划所规定的目标及实现目标的基本步骤和方法，并不等于死抱住计划不放，无视客观环境变化，一切按计划行事。在公共关系活动计划实施过程中，一定要经常对客观环境进行监测，及时了解和掌握国内外政治形势、经济形势的变化，了解和掌握市场的动向，了解和掌握产(商)品信息、供应商信息、消费者信息以及销售信息的变化情况等，严格检查监督计划的贯彻实施。如果发现在公关活动项目的人力、物力、时间、地点、步骤、方法的安排上或在经费预算上，确实存在着不利丁原公关计划目标实现的问题，就要与时俱进，坚持从实际出发，对原公关计划及时地予以修正和调节，使原公关计划的实施朝着实现公共关系目标的方向发展。

四、排除实施公共关系计划中的障碍

影响公共关系计划组织实施的因素是复杂的、多方面的，一般说来，主要有三个方面的情况，即计划本身的目标障碍、传播过程中的沟通障碍和突发事件的干扰。计划本身的目标障碍，指的是公共关系计划中由于所确定的公共关系目标不正确、不明确、不完善、不具体而给组织实施时带来的障碍，可由实施人员主动与计划制定者取得联系，促其重新修订，排除计划本身的目标障碍。关于对突发事件干扰的排除，本书第十五章列有"突发事件的处理"专节，此处不再重复。这里着重论述的，只是在传播过程中沟通障碍的排除。

如前所述，公共关系计划组织实施的过程，实际上就是针对各类公众进行传播、沟通的过程。然而，传播是一个包括纵向传播和横向传播在内的综合的、多元化的网络系统，交错复杂，受到各种因素的影响。因此，公共关系计划组织实施过程中的传播、沟通不可能是一帆风顺的，往往会由于传播媒体运用不当、方式方法不妥、渠道不畅以及各种各样的障碍而使计划的组织实施难以如愿以偿。传播媒介、方式方法的选择，渠道的疏通，这属于公共关系自身的障碍，可视实际情况，针对性的采取措施，切实加以排除，这是比较容易做

到的，而其他一些传播、沟通障碍的排除，就要困难得多了。传播过程中的沟通障碍主要有政治障碍、信仰障碍、经济障碍、文化障碍、语言障碍、习俗障碍、观念障碍、心理障碍、性别障碍、年龄障碍等。上述种种障碍，在当前的条件下，有的是短时间内无法排除的，有的则可通过主观努力，创造条件，将它排除掉。寻找、分析障碍的目的，正是为了认识它、把握它、排除它。那么，如何排除传播过程中的沟通障碍呢？我们提出以下几点建议：一要从实际出发，针对不同的公众的特点，选择相应的、能为他们能够接受和乐于接受的传播媒体；二要根据形势的发展变化，有目的地灵活自如地运用各种传播媒体，尽量缩小传播媒体与公众之间的距离；三要坚持目标导向和整体协调的原则，在组织实施公共关系计划时，选择恰当的传播媒体，坚持不偏离既定公共关系目标和使各有关方面处于和谐、互补、配合、协调的状态，切不可因发生某种障碍而任意偏离目标和打乱原定计划；四要坚持连续不断地开展公共关系传播，做到每次公共关系传播都有新创意、新内容、新花样、新特点、新做法，努力在"新、奇、准、好"上下工夫，激发公众的热情和兴趣，这样才能排除传播、沟通过程中的障碍，取得理想的效果，确保公共关系目标的实现。

第四节 检测效果

这是公共关系工作程序中的最后一个阶段或步骤，即对公共关系工作组织实施的结果进行检测、评价、估量，并报告给组织的领导者、决策者。组织形象的塑造，公共关系网络的建构，是一项永无止境的工作，必须不断地进行、巩固、改善和发展。它与第一阶段的形象调查有着首尾衔接的关系，很有可能前一个公共关系检测的结果正是后一个公共关系计划——形象调查的开始。如此周而复始、循环往复，就可促使公共关系工作的不断深化和提高。

如果说形象调查、制定计划、组织实施这三个阶段是解决公共关系工作"做什么"、"怎样做"的问题；那么，检测效果所要解决的则是公共关系工作"到底做得怎样"的问题。效果检测犹如一面镜子，它根据客观的标准，对公共关系计划的组织实施及其成效进行检查、测定、衡量与评估，判断优劣，发现问题，为调整公共关系目标、政策、策略和行为提供可靠的依据，对整个公共关系工作起着不可低估的作用。检测效果的重要作用主要表现在以下几个方面：它是公共关系工作程序中一个必不可少的基本环节，也是改进、深化和提高公共关系活动的重要环节；它为开展新的公共关系工作提供可靠的依据，是开展后续公共关系工作的必要前提；它可使内部员工看清组织的利益目标和实现的途径，成为鼓舞士气、激励内部员工工作热情和积极性的重要形式；它还可使领导者、决策者看到开展公共关系工作的明显成效，从而更加自觉地重视公共关系工作。

一、检测步骤

检测效果的步骤，首先是自我检测，其次是专家检测，最后是公众检测。只有三者的有机结合，才能得出客观、公正的评价。

（一）自我检测

由实施公共关系计划的有关人员自己进行检测。它不仅是对公共关系工作的优劣成败进行回顾、检查和总结，同时也是对实施公共关系计划人员的思想修养、政策水平、职业道德、业务素质、工作能力的一次总的检测。由于当事者自我心境的独特作用、亲身经历和实际感受，因而使自我检测具有独特性。其独特性大致有以下三种情况：别人感觉做得不错的地方，自我感觉却认为不好；别人感觉做得不好的地方，自我却感到很满意；感觉与表达不一，即自我感觉好或不好都不愿表达，或自我感觉不好却口头坚持说好，自我感觉好又过分谦虚说一大堆缺点等。公共关系工作的成功，公共关系工作程序所显示出的科学性、艺术性和高超的公共关系技巧，往往是公共关系人员自身整体素质的体现。自我检测不但能产生独特的评估结果，而且也有助于公共关系人员思想和业务素质的提高。同时，通过自我检测，找到了工作上的差距，可促使公共关系人员保持清醒的头脑，胜不骄，败不馁，开拓进取，再接再厉，使工作更上一层楼。自我检测带有较大的主观性，只有当它与专家检测、公众检测结合起来时，才能使检测结果更为客观。

（二）专家检测

指聘请公共关系工作当事人以外的公共关系专家进行检测。为使对组织实施公共关系工作的检测、评估更具客观性，就有必要从各个项目、层次和整体上征求有关专家的意见和看法。其方式很多，可以是专家咨询法，也可以是同行评议法；既可发征询意见表，也可召开专家座谈会；既可按照程序开展正规的征询活动，也可是非正式场合的私下交谈等。专家们通过各种方式，为公共关系计划的实施及其成效作出检测和评估，或在自我检测的基础上写出检测报告之后，请专家审查，这样就可使检测、评估更具专业权威性，更公正客观。专家检测的价值，取决于专家是否具有公共关系方面的专业知识和实践经验。如果他们不是本行的专家，对公共关系工作所涉及的某些领域的知识知之甚少，又缺乏公共关系工作的实践经验，那就无法作出正确的检测、评估。因此，聘请专家检测、评估时，一定要聘请公共关系知识深厚和实践经验丰富、又熟悉情况的专家。

（三）公众检测

公众对公共关系计划实施成果的检测、衡量和评估，是最客观、最重要、最体现公共关系工作价值的一个方面，是效果检测的最关键的一个环节。公共关系实质上是一种公众关系，社会公众的检测、评价往往就是组织的真实形象。忽视了公众检测，自我检测和专家检测也就失去了它应有的价值和意义。如公共关系计划过多地考虑了其他方面的利益，忽略、甚至损害了公众的利益；或采用传播媒介未能取得相应的效果，致使公众产生误解，这时，就要重新审视公共关系计划实施的效果检测出现了什么问题，找出自我检测和专家检测的方式和手段有什么不恰当之处，吸取教训，纠正偏差，再次进行检测，直至符合客观存在的实际效果为止。

在上述三者检测的基础上，公共关系计划实施部门将一定时期的计划、预算和实施结果进行比较，写出既有理论分析、又有事实佐证的总结报告，提供给领导，使领导及时掌握情况，并对一个时期的工作进行全面的协调。经领导认可后，召开有关人员的讨论会，互通情报，交流经验，估量公共关系工作已取得的成效和存在的问题，在此基础上筹划下一步的公共关系工作，提出新的公共关系目标和任务。

二、检测方法

检测、评估公共关系工作计划的实施成果，运用的方法主要用以下几种：

（一）直接观察法

由公共关系计划实施者或参加效果检测的人员直接参加公共关系计划的组织实施过程，或进行实施考察，记录和整理各个环节的实施情况。这是一种最常用、最便捷的方法，亲眼所见，亲耳所闻，亲身经历，掌握的是第一手资料，带有直观性，但也可能带有主观性。采用这种方法，应与其他方法配合，才能得出公正、客观的结论。

（二）目标管理法

即以公共关系计划所确定的具体、明确而又可以度量的目标作为检测衡量、评估公共关系工作实际效果的标准，判断其优劣得失。实行这一方法的前提，是在制定公共关系计划时确立的公共关系目标必须明确、具体且可量化，否则就不能采用这种方法。

（三）舆论调查法

采取个别交谈、电话询问、问卷求答、抽样调查等方法，确认公共关系计划的实施对各类公众的态度、看法、观念、评价等方面所产生的可度量的效果。运用这一方法可采取两种方式：一是实施公共关系计划结束时进行一次调查；

二是公共关系计划实施中和结束时各进行一次调查，以便比较。

（四）资料汇总法

将从各种不同渠道收集到的资料，诸如数据、图表、工作汇报、报告、舆论反映等，加以汇总，分析研究，作为检测、评估的重要依据。通过整理、分析这些资料，可以较全面、确切地反映公共关系工作的绩效、问题和差距。

（五）内部监察法

由公共关系计划实施部门相平行的单位负责人或上级部门负责人，对公共关系计划的组织实施情况进行检查、测定、衡量和评价。其范围是：公共关系计划是否符合实际，计划实施的情况及其所取得的成果，还存在哪些问题，未来的计划安排等。

（六）外部监察法

委托组织外部的专家，对公共关系计划的实施及其绩效，进行检测、衡量和评估。外部专家通过调查、询问、查阅资料，进行分析研究，以事实为依据，对公共关系工作的各个环节及其实际成效，作出客观、公正的评判，并就未来的公共关系工作提出咨询和建议。

（七）领导观察反馈法

组织的领导者亲自参加公共关系计划的组织实施，观察其进展情况，估量其效果，并将自己观察的结果与公共关系计划实施人员提供的工作总结或工作汇报、报告进行比较、鉴别，衡量其真实、可信的程度，将自己的意见反馈给公共关系计划实施部门。这种方法可靠性较高，减少了回忆、叙述带来的误差和偏见。但由于领导者不可能参加公共关系计划组织实施的全过程，看到的只是部分的情况和现象，故很难做出准确、客观的评价。因此，使用这一方法时，需与其他方法相配合。

三、检测内容

美国著名的公共关系专家斯科特·卡特李普和阿伦·森特等总结多年公共关系实践经验，提出了公关活动效果的检测内容（标准）：其一，了解信息内容的公众数量。公关活动的目的之一，就是要提高组织的知名度、美誉度，加强目标公众对组织的了解与理解，因此，了解信息内容的公众数量越多越好。其二，改变观点、态度的公众数量。组织的公关活动是否引起公众对组织的看法和态度的转变，支持组织的公众是否有所增加，增加多少？这是效果检测的重要方面。其三，发生期望行为与重复期望行为的公众数量。衡量公关活动效果的最高层次，最终为是不是引起公众的积极行为。在实施公共关系计划、顺利开展公关活动之后，到底有多少公众按照导向采取或重复采取了组织期望的有利于组织的行为，从而实现了组织的目标，达到了事业的成功。这一检测标准，可供我们参考。

结合我国的实际情况，对公共关系计划的组织实施及其效果的检测、评估，主要内容有以下几点：

（一）检测公共关系的既定目标是否实现

公共关系目标是开展公共关系活动所期望达到的成果。检测、评估公共关系计划实施效果的最主要的标准，就是看既定的公共关系工作目标是否实现。

（二）检测公众对组织的知名度、美誉度是否提高

公共关系工作的对象是公众，宗旨是树立、维护、巩固组织的美好形象，提高组织的知名度、美誉度。因此，检测、评估公共关系计划的实施效果，主要应以公众的印象、态度、看法、评价作为依据，看过去对组织不了解的公众是否增强了了解？过去对组织关系不够密切的公众是否密切了关系？过去对组织有误解的公众是否转变了态度？过去对组织有美好形象的公众是否得以维持、巩固，加深了这种印象？组织在公众中的知名度和美誉度是否有所扩大和提高等。

（三）检测实施计划时所花费的人力、物力和费用是否与原来的预算相符

如果所花费的人力、物力、费用和实施公共关系计划的预算大体相符，说明计划是符合客观实际的；如果不相符，要分析是什么原因造成的？有无铺张、浪费的现象？或是原来的预算不够切合实际，或是形势发展的需要而增加了公共关系活动项目而突破了原来的预算等。

（四）将检测的结果用于决策

检测完毕后，应向组织的领导人报告检测结果。报告时应联系组织的总目标、总计划，对公共关系计划实施效果进行客观而深入的分析，以说明公共关系工作的应有地位和实际成绩，并将评估、分析结果用于决策：一是用于下一步公共关系工作的决策，二是用于组织总目标、总计划调整、完善的决策。

公共关系工作程序的四个阶段或步骤是上下承接、密切配合的统一体，相辅相成，缺一不可，它们是首尾相连的循环体，周而复始，在不断的运转中提高和深化，并进入到更高的层面。

第八章　公共关系机构和人员

公共关系工作是社会组织的一项长期的、复杂的、有计划的、有明确目的的工作，绝非权宜之计，因此，就需要有专门的机构和人员来承担这项工作。公共关系机构和公共关系人员是执行公共关系任务、实施公共关系计划、完成公共关系职能的行为主体，是有效开展公共关系活动的依托和基本保证。随着社会的进步和公共关系事业的发展，对公共关系机构和人员提出了更高的要求，这就是，在现有的基础上，进一步地健全和加强公共关系机构，不断地提高公共关系人员的职业化水平。

第一节　组织内部的公共关系机构

公共关系机构，指的是专门从事公共关系工作的职能机构部门。公共关系机构的构成有三个基本要素：机构的负责人和合格的公共关系专职人员；公共关系活动经费和必要的器材、设备及办公用具；由上级主管部门批准成立并管理，有固定的结构形式。目前，专门从事公共关系工作的机构有两类：一类是组织内部的公共关系机构，另一类是组织外部的公共关系机构。

组织内部的公共关系机构没有统一的名称，有的叫公共关系信息部，有的叫公共关系事务部，也有的叫公共关系广告部和公共关系销售部的，大多数叫公共关系部。从上述机构名称的不同可以看出社会组织对公共关系的不同理解、工作重心和所寄托的期望。

一、组织内部设置公共关系机构的必要性

组织内部公共关系机构的建立和健全是公共关系工作职能化、经常化和公共关系工作管理复杂化、规范化的客观要求。在组织内部设置新型的职能部门——公共关系机构的必要性表现在以下几个方面：

（一）在组织内部设置公共关系机构，有利于组织整体效能的发挥

当前，在许多社会组织里，大量属于公共关系范围的工作，都是由其他部门或机构完成的。由于各部门所处的地位不同，在考虑、处理和解决问题时，往往会各自从本身的立场和利益出发，从而导致各部门效能的相互抵消，出现

内耗，影响整体效能的发挥；不仅如此，各部门之间还会形成平行的相互封闭，妨碍相互配合和协同行动，从而增加了领导层的负担。如果在组织内部设置了专门的公共关系机构，可将公共关系目标和组织的总的任务、目标统一起来，从全局考虑，宏观上决策，协调各部门的关系，避免各部门间的利益冲突，从而更好地发挥组织的整体效应。

（二）在组织内部设置公共关系机构，有利于公共关系机构本身职能的充分发挥

公共关系本身的基本职能，客观上要求有与其相适应的组织机构来执行。有人把组织内部公共关系工作机构称之为组织的"五官"——眼、耳、鼻、舌、喉。这个形象的比喻在一定程度上说明了组织内部公共关系机构所承担的组织与公众联系和沟通的重任。这种"五官"功能正是公共关系职能的重要体现。眼——观察组织与公众之间联系和沟通的状况；耳——倾听来自各方面对组织的意见、批评和建议，并及时反馈给组织；鼻——嗅出对组织和公众利益不协调的"气味"，及时通报组织并加以调整；舌——品尝和体会公众的冷暖和甘苦，为公众排忧解难；喉——向社会公众传播组织的各种信息，以赢得公众的理解、信任、支持与合作。由此可见，通过组织内部公共关系机构，可协调组织与公众的关系，使之亲密化、融洽化、和谐化，在公众中树立起组织的美好形象。

（三）在组织内部设置公共关系机构，有利于领导层集中精力去处理和解决组织的重大问题

当前，组织所面临的社会环境纷繁复杂，很多协调、沟通工作难以由某个社会部门来加以处理。设置了组织内部公共关系工作机构，不仅能使公共关系工作由专门机构负责，使之成为组织日常工作的一部分，而且可把分散的、大量的公共关系工作集中起来由公共关系机构综合处理，并将公共关系目标与组织的总任务、总目标有机地结合在一起，将组织的日常工作与公共关系职能二者统一起来，这样，就可减少领导层的负担，使领导者能从大量的接待、应酬、协调等琐碎事务中解脱出来，集中精力考虑组织的全局发展战略，解决组织日常工作的重大问题。

二、组建组织内部公共关系机构的原则

要使组织内部公共关系机构充分发挥其效能，在组建机构时，必须遵循以下几个原则：

（一）针对性原则

不同社会组织有不同的性质、任务和特点，其公共关系对象和具体内容各有侧重，因而，公共关系机构的设置就应具有明确的针对性。以经济组织为

例，担负物质产品生产的工业企业不同于搞商品流通的商业企业，也不同于为人们提供各种劳动服务的第三产业。因为它们所面对的公众对象是不一样的，所以它们公共关系的着眼点和侧重点自然也就不同。工业企业优先考虑的是产品质量、原材料供应、生产成本和产品销路等问题；商业企业优先考虑的是经营的商品是否符合广大消费者的需求，扩大市场占有率，获取可观的利润；服务性行业优先考虑的是它们提供的服务项目、质量公众是否满意。这些社会组织公共关系机构的设置，必须从各自的实际情况出发，切合针对性的原则。

（二）精简性原则

组织内部的公共关系机构，其规模大小、人员多少应与组织本身的规模相适应。在满足公共关系工作需要的前提下，应坚持精简的原则，将公共关系机构和人员压缩到最低限度。精简的关键是"精"，就是精干、精练、精粹，即工作的质量和效率要高，应变能力要强，能够在较短的时间里，用较少的人力去完成较多的任务。机构精简的主要标志，是配备的人员数量与所承担的任务相适应；机构内部人员分工明确，任务具体；下属各组织职责分明，有统一的计划安排，工作任务饱满，有严格的规章制度和正常的工作秩序。

（三）相对独立性原则

组织内部的公共关系机构在组织和公众的整体关系中处于"中介"的地位。因此，组织在设置公共关系机构时，应坚持相对独立的原则，也就是公共关系机构相对独立于组织的"指挥链"之外。公共关系机构是组织领导者的参谋、咨询部门，是领导者的"信息库"和"智囊团"，它无权指挥本组织的任何其他部门，其他部门也无权对公共关系机构下达命令，干扰它的工作；同时，公共关系机构又和组织中的各层次、各部门保持密切的接触，及时了解内外公众的态度、看法和意见，并及时反馈到最高领导和其他职能部门。正是由于公共关系机构的这种独立性，使它能更好地发挥对组织内部各职能部门、对组织与外界各类公众的协调、沟通作用。

（四）协同性原则

组织内部设置公共关系机构，还必须考虑到它与组织本身以及与其他各个职能部门之间的协调性、统一性。公共关系机构既不是组织的领导者和管理者，也不是直接从事生产、经营活动的，它主要的任务是立足于搞好信息沟通、决策咨询、协调关系，树立组织的美好形象和良好信誉。为了实现组织的公共关系目标，公共关系机构要努力争取领导层的支持和各职能部门的密切配合，在其中起到统筹规划、组织实施、具体协调配合的作用，维系各方面的平稳、平衡和平妥。

三、组织内部设置公共关系机构的主要模式

组织内部的公共关系机构，根据组织的性质、规模、任务和与环境相适应的要求来设置，主要有以下几种模式，各组织可根据自己的实际情况从中进行选择。

（一）领导直属型模式

公共关系机构直接隶属于组织的最高领导层管辖，由总经理兼任公共关系机构的负责人，一切公共关系策划和公共关系计划的制定，公共关系计划的实施和检测、评估，均需经由组织的最高决策机构讨论、批准。其组织结构如下图所示：

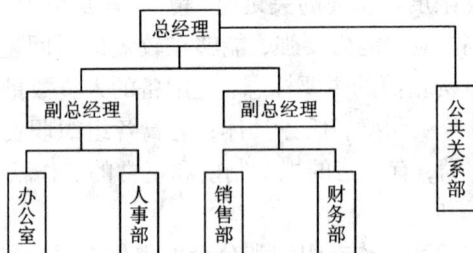

```
                        总经理
         ┌───────────────┼───────────────┐
      副总经理          副总经理         公共
    ┌────┴────┐     ┌────┴────┐        关系
   办公室   人事部   销售部   财务部       部
```

图 8－1

这种模式的公共关系机构，显示了它在组织里的重要地位，其负责人的意见可直接影响企业的最高领导层，也对其他职能部门的工作给予必要的监督，并负责各部门的信息沟通与协调工作。其优点在于，公共关系机构能居高临下、全面地掌握情况，可收到上下贯通、左右平衡的良好效果，并使公共关系工作具有相当的权威性。

（二）部门并列型模式

即在组织内部职能机构的设置上，公共关系机构与人事、财务、生产、技术开发、经营、销售等职能机构平行并列，处于同一层次。其组织结构如下图所示：

这种模式的公共关系机构处于组织管理的第二层次，同组织内其他职能部门是平行的关系，共同对企业的最高领导层负责，对内对外都有一定的决策权和指挥权，可独立地开展各项公共关系活动。这种模式的公共关系机构，比较适合于中等规模的企业，目前在我国比较普遍。

（三）部门所属型模式

即组织内部的公共关系机构，附属于组织内的某一职能部门，但该部门的

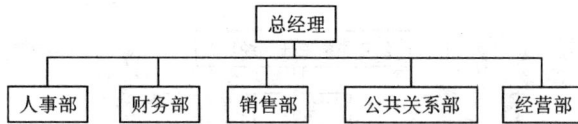

```
                        ┌────────┐
                        │ 总经理 │
                        └────────┘
        ┌───────┬───────┼────────┬───────┐
   ┌────────┐┌────────┐┌────────┐┌──────────┐┌────────┐
   │ 人事部 ││ 财务部 ││ 销售部 ││ 公共关系部 ││ 经营部 │
   └────────┘└────────┘└────────┘└──────────┘└────────┘
```

图 8 - 2

负责人可与组织最高领导层保持密切的联系,并列席参加组织的某些高层次决策会议。其组织结构如下图所示:

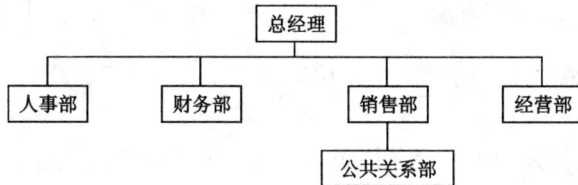

```
                          ┌────────┐
                          │ 总经理 │
                          └────────┘
       ┌────────┬─────────┼──────────┬──────────┐
  ┌────────┐ ┌────────┐ ┌────────┐ ┌────────┐
  │ 人事部 │ │ 财务部 │ │ 销售部 │ │ 经营部 │
  └────────┘ └────────┘ └────────┘ └────────┘
                            │
                       ┌──────────┐
                       │ 公共关系部 │
                       └──────────┘
```

图 8 - 3

这种模式的公共关系机构,处于组织管理的第三层次中。它与组织其他职能部门相比,要低 个层次,属于组织某一职能部门的下属单位。而且,根据不同组织在不同时期的特点,又有几种不同的隶属关系。例如,当组织重视生产管理时,它可隶属于生产部门;当组织强调促销时,它可隶属于销售部门;当组织偏重交际功能时,它可隶属于宣传或接待部门;当组织其他部门运转良好时,它可隶属于办公室。这种模式虽可使公共关系机构同组织最高领导层保持一定的联系,并能列席参加一些最高领导层的活动,但与领导直属型和部门并列型模式相比,难以直接听到最高领导层的指示,领会和掌握最高领导层的指挥意图,也难以将公众和基层的各种意见和建议及时、准确地反馈到最高领导层。在上述三种模式中,以领导直属型模式最为理想。但公共关系机构的设置,应根据具体情况来确定,既要借鉴国外的经验,又要立足于我国的具体国情和社会组织的实际情况,有针对性的加以选择,切不可盲目模仿或生搬硬套。

四、组织内部公共关系机构本身的结构类型

组织内部设置的公共关系机构,其结构层次大体上由两部分组成,即:公共关系机构的负责人(公共关系部主任或经理)和公共关系机构内的专职人员(公共关系工作人员)。英国公共关系专家杰夫金在他所著的《公共关系学》一书中,绘制了这样一个公共关系工作机构的结构框架:

杰夫金所绘制的公共关系工作机构的结构框架主要适用于公共关系工作

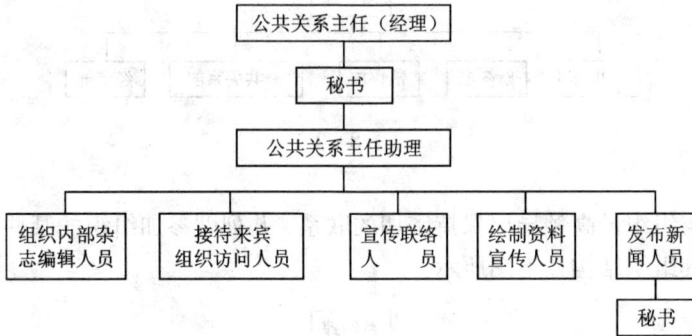

图 8-4

比较多、规模比较大的生产经营性组织，是一种比较有代表性的结构形式。从我国当前的实际情况出发，组织内部设置的公共关系机构，它本身的结构类型,从公共关系的内部工作方式上看，大致上可分为以下几种：

（一）技术手段型

即公共关系机构的下属组织名称，以所采用的公共关系技术手段来命名。如下图所示：

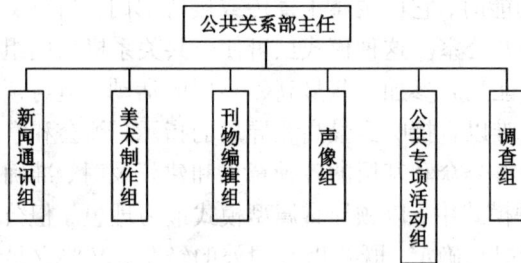

图 8-5

（二）公共关系对象型

亦称分类公共关系型，即公共关系机构下属组织的名称，分别是公共关系的对象，即目标公众的名称。如下图所示：

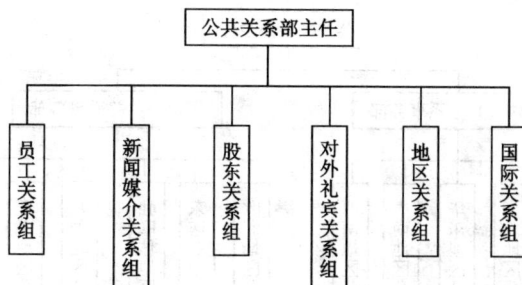

图 8 – 6

(三)公共关系过程型

即公共关系机构下属组织的名称,具体地表现了公共关系工作或活动的运行过程,如下图所示:

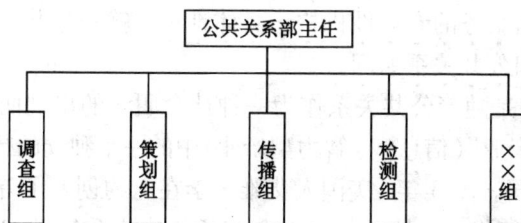

图 8 – 7

(四)公共关系区域型

一些大型企业担负了对外贸易业务的组织,一般在公共关系机构内,下设国内公共关系事务部和国际公共关系事务部两摊子,这是将前四种公共关系机构,在其下面按地区设立相应的小组,如下图所示:

(五)公共关系复合型

这是将四种公共关系的结构类型合而为一,组成复合型的结构形式,完全根据需要来设置相应的下属组织,不受任何一种类型的束缚,便于根据实际情况变通处置和灵活掌握。

第二节 组织外部的公共关系机构

组织外部的公共关系机构,指的是不依附于任何社会组织,而为社会组织

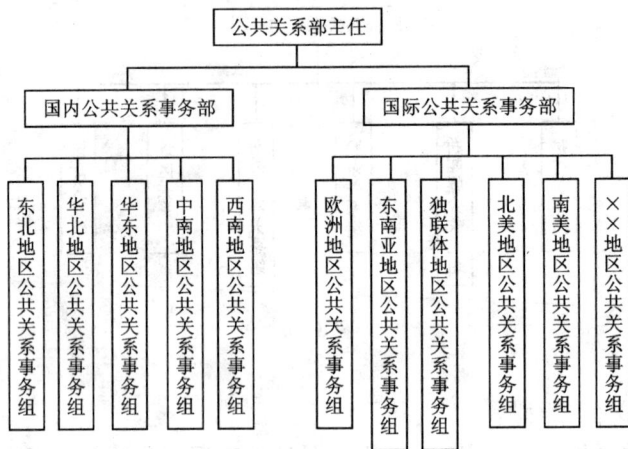

图 8 – 8

提供公共关系方面服务的专业性机构。具体地说，就是公共关系公司，或称公共关系咨询公司和公共关系顾问公司。

公共关系公司是随着公共关系作为一种社会职业的出现而产生和发展起来的，成为了"第四产业"（信息型、智力型产业）中的一个独立的行业。它最早诞生于20世纪初的美国。1903年，美国人艾维·李在纽约创办了首家公共关系咨询公司；1919年，爱德华·伯拉斯与夫人合办了公共关系公司；1920年，N·W·艾尔也正式开办了另一家公共关系公司。到40年代，美国的公共关系公司已达75家。第二次世界大战后，公共关系公司逐渐由美国扩展到全世界，成为最热门的职业和行业之一。我国第一家从事公共关系对外业务的企业——中国环球公共关系公司于1985年在北京成立，标志中国专业性公共关系咨询服务事业的开端。

一、专业性公共关系公司兴起的原因

公共关系公司，是由各具专长的公共关系专家组成的，专门为社会组织提供公共关系咨询或受某一组织的委托为其开展公共关系工作，并收取相应服务费用的专业性社会服务机构。它的成立需经政府有关部门批准，独立经营，凭借公共关系的专业知识、技术和经验为社会服务，是具有法人地位的集体。

公共关系公司的兴起是社会发展的必然。随着社会商品经济的发展、市场竞争的激烈和公众民主意识的增强，使得各类社会组织都需要开展公共关系工作，以赢得社会各界的理解、信任、支持和合作，塑造本组织在公众中的美好形象和良好信誉，推动本组织的发展和兴旺。一些大、中型组织虽建立了组织内部的公共关系机构，但在公共关系策划和具体活动中仍需在某些专门问题上求助于同行、专家；有的组织内部公共关系机构虽建立起来了，但对如何开展公共关系活动则不清楚，没有公共关系活动经验，需要得到行家里手的指点和帮助。那些规模较小的社会组织，由于受到人力、物力、财力的限制，没有能力也没有必要设置门类齐全的内部公共关系机构，但它同样要面对内外公众开展公共关系工作。在这种情况下，设置一个规模较小的内部公共关系机构，具体管理这方面的事情，大量的公共关系工作，则请社会上的专业公共关系公司代理完成。另外，有些很小的社会组织，还不具备建立内部公共关系机构的条件，更需要公共关系公司代理本组织的公共关系业务。所有这些，就是专业性公共关系公司出现的客观基础。

　　和组织内部的公共关系机构相比，公共关系公司有它的职业优势，这主要表现在以下几个方面：其一，看问题比较客观。由于公共关系公司与委托的组织没有直接的利害关系，是"局外人"。俗话说："旁观者清。"因而他们看问题不会带主观感情色彩，能从旁从容冷静地观察问题，实事求是地分析问题，客观公正地对问题作出评析。其二，社会联系广泛，信息灵通。公共关系公司一般都建立起了一套规模或大或小的较为完善的信息收集、处理、储存和利用的系统，进行信息传播和反馈。与此同时，它同社会各界有着密切的联系，信息来源广泛，渠道畅通，一旦需要，便可迅速地将各类信息快捷、准确地提供给组织，为组织的科学决策提供依据。其三，经验丰富，具有权威性。公共关系公司里会集了公共关系的各类专门人才，他们有深厚的公共关系理论基础和丰富的公共关系实践经验，可接受各类组织的委托提供全方位的公共关系服务。公共关系公司在应付复杂局面、解决各种难题方面，其人力、办法和经验都是组织内部的公共关系机构难以匹敌的。正因为公共关系公司具有专业化的人力优势，故提出的公共关系策划、方案、建议更具有权威性，也易为组织的领导者所重视和接受。其四，机动性强。公共关系公司可针对不同的组织需求和公共关系任务，集中公司的人力、物力、财力，发挥自身的优势，在较短的时间内解决问题。其五，可节约经费。这是针对中、小型组织而言的。这些组织设置内部公共关系机构，必然增加人事编制和行政经费，是不合算的，而利用公共关系公司，可花少量的钱办较多的事，达到公共关系的预期目的。即使是设置了内部公共关系机构的组织，在开展某些专业性强、难度大的公共关系工作或举办临时性的重大公共关系活动时，依靠公共关系公司会显得更加有效。当然，公共关系公司也有不足的地方，这就是：由于是"外来人"，对委托组织的情况不够熟悉；只是短期合作，难免有单纯任务观点，不利于组织开展公共关系活动的经常性和持续性等。

从公共关系工作的效果看，组织内部公共关系机构设立之后，如何克服组织内部公共关系机构和人员的经验不足及活动范围的局限性，使公共关系工作向科学化、制度化、规范化的方向发展，不断提高公共关系工作的实效，就成为了一个十分迫切而重要的课题。这除了充分发挥组织内部公共关系机构的能动性、创造性以外，还需要聘请组织外部的公共关系专家作顾问，以使本组织的公共关系工作能在更高的层次上开展起来。另外，现代公共关系的特点是职能化、专业化和技术性要求越来越高，许多工作都需要受过公共关系专业训练并具有丰富的公共关系实践经验的专家来主持实施，但组织内部的公共关系机构不可能长期聘用这些专家来为自己服务，只在特别需要时才临时聘请公共关系公司的专家来主持某一专项工作，就更符合讲究经济效益的原则。随着公共关系事业的发展，要求公共关系的策划水平的进一步提高，服务项目也在不断地扩大，公共关系公司在社会生活中必将发挥着越来越大的作用。

二、专业性公共关系公司类型

考察国外和国内专业性公共关系公司的实际情况，大体上可分成以下四类：

（一）咨询型公共关系公司

通常称为公共关系咨询公司。其主要业务是提供公共关系智力服务，它类似于"信息公司"。一个社会组织想要知道如何建立组织内部的公共关系机构，明确其职责范围，以及公共关系机构本身的结构形式和人员配置，公共关系计划的制定，预算的编制与控制，内外公共关系的协调，专题活动的筹划与开展等，都需要向公共关系咨询公司求教。同时，公共关系咨询公司向各类组织提供各种政策信息、人才信息、科技信息、商品信息、市场信息、投资信息等，组织可将这类公司当作自己的"信息库"，为组织的决策提供可靠的依据，甚至个人也可通过这类公司寻求新的职业，扩大自己的生活领域或业务范围。

（二）顾问型公共关系公司

这类公司多由享有盛誉、具有专业技能的各类公共关系专家组成，它包括了组织形象专家、政府关系专家、社区关系专家、新闻媒体专家、金融关系专家、员工关系专家、广告设计专家、摄影摄像专家、报刊编辑专家、市场经销专家等。在实际工作中，顾问们可以走出办公室，到受委托的组织那里进行实地考察，提供公共关系工作方案，进行公共关系诊断，为组织协调和处理各种内部和外部的公共关系。在必要的时候，公共关系顾问还可邀请财政专家、法律专家和管理专家等参与工作，从而使组织的公共关系得到顺利的协调和圆满的解决。顾问型公共关系公司大多长期受聘于相对固定的组织，尤其是大、中型工商企业，通过长期有计划、有步骤、有目的的公共关系工作，负责协调和处理内外公众的公共关系事务，能取得满意的公共关系效果，有助于塑造、维持和巩固组织的美好形象和良好信誉。

（三）专项服务型公共关系公司

这类公司一般由各行业系统或部门主办，如银行系统的"金融公共关系公司"，新闻出版系统的"大众传播事务所"，广播电视系统的"广告策划代理公司"，广告宣传系统的"公共关系广告事务部"等。这些专项服务型公共关系公司的特点是对社会组织提出的要求，能够给予满意的答复，并为委托的组织办理有关的公共关系事宜，这比组织自己直接去开展公共关系活动更能节约开支，效果要好，更具有权威性。如"大众传播事务所"的业务范围包括代办记者招待会、新闻发布会，代写新闻稿和进行各种宣传报道，代为摄像、录像和摄影，代与新闻媒体进行交涉等；"金融公共关系服务公司"为组织办理借贷、催款、投资、保险、存储、贴现、兑换、开户等事宜。又如，某一企业想开辟外向型经济渠道，专项服务型公共关系公司可从对该企业的全方位调查入手，利用公司所掌握的有关这方面的国内外信息，提出切实可行的公共关系方案，并为各项具体的公共关系活动提供技术方面的服务。

（四）综合服务型公共关系公司

这类公司提供的不是某一方面的服务，而是带有综合性的全方位的服务，服务项目相当广泛，如委托代培公共关系专业人才，举办各种形式的展览会、展销会、舞会、酒会等，组织各类文化娱乐活动，代写中外文书信、说明书，代办与外国企事业单位的联络沟通，进行产品和企业信誉调查，进行民意测验，编印内部宣传刊物，设计厂标、厂徽、厂名，策划公共关系广告，组织外单位的有关人士到本组织来参观，以及提供各种形式的专项服务等。综合服务型公关公司一般规模较大，人才密集，实力雄厚，与社会各界有着广泛的联系，它能弥补一般组织自己在处理公共关系事务时渠道不畅、人才缺乏、经费不足和条件限制等方面的缺陷，卓有成效地开展丰富多彩的公共关系活动。

公共关系公司的业务大体上可分为两个方面：一是咨询业务，即根据社会组织的要求，公共关系公司派遣专家答复组织提出的各种问题，给予咨询性的服务；二是代理业务，即根据组织的要求，公共关系公司作为组织的代理者，接受委托或协助组织开展公共关系活动。

一般说来，公共关系公司的具体业务有：

（一）调查研究，确立目标

根据委托组织预期的公共关系目标，通过市场调查、问卷求答、电话采访、民意测验等方法，了解和掌握影响组织实现公共关系目标主、客观因素，确定组织当前的公共关系状态，分析造成这些主、客观因素的原因，有针对性地提出解决问题的办法和措施。

（二）制定和实施计划

根据已确定的公共关系目标的要求，着眼于解决当前存在的主要问题，制订出切实可行的公共关系计划，为改变组织与公众关系的失调、失衡提出切实可行的具体方案，并运用公司的优势协助委托组织实施公共关系计划，确保公共关系目标的实现。

（三）提供咨询服务

咨询服务是一种"软件服务"。由于公共关系公司具有实力雄厚、人才密集、经验丰富、专业水平高、对问题分析比较客观等优势，所以，即使那些已建立组织内部公共关系机构的企事业单位，也经常请求公共关系公司为其提供各方面的咨询服务。这种服务主要是公共关系公司利用自己的专业优势和完备的档案资料，向组织提供政策信息、人才信息、科技信息、产（商）品信息、市场信息、投资信息等，或帮助组织分析公共关系失调、失衡的原因，提供防范和纠正的措施。

（四）提供技术性服务

不少社会组织虽然建立了组织内部的公共关系机构，但受财力和物力的限制，技术条件一般都比较差，这就往往需要求助于公共关系公司，请公共关系公司为它们制作各种传播文稿、画面、图表和声像资料，开展组织形象调查和社会舆论调查，设计制作公共关系广告，组织展览会、展销会，编制公共关系计划，评估公共关系效果，举办特定公众的联谊会和信息发布会等。这种服务多属短期性专项服务，范围广泛，不但能为组织节约经费，而且效果都比较满意。

（五）代理公共关系业务

公共关系公司与委托组织达成协议，充当该组织的内外关系联系人、协调人，通过调查、分析该组织现时所处的公共关系状态，找出不利于组织生存、发展的各种因素，确定公共关系工作的具体目标，制定和实施公共关系计划，代理各方面的公共关系工作，改善组织的生存环境，使组织能得到社会各界的理解、信任、好感、支持和合作。

（六）开展效果评估

公共关系公司接受组织委托代理公共关系业务，或对组织提供咨询服务，都具体体现在公共关系计划中。对公共关系计划的实施效果，公共关系公司要作出客观的、实事求是的评估，用实践来加以检验，看计划是全部实现还是部分实现，找出计划没有很好实现的原因，总结经验、吸取教训，提出相应的建议和防范措施，并为今后的公共关系工作创造有利条件。

（七）提供专业培训

有些社会组织虽建立了公共关系机构，但由于缺乏专门人才，技术条件差，缺乏工作经验，这就需要求助于公共关系公司，委托它们培训各方面的公共关系人才，或办脱产的短期培训班，或开设公共关系专题讲座，或安排组织内部的公共关系人员到公司实习，或派专家到组织内部的公共关系机构对公共关系人员进行岗位实践指导等。

至于公共关系公司提供各种服务的收费，没有固定的统一的标准，通常采用的收费方式有项目收费、计时收费、综合收费、按项目需要分项收费、项目成果分成等，可由组织与接受委托的公共关系公司共同协商，根据实际情况加以选择。

第三节　对公共关系人员的基本要求

公共关系人员，指的是以公共关系工作为职业的专业人员。他们是公共关系机构最重要的构成因素，是公共关系活动的倡导者、组织者和实施者。公共关系人员根据工作的性质、任务和要求大体上可分为两类：一类是管理人员，他们是各公共关系机构的负责人，全面负责该机构的公共关系工作；另一类是从业人员，他们受过专门的公共关系理论和实践的训练，从事该机构公共关系的某一方面的具体工作。在一些行业外的人看来，对公共关系人员的要求就是"俊男靓女"加"口若悬河"，这其实是对公共关系人员的极大误解。公共关系工作是一项专业性很强的工作，对其从业人员也有特殊的要求。俊男靓女固然好，口若悬河亦所求，综合素质若不佳，两者齐备也枉然。公共关系是一项富有创造性的智力活动，不论是公共关系管理人员还是从业人员，都必须具备较好的心理素质、知识结构、职业道德和基本能力，才能胜任自己所担负的工作，保证公共关系活动取得圆满的成功。

一、公共关系人员必备的心理素质

素质，指有机体以遗传为基础的解剖生理——心理特点，是个人身心条件的综合表现。心理素质，指在社会环境和社会实践中形成和发展的，主要是指人自身表现出来的稳定的、经常性的、本质的个性心理特征，包括信念、气质、性格、意志、情绪、风度、兴趣等。在人的心理素质中，存在着先天遗传的因素，但最主要的还是来自后天的社会环境和社会实践。公共关系人员的心理素质如何？直接关系到公共关系活动的职业水准和质量高低。

（一）信念

信念，是指激励人们按照自己的信仰和原则去行动的思想倾向。它是建立在认识和情感基础上的一种思想观念。信念具有前瞻性、稳固性和深刻性，是决定人们社会实践活动的巨大精神力量，是人们工作、学习和生活的一种精神支柱。它以理想为中心，并与情感和意志结合起来，表现为公共关系人员的一定立场，支配着公共人员的行动，使公共关系人员具有坚定不移的目标和原则。在公共关系人员心理素质的外显或表现中，信念使他认识到公共关系工作的意义和价值，具有关键的作用，它也是公共关系实践创造性劳动的一大推动力和持续力。

在现代社会，信念只有在辩证唯物主义和历史唯物主义这一科学世界观和方法论的指导下，才能建立起来。要把自己的命运与党、祖国、人民的命运紧紧地联系在一起，坚信共产主义理想一定能够实现，在社会主义市场经济条件下不偏离自己的人生坐标，才能对工作、学习、生活、个人价值有正确的认识，公共关系工作也才有正确的导向。不论在什么情况下，公共关系人员都要把坚持正确的政治方向放在首位，树立崇高而远大的人生理想，坚信马列主义、毛泽东思想、邓小平理论，坚持四项基本原则，尤其要坚持中国共产党的领导和坚持走社会主义道路，在思想上、行动上始终与党中央保持一致。不管国际风云如何变幻，共产主义信念绝不能动摇。否则，在所开展的公共关系活动中，就有可能犯方向性、路线性的错误。

（二）气质

气质，是指人的高级神经活动类型特点在行为方式上的表现，是个人心理活动的动力特征。它主要表现为人的心理活动过程、强度（情绪的强弱、主观努力的程度）、速度（如知觉的速度、思维的敏捷度、注意力集中时间的长短等）和指向性（有的人倾向于外部事物，从外界获得新印象；有的人倾向于内心感受，经常体验自己的情绪，分析自己的思索和印象等）、稳定性上。它使人的全部心理活动染上了个人独特的色彩，构成心理方面显著的差异。气质主要受先天生理制约，教育和环境的影响只能使气质发生缓慢的、部分的改变。

一个人在气质方面的特征不是绝对的，往往是多种气质的混合，只是其中某一种气质的特征表现得更为突出罢了。一般来说，公共关系人员的理想气质是以多血质和胆汁质二者结合为主，同时集中其他两种类型之长的混合型。因为，在公共关系活动中，无论是收集信息、双向沟通、决策咨询、协调关系等，都需要与人打交道，要求具有鼓动性和感召力。只有活泼、好动、热情、大方、坦诚、直率，才能做好公共关系工作。

（三）性格

性格通常分为理智型、意志型和情绪型三种：理智型性格的人，具有用理智来观察问题和支配行为的特点；意志型性格的人，具有目标明确、行为主动和自制力较强的特点；情绪型性格的人，具有情绪体验深刻、行为举止易受个人情绪支配的特点。一般说来，公共关系人员应加强自我修养，使自己成为理智型和意志型占优势的性格的人，对工作应充满热情和责任感，但要尽可能防止个人情绪对公共关系工作的干扰。

（四）意志

意志有自觉性、果断性、自制性和坚持性等积极的品质，也有盲目性、顽固性、冲动性和脆弱性等消极的品质。公共关系人员的意志表现为对公共关系工作的支配和调节作用，包括发动和控制两个方面：前者表现为促进公共关系人员从事带有明确目标的公共关系行为，后者表现为制止与预定的公共关系目标相矛盾的愿望和行为。公共关系工作是一种特殊的精神劳动，公共关系人员具有坚强的意志，就能培养自己确定公共关系目标时的自觉性，克服盲目性；培养自己在选择、判断是否正误时的果断性，克服冲动性；培养自己在公共关系实践中碰到挫折、困难时的坚持性，克服脆弱性；培养自己善于控制情感，约束过激言行，能自觉地坚持真理，修正错误的自制性，克服顽固性。此外，意志还可增强公共关系人员对公共关系工作的热情、信心、决心和毅力，使公共关系人员在公共关系工作实践中积极地追求创新，不断提高自己开展公共关系活动的水平和效能。

（五）情绪

情绪，是指人的情感较强烈的、带冲动性的外部表现。它是一种高度扩散的兴奋或抑制状态。冲动性、情境性、短暂性和不稳定性是情绪的突出特征。情绪可以表现为喜悦或悲哀、爱慕或憎恨、惊奇或愤怒、恬静或烦躁、轻松或紧张、乐观或忧郁，等等。情绪影响人的意志、思维和言行，能决定人的工作效率或成败。

公共关系人员的情绪是公共关系实践活动主观方面的前提条件，受到自然环境、气候、心境、自身健康状况、尤其是社会环境等因素的影响和制约。良好情绪的保持与巩固，需要客观刺激物不断地强化它，如社会环境、舆论评价、社会公认的标准等，对公共关系人员有着重要的作用；也要求公共关系人员尽可能冷静地对待社会环境、舆论评价等的影响，能驾驭和控制自己的情绪，经常保持积极、乐观、平静的情绪，防止并善于克服消极、悲观、烦躁的情绪。必须看到：过分强烈的情绪对公共关系人员会引起负诱导的作用，不利于公共关系行为的自我调节和控制。

(六)风度

风度,指人们在长期的生活实践中形成的风采、气度,是人们的思想修养、文化涵养的外在表现,主要通过神态表情、举止行为、言语仪表、待人接物显露出来。风度是内秀与外美的统一,是人本身的自然美与装饰美的统一,是蕴于内而形于外的一种人的美。

公共关系人员应具有温文尔雅、落落大方,稳健豪爽、机智幽默、处事不惊的风度,而萎靡不振、粗野放肆、畏葸委琐、惊慌失措等,都是不足为取的。风度对不同性别有不同的要求。对男性公共关系人员来说,要求具有坚毅刚强、热情豪放、睿智敏捷、谦逊自重的风度,举止庄重大方,表情自然和谐,言谈讲究分寸,仪容整洁优雅,做事利索果断;对女性公共关系人员来说,要求具有高雅端庄、温顺娴静、清丽质朴、正派善良的风度,举止平和得体,表情亲切温雅,言谈甜美悦耳,仪容妩媚洒脱,做事敢于负责。这是男女不同的风度美在公共关系工作中的不同显现,有利于不同性别在风度上的互溶和互补。

(七)兴趣

兴趣是指人的意识中对事物所持的一种选择态度和积极探索的认识倾向,又是一种复杂的行为动机。兴趣是在社会实践活动中形成的,也可以在社会实践活动中改变。由于社会实践活动的丰富性,导致人的兴趣也多种多样。从与对象关系、效能水平与持续的时间来看,兴趣可分为直接兴趣与间接兴趣、积极兴趣和消极兴趣、短暂兴趣与稳定兴趣等。

爱因斯坦说过:"兴趣是最好的老师。"许多取得伟大成就的人物在谈及他们事业成功的切身体验时,都将兴趣作为重要的因素之一。如果一个人对某一职业毫无兴趣,甚至当成是"受罪",那他肯定是不会有所成就的。对于公共关系人员来说,兴趣指公共关系人员对公共关系实践活动进行积极探索的能动性和创造性,它推动着公共关系人员去探索规律和自觉参加公共关系实践活动。兴趣还引起公共关系人员持久而稳定的注意,使他感知清晰、记忆鲜明、想象活跃、思维敏捷。由于兴趣的自发倾向和对感知、记忆、想象、思维的积极作用,因而常常成为启迪公共关系技能和才华的一种触媒,有利于轻松、愉快地为未来的公共关系工作进行大量的繁重的智能准备,自觉地探索和掌握公共关系的内在规律和方法、技巧。公共关系人员不仅要热爱公共关系事业,有强烈的职业兴趣,还要培养和发展职业外的各种兴趣爱好,借以拓宽视野,丰富知识,陶冶性情,丰富精神生活,建构完美的个性,这对提高公共关系人员的整体素质和职业水平有着十分密切的关系。

二、公共关系人员的知识结构

知识，指人们在改造世界的实践中所获得的认识和经验的总和。它是人们实践经验的结晶，认识活动的成果。知识可分为两大类：一类是关于自然的知识，它是生产实践经验和科学实验的总结；另一类是关于社会的知识，它是社会实践经验的总结。公共关系工作是一项理论性和应用性都很强的工作，要求公共关系人员具有广博与专深的知识，以博带专，以博辅专，建构合理的知识结构体系。这个知识结构体系一般应包括以下一些方面：

（一）基础知识

基础知识指一个人立身处世必须具有的基础性文化知识。毛泽东在《文化课本序》中指出："一个革命干部，必须能看能写，又有丰富的社会常识与自然常识，作为从事工作的基础与学习理论的基础，工作才有做好的希望，理论才有学好的希望。"毛泽东在这里指的就是基础知识。基础知识除语文外，还包括政治、历史、地理、外语等社会科学知识和数学、物理、化学、生物等自然科学知识，以及作为社会科学知识和自然科学知识的概括和总结的哲学的知识。全面而扎实的基础知识，不仅是公共关系人员胜任本职工作所必需，也是公共关系人员自我成长和成才所必需。英国哲学家弗兰西斯·培根说过："读史使人明智，读诗使人聪慧，演算使人精密，哲理使人深刻，伦理学使人有修养，逻辑修辞使人长于思辩。总之，知识能塑造人的性格。"在现代社会里，公共关系人员如果不具有文理兼备的基础知识，必然在工作中处处掣肘，经常犯常识性错误，是根本无法深入学习和掌握公共关系的基本原理和实践技能的，因而也是无法胜任所承担的公共关系任务的。

（二）相关知识

如前所述，公共关系学是一门现代新兴的横向、交叉、综合性边缘学科。公共关系学原理和公共关系实务涉及到众多的学科，它创造性地吸收这些学科的研究成果，从公共关系的实际出发，消化扬弃、为我所用，形成为一门独立的现代人文社会学科的。因此，公共关系人员就必须努力学习和掌握这些与本职工作密切相关学科的知识，包括管理学、传播学、行为科学、社会心理学、法学、经济学、决策学、教育学、伦理学、新闻学、广告学、口才学、写作学等。当然，并不是要求每个公共关系人员成为这些学科的行家，而是要求对这些相关学科有基本的了解，具有最基本的常识，这样，才能有助于加深理解公共关系学的来源和背景，有助于公共关系人员自身整体素质的提高，有助于公共关系人员更有效地开展工作，在复杂的社会环境里切实搞好公共关系工作。

（三）专业知识

专业知识指公共关系人员都应具有的公共关系基本原理、基础知识和基本技能，这是公共关系人员从事公共关系职业必不可少的，是公共关系人员的"看家本能"。它包括公共关系学原理和公共关系实务两部分的知识：前者包括公共关系的基本概念，公共关系学的学科性质、主要特点、研究对象和研究方法，公共关系的历史沿革，公共关系的构成要素，公共关系的类别、模式和施行原则，公共关系的职能和一般工作程序，公共关系机构和人员等；后者包括公共关系调查、公共关系广告、接待工作、专题活动和公共关系口才、文稿写作、内外公共关系协调、礼节礼仪、个案分析等。公共关系人员只有切实掌握了公共关系的知识和技能，并在公共关系实践中创造性地加以运用，才算有了真本领，才能按公共关系的客观规律办事，克服盲目性，增强自觉性，确保本职工作的质量和成效。

三、公共关系人员的职业道德

职业道德又称行业道德，指从事一定职业的人在职业活动中应遵循的道德规范和行为准则，以及相适应的道德观念、情操和品德。其中职业道德规范是职业道德的核心，也是评价从业人员职业行为和品德的标准。职业道德同人们的职业活动相联系，它是社会道德和阶级道德在职业生活中的特殊表现，带有具体职业或行业的特征。

公共关系作为一种职业，必须遵守这一职业共同的道德规范和行为准则，世界各国也都把制定和实施公共关系人员的职业道德作为培养和使用公共关系人才、加强公共关系队伍建设的重要一环，我国也同样如此。这是使公共关系这一职业走向正规化、制度化和科学化的前提和基础。

关于公共关系人员的职业道德，国际公共关系协会（LPRA）制定了《公共关系工作人员职业行为准则》，现全文抄录如下：

（一）国际公共关系协会成员必须竭诚做到以下各条

第一条　为建设应有的道德、文化条件、保证人类得以享受《联合国人权宣言》所规定的诸种不可剥夺的权利做贡献。

第二条　建立各种传播网络与渠道以促进基本信息自由流通，使社会的每一成员都有被告知感，从生归属感、责任感与社会合一感。

第三条　牢记由于职业与公众的密切联系，个人的行为——即使是私人方面的——对事业的声誉产生影响。

第四条　在自己的职业活动中尊重《联合国人权宣言》的道德原则和规定。

第五条　尊重并维护人类的尊严，确认各人均有自己作判断的权利。

第六条 促成为真正进行思想交流所必需的道德、心理、智能条件，确认参与的各方都有申述情况与表达意见的权利。

（二）所有成员都应保证

第七条 在任何时候任何场合，自己的行为都应赢得有关方面的信赖。

第八条 在任何场合，自己均应在行为中表现出对他所服务的机构和公众双方的正当权益的尊重。

第九条 忠于职守，避免使用含糊或可能引起误解的语言，对目前及以往的客户或雇主都始终忠诚如一。

（三）所有成员都应力戒

第十条 因某种需要而违背真理。

第十一条 传播没有确凿依据的信息。

第十二条 参与任何冒险行动或承揽不道德、不忠实、有限于人类尊严与诚实的业务。

第十三条 使用任何操纵性方法与技术来引发对方无法以其意志控制因而也无法对之负责的潜意识动机。

我国也于 1991 年 5 月 23 日在第四届全国各省、市公共关系组织联席会议上通过了《中国公共关系职业道德准则》，现全文抄录如下：

总 则

中国公共关系事业的发展，是中国改革开放的必然趋势，它以新型的管理科学，协调社会各方面的关系，密切党和人民的群众的联系，调动各种积极因素，维护安定团结，促进社会主义建设，因此公共关系工作者肩负着时代的使命，公共关系工作者必须具有高尚的职业道德作为完善自身形象的行为准则。

条 款

（1）公共关系工作者应当坚持社会主义方向，自觉地遵守我国的宪法、法律和社会道德规范。

（2）公共关系工作者开展公共关系活动首先要注重社会效益，努力维护公共关系职业的整体形象。

（3）公共关系工作者在公共关系活动中，应当力求真实、准确、公正和对公众负责。

（4）公共关系工作者应当努力提高自己的政治水平、文化修养和公共关系的专业技能。

(5)公共关系工作者应当将公共关系理论联系中国的实际,以严肃认真、诚实的态度来从事公共关系学教育。

(6)公共关系工作者应当注意传播信息的真实性和准确性,防止和避免使人误解的信息。

(7)公共关系工作者不能有意损害其他公共关系工作者的信誉和公共关系实务。对不道德、不守法的公共关系组织及个人予以制止并通过有关组织采取相应的措施。

(8)公共关系工作者不得借用公共关系名义从事任何有损公共关系信誉的活动。

(9)公共关系工作者应当对公共关系事业具有高度的责任感。不得利用贿赂或其他不正当手段影响传播媒介人员真实、客观的报道。

(10)公共关系工作者在国内外公共关系实务中应该严守国家和各自组织的有关机密。

本准则将根据实际情况予以调整和修改。其解释、修改、终止权属全国省、市公共关系组织联席会议。根据《国际公共关系道德准则》和《中国公共关系职业道德准则》的内容,公共关系从业人员必须遵守以下职业道德规范:

(一)忠于所服务的社会组织,热爱本职工作,勤勤恳恳,尽职尽责;

(二)忠于职守,维护组织和公众利益,有高度的社会责任感,任何时候都不得损害公众的利益;

(三)模范地遵守国家法律与所在组织的纪律和规章制度;

(四)廉洁奉公,不谋私利;

(五)传播信息要客观、真实,以事实为基础,不弄虚作假,不夸大或缩小事实;

(六)言必信,行必果,秉公办事,讲求信誉;

(七)严以律己,宽以待人,谦虚谨慎,平等待人;

(八)坚持原则,积极防范,保守党和国家的机密。

四、公共关系人员应具备的基本能力

能力,指顺利完成工作任务,并直接影响工作的质量和效率的基本技能,或者说是能胜任某项任务的主观条件。个人的能力总是在实践中形成、发展,并得到表现;同时,从事任何工作,都必须以一定的能力为条件。公共关系工作也是如此。公共关系人员要胜任本职工作,必须具备以下几种基本能力:

（一）组织领导能力

公共关系人员既要做组织策划工作，又要做公共关系计划的具体实施工作，尤其要开展公共关系专题活动，因而必须有组织领导能力。如召开新闻发布会，事先要落实时间、地点、经费、主题、议程、主持人、接待人员、应邀代表等。如果没有组织领导能力，要搞好这样的活动，是不可想象的。

（二）社交能力

社交能力，指的是在各种社会实践活动中人与人接触、交往、应酬的能力。社交能力是衡量一个公共关系人员能否适应现代社会的标准之一。缺少社交能力的人，往往人为地将自己与社会、与周围的人构成一道心理屏障，彼此格格不入。从某种意义上说，公共关系工作就是一种社交的艺术。公共关系人员要在社会组织与公众之间架起一座"桥梁"，就离不开与各方面的人交往。如果缺乏社交能力，是很难开展公共关系活动的。

（三）表达能力

表达能力，指的是人们运用语言、文字、表情、动作、身姿来表现客观事物、事理和主观感受、思维的能力。它包括了口头表达能力和书面表达能力两种。公共关系工作需要介绍情况、传递信息、阐述观点、论证项目、进行谈判、决策咨询、协调关系等，这都要求公共关系人员口才出众、能言善辩，才能说服和感染对方，达到沟通思想、联络感情的目的。同时，公共关系人员还要有一定的文才，即较高的书面表达能力，如叙事要条理清晰，能抓住要点，做到文从字顺；议论则观点鲜明，说理透彻，论据充分，逻辑性强。总之，动口、动笔是公共关系人员必须具备的基本功，是须臾都不可缺少的。

（四）承受能力

承受能力，指遇到棘手问题时的承担和自控能力。公共关系工作范围广泛，要接触各方面的人物，处理各方面的问题，可谓事杂人多；还有内外的协调、沟通，上下左右的联系，都需要公共关系人员介入；公共关系工作还具有多变性，在操作运行中，时常会遇到一些棘手的问题。这都要求公共关系人员有很强的心理承受能力，能够坚韧不拔，冷静处置，凭借自己的智慧、经验和能力，通过持续不断的努力，求得问题的圆满解决。

（五）应变能力

应变能力，指在发生意外情况时沉着应付，适应变化的能力。一切事物总是处在不断的运动、发展和变化的状态中，我国又处于改革开放和经济转轨的时期，更是时时、处处可能出现新情况、新问题，而政策、计划的制定和办法、措施的下达，往往落后于形势的发展。在公共关系工作中，出现一些突发事件和事先未曾预料到的情况，这是屡见不鲜的。公共关系人员应该具有灵活应变的能力，面对意外的情况，特别是处于险境时，能保持清醒的头脑和镇静的心态，不慌不乱，沉着应付，查明原委，作出正确的判断，采取相应的对策，妥善地加以处置。一名成熟的公共关系人员，越是在困难的环境下，越要有高度的自觉性和自信心，迎难而上，锲而不舍，灵活自如，变通处理，摆脱困境，化险为夷，化不利为有利，变被动为主动，求得问题的圆满解决。

（六）办事能力

办事能力，指具体承办各种公共关系事务的能力。公共关系工作或活动是繁琐的，有大量的事务性工作要做，公共关系人员应精明干练，了解自己的职权范围，知晓办事的渠道，熟悉办事的程序，通晓公共关系的有关业务，并能区分轻重缓急安排工作次序，做到条理井然，有张有弛，富有节奏，忙而不乱，并适当地留有余地和空隙，具有较强的办事能力。

（七）创新能力

创新能力，指对已积累的知识和经验进行加工和创造而产生新知识、新思想、新概念、新产品和新成果的能力。公共关系工作是富有创新性的工作，按部就班，踩着他人的脚印走路，是不会有所作为的。我们的社会是一个不断革新的社会，新生事物层出不穷，这为公共关系工作人员发展想象力和创新能力，施展个人才华，提供了理想的环境。公共关系工作人员要善于捕捉新信息，获取新知识，树立新观念，发现新问题，总结新经验，敢于创新，巧于立异，做时代的弄潮儿，使自己所从事的公共关系工作充满生机和活力，不断登上新的台阶。

（八）操作能力

操作能力，指亲自动手操作有关器材设备的能力。一个称职的现代公共关系人员，必须学会使用现代化办公设备和通讯器材，如会使用录音机、扩音机、照相机、录像机、复印机、打字机、计算机、传真机、文字处理机、多媒体、国际互联网等，最好能驾驶摩托车、汽车，以备一时之需。

第四节　公共关系人员的培养和考核

随着改革开放的深入和社会主义市场经济的发展，我国对公共关系人才的需求量越来越大，对公共关系人员整体素质的要求也越来越高。而现在的实际情况是：由于我国的公共关系事业还处于起步到逐渐拓展的阶段，不但公共关系人才匮缺，现有在岗的公共关系人员的理论修养、政策水平、知识结构、业务技能等方面也大多不能适应形势发展的需要。因此，有计划、有目的、有组织地加强对公共关系人员的培养和考核，通过各种途径造就一大批高素质、高水平的公共关系专业人员，就成了当前一项十分重要而迫切的任务。

一、公共关系人员的培养方向

在培养公共关系人员时，应根据公共关系工作的需要和公共关系人员的择业要求、业务专长，来确定公共关系人员的培养方向。一般说来。公共关系人员有三种培养方向：

第一种是培养"通才式"的公共关系人才。这类人才兼备多种才能，知识面广，头脑灵活，思路开阔，考虑问题周全，并有较全面的智力结构、能力结构和完整的性格结构。在工作中能独当一面，可以担任公共关系工作的组织者和指挥者。这种人才一般由综合性大学造就，要经过系统的公共关系理论和实践的教育培训，同时还要学习和掌握与公共关系密切相关的其他学科的知识。这样的人才不必对各门知识、专业样样精通，但他擅长于组织规划，擅长于调动指挥，能把各种专业人才组合得浑然一体，拧成一股绳，形成合力，导向一个共同的目标。也就是说，他是公共关系事业中的"将才"、"帅才"，能"运筹于帷幄之中，决胜于千里之外"。相对而言，这种通才式的公共关系人才是很难得的，但需求量并不大，公共关系机构中有一、二人即可。这方面的人才多了，反而会英雄无用武之地，影响到公共关系整体效应的正常发挥。

第二种是培养"专才式"的公共关系人才。这类人才在全面掌握公共关系理论的基础上，精通某一方面的公共关系技能，即学有专长，如擅长新闻写作、广告设计、市场调查、资料编辑或美工摄影、电子技术、书法绘画等。许多具体工作都需这些具有专业才能的人去做，而且数量不宜太少，是公共关系机构的骨干力量。这类人才是任何公共关系机构都不能缺少的，既可由高等学校培养，也可通过各种专业培训班或在实际工作中培养。

第三种是培养一般的公共关系人员。这类人才承担着公共关系活动中的大量辅助性工作，完成公共关系活动中的各种事务性具体工作，维持公共关系机构的日常业务，使公共关系机构能正常、有效地运转。培养这类人才时，应注意他们公共关系理论知识和基本技能的提高，熟悉一般的公共关系规程、规范、规律和方法、技巧，并对他们的政治思想、职业道德、仪容风度、礼节礼貌等方面提出较高的要求。这类人员多由高中生或"五大生"中选拔，通过短期培训班或职业教育班给以公共关系的职业培训，并通过工作实践来积累经验，提高业务能力。

二、公共关系人员的培养途径

为适应公共关系事业发展的需要，我国公共关系人才的教育培训，一开始就踏上多种形式、多管齐下的途径，注重素质教育，体现了党的教育方针和教育改革的方向。一般说来，公共关系人员教育培训的途径，主要有以下几种：

（一）学校教育

在我国的一些高等学校和中等学校，开设了公共关系专业或与公共关系密切相关的专业，其他专业开设公共关系课程的就更多了。这些正规学校拥有雄厚的师资力量、齐全的教学设施、丰富的图书资料、明确的培养目标和严谨的教学计划，课程设置有很强的系统性、实用性和科学性，一般分基础课、专业课和专业基础课。要求通过几年的学习，能全面地掌握公共关系专业的基础理论、专门知识和基本技能，并能运用所学公共关系理论、知识、技能分析和解决公共关系工作中的实际问题，在毕业后直接从事公共关系工作。有的高校还培养更高层次的公共关系专业人才，即公共关系专业硕士生、博士生。有的高校培养的公共关系人才还具有"双学士"、"三学士"、"双硕士"学位，成为了"通才式"的公共关系人才。由于经过正规学校教育培养，他们的专业基础理论比较深厚，掌握了各种公共关系技能、技巧和方法，有助于他们在今后成为我国公共关系事业的骨干，少数人则成为公共关系机构的领导者。

（二）成人培训

为适应形势的发展，对在岗的各类专业和非专业公共关系人员，进行继续专业培训是十分必要的。这类人员具有一定的实践经验，理解能力强，但有繁重的工作和生活负担，因而对他们的教育培训应强调针对性和学以致用，学习内容应紧扣公共关系工作的需要，适当拓宽知识面，注重适用性、规范性、超前性和创新性。成人培训有各种不同的层次，大体上可分学历教育、专业证书教育和岗位证教育三种，一般由学校、公共关系协会、用人单位主办，也有由学校与用人单位联办的。成人培训是我国当前公共关系教育培训中内容最为丰富、参加人数最多的一种教育培训方式。这种教育培训，教学计划针对性强，学员学习的目的性十分明确，教学方式灵活机动，可根据学员的实际需要，利用业余时间安排课程，既可面授，又可函授，具有广泛的群众性。当前我国从事公共关系职业的人员，大多是经过成人培训走上工作岗位的。

（三）自学成才

这是公共关系人员自我教育、自我完善的一条途径。各社会组织，尤其是公共关系机构，应创造良好的环境和条件，重视和鼓励在职公共关系人员坚持自学，既从书本里学理论知识，又在实践中总结经验，提高理论修养和业务能力。自学成才的关键，在于自学者要做有心人，不断发现实际工作中出现的新事物，遇到的新问题，分析总结成功的经验和失败的教训，从中归纳出带规律性的东西。这样坚持不懈，持之以恒，日积月累，成效自见，达到多出人才、快出人才的目的。

三、公共关系人员的考核

对公共关系人员的考核，是社会组织对本组织内的公共关系人员或公共关系公司对本单位的从业人员，就他们的思想、品德、技术水平、业务能力、工作态度、工作业绩以及气质、性格、风度、作风、身体状况等进行测评、考核，以此来判断公共关系人员与其所从事的本职工作是否相称、能否胜任。

对公共关系人员进行考核，是发现人才、知人善任、选拔和聘用公共关系人员的重要依据，也是制定公共关系培训计划的重要依据。

公共关系人员考核的内容，主要是德、能、勤、绩四个方面。德，指公共关系人员的思想品德素质，包括政治方向、思想修养、政策水平、服务态度、团结合作、奉献精神等方面，另外，还包括公共关系人员是否遵守职业道德规范和行为准则。能，指公共关系人员胜任本职工作的专业知识水平和业务能力，既包括公共关系原理和相关学科知识的掌握，又包括公共关系人员的组织管理能力、社交能力、表达能力、承受能力、应变能力、办事能力、创新能力、操作能力等。勤，指公共关系人员的工作态度、勤奋精神，即在工作中表现的组织性、纪律性、主动性、积极性、责任感和出勤率等。绩，指公共关系人员的工作实绩，包括工作的数量、质量、效率和成果，能否以改革的精神圆满完成各项任务。

科学的考核是客观、全面、正确地评价公共关系人员的重要手段。随着公共关系事业的发展，对公共关系人员考核方法日益增多，比较常用的考核方法有：

（一）自我测评法

即公共关系人员对自己的素质、知识、能力和工作效绩进行的自我检验、自我评价。自我测评有其独特的地方，因为自己对自己最了解。只要保持头脑清醒，实事求是，就能对自己作出比较客观、公正的评价。然而，如果骄傲自满或过分谦虚，自我测评也可能出现误差，即别人对你的评价与你自己的评价有很大的距离。但自我测评还是需要的，它能发现自身的长处，发掘自身的潜能，找出差距，吸取教训，明确今后的努力方向，还可纠正上级领导和同事们因主观偏见而对自己作出不正确的评价。

（二）量表评定法

即采用一种标准化的等量表为工具，通过组织测评、群众测评、自我测评等多种方式，对公共关系人员进行全面的考核。这种评定法的优点是评定项目设计严格，定义明确，计量方法统一合理，评定结果既可以反映一个人的实际水平，又可进行相互间的比较，是一种比较好的考核方法。

（三）相对比较法

即根据考核要素对所有的考核者分别按俩俩一组的方式进行比较，判断每组的优者和劣者，然后综合其结果得出最终的序列和成绩。采用这种方法必须把所有被考核者都作俩俩对比，故考核的准确度较高，由于考核者在考核过程中难以判断每个被考核者的最终成绩，可避免考核者的主观印象的影响。其缺陷是被考核的人数有限，手续繁琐，工作量大。

（四）考试评议法

考试是考核公共关系人员专业理论、基础知识、基本技能的重要手段。由于公共关系人员的职位不同，对其理论、知识和技能的要求也就有所不同。对不同职位的公共关系人员，采用不同的试卷进行考试，并结合自己的工作实践总结心得、体会，上升到理性认识。通过这种考试，不仅可以从中发现人才、选拔人才，还可以留优汰劣，使能者上、庸者下，激励先进，帮助落后，保证公共关系人员有良好的整体素质。在考试的基础上再进行评议。评议是采用多种方法，征求有关人员对被考核者进行测评，组织讨论，具体分析，最后作出客观、公平的评价。采用这种方法，组织上要事先深入了解和掌握公共关系人员的全面工作情况，尽可能避免评议结果出现片面性。

（五）工作标准法

即根据公共关系人员所担任的不同职位，对他们的工作提出各不相同的工作标准。这些标准包括工作质量、数量、时间期限、工作方法、实际效果等，以此来衡量不同职位公共关系人员工作的高低优劣。工作标准法有明确、具体的客观标准，比较公平合理，适合于用来考核工作成绩，尤其适合于用来调整职务津贴和奖金分配，但不宜直接套用到公共关系人员的职务晋升和工作调配上去。因为有些职务不易制定客观的标准，而对复杂的脑力劳动就更难制定出统一的标准了，故这种方法适用范围有一定的局限性。

除上述方法以外，公共关系人员的考核方法还有案例研讨法、领导测评法、分级评分法、因素评级法等。各种考核方法各有所长，也各有所短，需要从实际出发，根据考核工作的实际需要，择优选用。

第九章　公共关系调查

　　调查，是公共关系活动的起点，是公共关系实务的基础性工作，是"运筹帷幄，决胜千里"的依据。离开了调查，公共关系实务就成了一句空话。和所有的社会活动一样，公共关系活动同样必须坚持辩证唯物主义的认识路线，大兴调查研究之风，通过亲身的接触和广泛的了解占有大量的第一手材料，才能有针对性地解决公共关系中存在的各种问题。所以，公共关系调查不仅是一切公共关系工作或活动的前提，也是公共关系人员必须掌握的专业技能之一。

第一节　公共关系调查的含义、内容和功用

一、公共关系调查的含义

　　公共关系调查，指的是公共关系人员运用定量分析与定性分析相结合的方法，科学、准确地调查了解社会组织的公共关系现状，进行分析研究，发现存在的问题，采取相应的对策，并且预测公共关系的发展趋向，检验公共关系工作或活动的效果，为领导者的决策提供可靠的依据。

　　调查和研究是密不可分的。所谓调查，指的是运用科学的方法，对客观世界的人、事、物进行了解、核查、统计，以掌握确凿的情况和数据。所谓研究，是指对掌握的情况和数据，运用辩证唯物主义的方法进行比较、归纳、分析、概括、演绎、推断，以探求其原因、本质、特征和基本规律。调查是研究的前提和基础，没有调查，研究就成了无源之水、无本之木；研究是调查的深化和发展，没有研究，就无法将调查得来的材料上升到理性的认识，从中归纳出带规律性的东西，不过是一堆鸡零狗碎的原始材料罢了。我们平日所说的调查，实际上就包括了研究在内。公共关系调查也是如此。调查研究是马克思主义的根本方法之一，坚持调查研究，就是坚持实事求是、一切从实际出发的辩证唯物主义认识路线。公共关系活动从调查始，这就是在公共关系工作或活动中坚持了马克思主义的根本方法，是辩证唯物主义认识论在公共关系活动中的具体运用。

　　公共关系调查是社会调查的重要组成部分。所谓社会调查，就是直接地、

系统地从人们社会生活中收集有关社会现象的各种材料，在此基础上加以分析、研究的活动。公共关系调查既然属于社会调查的一种，所以，它就必然要受到社会调查理论和方法的指导。公共关系调查与其他社会调查不同的地方，是它调查的对象主要是各类公众和新闻传播媒体，调查的目的是了解公众意见和社会舆论倾向，有针对性地开展公共关系活动，树立组织的美好形象和良好信誉，实现组织经济效益与社会整体效益的统一。由此可见，公共关系调查有着明显的目的性、专业性和实效性。

二、公共关系调查的内容

公共关系调查的内容，主要有以下几个方面：

（一）组织本身基本情况的调查

古语说："知己知彼，百战不殆。"有关组织本身基本情况的材料，是开展公共关系活动的重要依据。无论是撰写新闻稿，举行记者招待会，制作公共关系广告，协调内外公众的关系，向来参观的公众介绍组织的情况，参加展览会、展销会和公益赞助活动，等等，都离不开本组织的基本情况，都要从本组织的基本情况出发。本组织基本情况调查的内容，包括组织建立的时间、历史情况、职责任务、机构设置、组织管理、工作方针、活动原则、资金来源、技术设备、财务状况、人员构成、领导班子情况等。如果是工商企业，还包括生产或经营的产（商）品品种、质量、规格、型号、花色、款式、包装、生产成本、销售情况、市场占有率、技术开发、价格、服务项目、服务水平、名牌效应等。

（二）组织形象调查

本书在第七章第一节已作详细论述。组织形象调查在于了解和掌握公众对组织的认识、态度、看法、意见和评价，了解和掌握各类公众的情况变化以及对组织所产生的影响。调查的内容：一是组织的自我期望形象调查；二是组织当前的实际形象调查。将二者进行对照，找出差距，采取切实有效的措施，来弥补和缩短二者的距离。

（三）公众舆论调查

公众是公共关系活动的对象，公众对组织的认识、态度、看法、意见和评价，是一切公共关系活动的出发点。因此，开展公共关系舆论调查，是公共关系部门和人员的一项经常性的工作。公众舆论调查是对公众的态度倾向进行统计、测算，用数据显示公众的整体意见。公众舆论具有广泛性和变动性等特点。公众对一个组织的活动往往见仁见智，印象不同，评价各异。对公众意见的调查，就是探明公众之所以形成某种印象、态度、看法、意见和评价的主要原因，特别是与组织自我认识相反的原因。以企业为例，如果公众表示不信任本企业，则要探明是由于他们对企业产品的质量、包装、推销方式不满，还是对本企业的服务态度不满，还是抱有某种行业性的偏见，还是本企业的其他活动与公众的某种观念相冲突等。在这样深入地了解之后，企业通过有针对性的公共关系活动，去影响、改变公众对企业的不良态度和评价。在调查时，特别要注意以下几个问题：首先，有公众敌视我们吗？占多大比重？达到了何种程度？产生的原因是什么？其次，存在公众对本组织的偏见吗？是由于家庭、教育、环境所致，还是由于经历和行业偏见所致？还是由于纯粹的误解，听信了某种不切合实际的宣传？再次，存在公众对本组织漠不关心吗？是由于有的公众对组织的行为不感兴趣造成的？还是由于我们在宣传时的介绍方法不当，或宣传程度不够所导致的呢？只有将这些问题调查清楚了，才能对所开展的公共关系工作或活动准确定位。

（四）公共关系活动条件的调查

所谓公共关系活动条件的调查，是指组织在开展公共关系工作或活动之前，对开展工作或活动的主、客观条件进行调查研究。主要包括以下两方面：第一方面，是关于公共关系活动主体人力、财力情况调查，组织在开展某一公共关系工作或活动之前，必须要对参与此项工作或活动的人力和组织所能承担的财力进行调查分析。人力分析包括：组织要使公共关系工作或活动达到预想的目的，应选派哪些人去参加这一工作或活动；参加人员是从组织内部挑选还是从专业公共关系公司挑选；所挑选的人员有何专长，理论修养、政策水平、工作能力、经验和业绩如何，能否胜任工作等。财力分析，从某种意义上说，是一种投入产出的分析，即就某一公共关系工作或活动来说，组织所能投入的资金有多少？可能取得的效应有多大？资金的使用是否合理等，应做到心中有数。第二方面，是关于公共关系工作或活动客观环境的调查，其主要内容，一是政策环境，指的是同组织的各种活动，特别是同公共关系问题有关的法律、法规，以及党和国家的路线、方针、政策等，都必须严格遵守，不得违背。二是对竞争对手和其他组织情况的调查。这种调查，是为了掌握竞争对象的基本情况，做到既知己又知彼，掌握市场形势，占据主动地位。对其他组织进行调查，是为了学习和借鉴其他组织的经验。特别是对同行业组织、同类型组织的公共关系，更应进行认真的调查研究。如他们的工作现状和历史，他们创造了哪些好的方法和经验，兴办了哪些有特色的公共关系活动，发展了什么公共关系工作新技术和新技巧等。三是社会问题调查。社会经济的、政治的、思想的等各方面的问题，如生态与人类资源、社会思潮问题等，不仅会影响公众的意见，影响公众对某些需求的变化，甚至还会影响到组织的发展。因此，必须了解当前有些什么社会问题，同时还应了解党和政府对这些问题所采取的对策，因为这种对策会对组织形成不可抗拒的趋势。

三、公共关系调查的功用

在公共关系实务中，公共关系调查起着越来越重要的作用，也越来越受到社会组织的重视。公共关系调查的功用，主要表现在以下几个方面：

(一)了解组织的公共关系状态，进行社会环境监测

公共关系状态是指社会组织与公众关系的真实情况，而如实反映公共关系状态的尺度是公众评价和社会舆论。因此，要确切了解组织当前的公共关系状态，就必须对公众进行有针对性的调查，了解各类公众对组织的认识、态度、看法、评价、希望和要求，查明公众的基本态度和组织的形象地位，发现并确定组织公共关系状态存在的问题与不足，弄清问题的事实真相和形成的原因，使组织对自身的公共关系状态有个基本的把握。社会环境，指的是与组织存在关系的各类公众和各种社会条件的总和。通过对社会环境的调查，才能了解各类公众的基本情况、发展变化趋向以及对组织所产生的影响。同时，还必须了解和掌握有关国际、国内的政治、经济、社会、文化、科技等方面的情况，及时发现它们的发展变化趋势，根据"大气候"来调整组织的发展方向和公共关系目标，审时度势，把握机遇，迎接新的挑战，并对一些预见到的问题，采取切实有效的防范措施。因此，开展公共关系调查有助于社会组织了解本身的公共关系现状，监测社会环境的变化。

(二)为组织决策提供科学依据

科学决策不能靠预感和猜测，也不能靠过时了的经验，而要靠客观的依据。要保证组织决策的正确，惟一的办法是加强调查研究，掌握第一手材料。通过公共关系调查，就能让组织及时、准确地了解公众对自身的印象、态度、看法、意见和评价，进而分析组织自我期望形象与社会实际形象二者之间的差距，弄清组织在公共关系方面存在的问题，查明问题的实质和产生的主、客观原因，涉及范围的大小和公众卷入的程度，以及对组织造成的影响等，还可从中发现本组织在公共关系工作或活动的成功之处和薄弱环节，从而采取相应的对策，开展有针对性的公共关系工作或活动，化解矛盾，协调和处理好与各类公众的关系，为组织的生存和发展创造良好的社会环境。这就是说，公共关系调查为组织科学决策提供了可靠的依据，坚持从实际出发，防止盲目性，从而可避免经验决策的失误，减少决策过程中的不确定性因素。

(三)有助于加强组织与公众的联系和沟通

任何组织机构的正常、高效运转，都离不开畅通的信息交流、沟通渠道与网络。而要进行畅通的信息交流和沟通，则需要架设一座连接组织与公众之间

的桥梁。公共关系调查就是这样一座桥梁。公共关系调查作为一种搜集信息的系统方法，它能使组织及时了解和掌握公众的印象、态度、意见、看法、评价以及公众的需要、期望、爱好、习惯等，从满足公众的需求出发，确立新的公共关系目标，开展有针对性的公共关系工作或活动，建立组织与公众的良好关系。如果不进行经常性的公共关系调查，信息渠道不畅，公众的意见、意愿不能上达，组织的领导者就会闭目塞听，两眼一抹黑，又怎能做好工作呢？又怎能根据公众的意愿调整组织的决策和策略呢？又怎能选用合适的媒体将组织的意图、信息传播到公众中去呢？由于信息不通，就有可能使公众将一时的误会发展到对组织的不满和敌意，引起矛盾的激化，从而造成对组织难以弥补的损害。还有，组织机构本身的正常、高效运转，更离不开组织内全体成员的团结协作，密切配合。通过公共关系调查，能及时地了解和掌握本组织内各类成员的态度、意见、要求，切实加强公共关系工作，取得组织内全体成员的认同和支持，增强凝聚力，激发他们的工作热情和创造力，确保组织总目标、总任务的圆满实现。

（四）具有早期警报的功用

在社会主义市场经济条件下，由于竞争的激烈和社会环境的变化，出现各种意外的突发性事件是在所难免的。为尽可能防止突发性事件的出现，防止各方面的纠纷的出现，公共关系部门和人员就必须进行经常性的调查研究。如果不做公共关系调查，对公共关系方面存在的问题一无所知，等到突发性事件或各种纠纷发生以后再来处理，就要浪费许多的时间和精力，造成不必要的损失。公共关系调查能在此类问题产生之前就予以发现，从而能防患于未然。

（五）能提高公共关系活动的成功率

公共关系工作或活动离不开公共关系调查，成功的公共关系工作或活动尤其离不开公共关系调查。公共关系调查本身就是最重要的公共关系工作。美国管理学家和决策理论学派的创始人赫伯特·西蒙说过："不论人们如何表达公共关系活动的流程，调查研究都是举足轻重的。如果把公共关系流程视为一个'车轮'，那么，调查研究便是这个'车轮'的'车轴'。"倘若缺少了公共关系调查这个"轴"，公共关系的"车轮"也就运转不起来。因为，通过公共关系调查，社会组织的领导者和有关人员才能对所要开展的公共关系活动的主、客观条件有足够的了解，这样，才能保证公共关系活动有充分的准备和切实可行的计划，并取得好的效果，从而大大提高公共关系活动的成功率。

第二节　公共关系调查的原则和程序

一、公共关系调查的原则

公共关系调查具有很强的科学性和实效性。为了保证公共关系调查的准确、可靠，真正有助于公共关系工作或活动的开展，提高公共关系工作或活动的质量和效率，必须遵循以下原则：

（一）客观性原则

公共关系部门和人员在公共关系调查过程中，应坚持唯物论、辩证法，反对唯心论、形而上学，必须尊重客观事实，实事求是，从客观实际出发。对相同的意见、不同的意见、反对的意见都要听，一是一，二是二，用客观事实说话，不允许有任何虚假成分。要注意区分公众的客观态度和主观臆想，只有把握公正的客观态度，才能对公众的认识、态度、看法和评价得出科学、准确的结论。同时，公共关系部门和人员在调查过程中，切忌主观、表面和片面，切不可随心所欲地给客观事实加入主观猜测的成分。只有这样，才能保证调查结果的客观性、可信性。

（二）全面性原则

公共关系调查的客观性本身就要求调查的全面性。全面性要求公共关系部门和人员在收集公众对组织形象和信誉的评价时，必须注意收集各类公众的意见。既要有公众的正面意见，也要有公众的反面意见；既要注意一方面公众的意见，也要注意另一方面公众的意见，并注意各种意见之间的联系。一定要认清九个指头与一个指头的关系，切不可以少数人的意见取代多数人的意见，也不可忽视少数人的权益和合理要求。

（三）代表性原则

由于公共关系的调查对象在数量上是巨大的，在分布上是广泛的。因此，很多调查是通过典型事例来说明问题的，往往采用从总体中抽取样本的方法来进行。在这里，样本的代表性对反映总体全面情况的质量至关重要，所以必须使每个个体的抽取都应得到均等抽取、随机抽取的机会。英国广播公司（BBC）的公共关系部，每天在电波覆盖范围内抽取 2500 人，从而推断人们收听收看其节目的比例。日积月累，公司决策机构就有了相当明了的对听众和观众的认识。

（四）定量化原则

对客观事物从定性分析进入定量分析，标志着人的认识从笼统、模糊的低级阶段走向了精确、清晰的高级阶段。马克思认为：一种科学只有成功地运用数学时，才算达到真正完善。在一定意义上，运用数学也就是运用定量方法来显示、分析认识结果。在公共关系调查时，定量化原则包含着这样的意思：第一，运用统计学的原理对调查作出规划；第二，运用数学模型来收集和分析调查材料；第三，用数学关系显示和表达调查的结论。如果说客观性原则旨在防止调查出现误差，那么，定量化原则则是防止出现误差的强有力的措施。

（五）计划性原则

任何组织都不可能企望通过一次调查获得所有的情报。公共关系调查列入组织的整体运作计划中，成为其不可或缺的组成部分，并使其经常化、制度化、规范化。这样不仅可以使组织适时得到有价值的信息，同时也可以不断地总结公共关系调查的经验，提高调查的效率和质量。另外，对一项具体的公共关系调查来说，事前必须制定一个完整、严密的调查计划，对调查目的、任务及人力、物力、财力作出合理的安排；对调查中可能遇到的各种问题及其对策都要考虑周全。这样，才能保证公共关系调查正常、顺利、健康地进行。

二、公共关系调查的程序

公共关系调查程序或称公共关系调查过程，是指对具有一定规模的一项正式的公共关系调查，从调查准备到结束全过程的先后顺序和具体步骤。公共关系调查是一项复杂而细致的工作，为了提高调查的效率，确保调查的质量，必须建立一套合理的、系统的、科学的程序。一般说来，公共关系调查包括调查准备阶段、实施阶段和分析总结阶段三个前后紧相衔接的过程。

（一）调查准备阶段

调查准备阶段的公共关系调查是工作的开端，准备是否充分，直接关系到调查的效率、质量和任务的完成。这个阶段的具体步骤是：

1. 明确调查目的

对于一个社会组织来说，为协调和改善公共关系状态，需要调查的内容很多，涉及的面很广，每一次调查不可能面面俱到，总有自己特定的目的，总有必须优先解决的实际问题，而不可能解决所有的问题。这就是说，公共关系部门和人员应该根据组织的整体计划、目标和任务，或根据公共关系活动中发现的新情况、新问题，有的放矢地提出此次公共关系调查的课题，明确到底要解决什么问题，突出重点。如果公共关系调查没有针对性，目的不明确，抓不住要害，眉毛胡子一把抓，那是难以解决任何问题的。

2. 确定调查对象

公共关系的对象是公众，公共关系调查就是对公众的调查。但公众的范围十分广泛，不是对所有的公众都进行调查，而只是对与组织有着密切关系的目标公众进行调查。所以，在确定调查的目的以后，就要根据调查的任务明确具体的调查对象，即确定调查的公众范围，既要注意被调查对象的类别和数量，又要注意被调查对象的代表性，以求准确地反映目标公众的需求和期望。如果对调查的对象定位不准，或调查的范围过窄，或超越问题发生的范围去进行调查，就有可能出现不客观、不具体、不全面的情况，并造成调查中不必要的浪费。

3. 对调查本身进行可行性研究

在明确调查目的和确立调查对象以后，要收集有关材料、认真地加以分析研究，对调查本身进行可行性研究，看是否可行？调查材料的来源可分为原始材料和现有材料两大类别：原始材料是调查者从实地调查中获得的第一手资料，可靠性强；现有材料指组织保存和主管部门、相关人员、新闻媒体能够提供的材料。将这两类材料加以整理、归纳、印证，对调查进行可行性研究，就能对本次调查的价值和成效作出客观的评价。与此同时，还可进一步论证调查的范围和规模应该多大，调查的力量、时间、费用是否安排合适，从经济效益和社会效益上来衡量是否值得等。

4. 拟定调查方案

公共关系调查方案是对某项调查本身的设计，它包括调查的目的要求、调查的具体对象、调查的内容提纲和调查表格、调查的地区范围和材料的收集、调查的组织领导和人员配备，检查和考核、完成时间和工作进度、费用预算等，作为调查实施的依据，使调查工作有计划、有秩序地进行。

(二)调查实施阶段

这个阶段的主要任务是具体落实公共关系调查方案，使其达到预期的目的。其具体步骤是：

1. 建立调查小组

根据调查任务的大小，确定调查小组的规模，人数不宜过多，也不宜过少，以能充分发挥每个调查人员的作用圆满完成任务为依归。对参加调查的人应有目的地加以选择，除要求有较高的思想修养、政策水平、文化程度外，还应注意要有扎实的工作作风和较丰富的调查经验，最好是与被调查者有较深交往或有一定关系的人。组建好调查小组后，需将他们集中起来，组织短时间的学习和培训，明确调查的任务和要求、方法、技巧，统一认识和行动。

2. 开展实际调查

这是最关键的一个步骤。调查人员运用各种调查方式，深入实际，进行有明确目的的调查，既可现场观察，也可走访有关人员，召开座谈会，还可查阅文献资料，以收集到尽可能多的信息。在公共关系实际调查时，始终都不可忘记调查的主要目的，要十分明确为什么调查，要了解什么情况，要解决什么问题，材料的用途是什么，避免为调查而调查，使调查陷入盲目性。同时，调查的材料一定要多，要勤于博采，锐意穷搜，"韩信点兵，多多益善"。因为，"任何质量都表现为一定的数量，没有数量就没有质量"①。材料多了，才便于比较鉴别，才有选择的余地。

3. 检查调查工作

在公共关系调查过程中，要对实际调查工作加以检查。检查的方法，主要有复查和查看调查材料两种。复查时，可从每位调查者负责的对象名单中，抽选一部分人，再次进行面访、信访或电话访问，了解他们对调查工作的意见，检查是否有漏访，调查时是否遗漏了什么重要问题。查看材料，主要检查问卷填写是否符合要求，有无漏填。在国外，有的专业公共关系调查公司，运用电脑分析不同调查人员对同类调查对象的回答结果，如果存在显著的差异，就有必要再重点复查。

(三)分析总结阶段

这是公共关系调查过程的最后一个步骤，也是公共关系调查能否发挥效用的关键一坏，可分为以下几个步骤：

1. 整理分析材料

公共关系调查所获得的材料，往往是分散的、零星的，甚至可能是片面、虚假的，必须加以整理、选择、分析、研究，分清材料的性质，判断材料的真伪，估价材料的意义。公共关系人员一定要心明眼亮，对调查材料加以梳理、提炼，去粗取精，去伪存真，舍弃那些非本质的、虚假的、无用的材料，保留那些本质的、真实的、有用的材料，只有这样，才能认识调查材料的本质意义，从而更好地利用调查材料，充分发挥调查材料的作用。

2. 编写调查报告

调查报告是公共关系调查的最终成果，它是就某件或某个问题调查研究之后，对所调查的问题作出有理有据的分析说明，得出明确的结论，为此而提出的书面报告。公共关系调查报告的内容一般包括：调查对象的基本情况；调查问题的事实材料；分析说明；调查结论和建议。此外还可以包括调查目的、方法和调查步骤等的说明。

3. 总结经验教训

公共关系调查结束后，要对各个阶段的工作进行认真的回顾，总结成功的

① 毛泽东：《党委会的工作方法》，《毛泽东选集》第4卷，人民出版社，1960年版，第1442页。

经验，吸取失败的教训，以便用来改进今后的公共关系调查工作。

第三节　公共关系调查的方法

在公共关系调查中，运用的方法很多，比较常用的调查方法有：

一、访谈法

访谈法是调查人员通过与调查对象进行面对面的交谈，收集口头材料的一种调查方法。

访谈法按访谈的场所，可分为机关访谈、街头访谈、家庭访谈和公共场所访谈；按访谈的人数，可分集体性访谈和个别访谈；按访谈的时间，可分为一次性访谈和跟踪访谈；按访谈提纲的方式，则可分为结构性访谈与非结构性访谈：结构性访谈是由访谈者携带事先设计好的访问调查表进行访谈，非结构性访谈是访谈者只需要根据调查任务的要求拟成访谈要点或访谈提纲，并据此向调查对象提问，而无需使用标准化调查表，在调查中，访谈者可以自由的提问。

访谈，实质上是一种人际互动过程。在调查中，访谈者必须从陌生人那里取得材料，而这些资料又往往不是那些陌生人主动乐意提供的。况且，这些陌生人又具有各自不同的个性特点，这都会影响访谈的顺利进行。访谈者为了完成调查任务，必须注意一定的方法和技巧：

(1)良好的第一印象。形成访谈者第一印象的因素有：衣着、服饰、相貌、举止、风度、语言、态度等。第一印象的好坏，直接影响双方的交谈。良好的第一印象有利于取得受访人的配合。

(2)实现认同。访谈者面对陌生人，也可能志趣相投，也可能格格不入。访谈者应掌握认同的技巧，就是要寻找双方的共同点，因为共同点多的人容易相互熟悉。

(3)相互配合。访谈者要以真诚、亲切、礼貌的态度去对待受访的人，并在说明目的和要求的前提下，尊重对方的发言，不轻易打断对方的话题，对受访人的话题，应认真倾听，应允许受访人谈话的内容短时间地偏离主题，并能选择适当的时机，巧妙地将话题拉到调查的主题上来。当对方说话含糊不清时，应用婉转的口气，请求对方重复或解释。结束访谈时，应诚恳地致谢。

(4)以诚相待。对访谈中遇到的不合作者，应有足够的耐心和诚意，要有不达目的不罢休的精神。精诚所至，金石为开，当你的诚挚让对方感到内疚时，你就会获得所需要的材料。

访谈的实施过程大致有以下几个步骤：一是访谈准备。这包括了思想准备、拟订调查提纲、地区划分与人员安排、访谈所必备的工具等。二是访谈开始。访谈时先要经过一种友谊性的交往，并适当注意风俗习惯，然后说明来意，讲清此项调查的目的和此项调查对其有什么关系。如受访人感到对己有益，就会积极配合，这时访谈者再转入中心问题。所问的问题宜由浅入深，由近及远，从最感兴趣的问题开始，再深入到核心问题。三是访谈高潮。当访谈进入到核心问题时，访谈者应力求促成访谈高潮的到来。核心问题的调查应力求详细、具体，并设法引导受访人谈出更深刻的看法。四是结束访谈。恰到好处的结束访谈，是访谈过程中不可忽视的。如调查内容已经完成，但受访人谈兴仍浓，可再谈论一些建立友谊方面的话，以此来结束。最后是记录整理。访谈结束后要立即整理记录。记录要做到：客观真实，字迹清楚，没有遗漏，数据确凿。

二、问卷法

问卷法是将事先设计好的调查提纲或问卷，通过邮政部门或其他方式交给调查对象，让调查对象在规定的时间内回答完毕，然后再通过邮局寄回或由调查者收回，进行汇总分析，以取得所需要的调查材料。其优点是调查的范围广，所花费用低，被调查者有充分的时间考虑和回答问题，还避免调查人员主观因素的影响。其缺点是：回收率较低；有些调查对象不理解或误解问卷中的问题，从而作出与题意不符的回答；还有的调查对象可能对答卷不感兴趣，随意乱写，或请人代写，影响调查效果。

问卷法使用的条件是：调查的范围较广，不易当面谈清者；调查对象文化水平应当较高；问卷的回收率应在65%以上最为理想。

问卷法成功的关键在于问卷的设计。问卷是根据调查目的而设计的一整套具体问题。在设计问卷时，应注意以下几点：

（1）在问卷的第一部分写一段问卷说明，用来介绍调查的目的、对象、范围、意义、保密性原则、填写方法和注意事项，以引起调查对象的关心、兴趣、信任和支持。

（2）问卷中一般包含着四种类型的问题：第一类是客观事实问题即有关调查社会背景等方面的问题，如年龄、性别、文化程度、职业、经济状态、政治面貌等；第二类是主观态度类的问题，如"您喜欢这项产品吗？""您赞成这项政策吗？"第三类是趋向性问题，如"您毕业以后，倾向于去哪些单位？""您对哪些候选人有好感？"第四类是解释性问题，如"您考大学的原因是什么"、"您为什么对这一职业感兴趣"等。

（3）设计问卷时要注意紧密围绕调查目的，避免提出与调查目的无关的问题，并且要根据问题的逻辑关系注意问题的排列顺序。

(4)问卷设计应使用简单明了的词句，避免使用多义词和含糊不清的词句，避免提出难以回答的问题，避免提出引导性的问题。

根据问卷提出的问题是否规定了备选答案，问卷可以划分为两种基本类型，即封闭式问卷和开卷式问卷：前者是在每一种提问后都列出了所有可能的备选答案，它的优点是便于调查者整理、统计和分析，缺点是对一些问题的调查不易深入；后者是对每一种提问都不列可供选择的答案，回答可能是多种多样的，被调查者一般是根据自己体会最深刻的来回答，通过这种问卷调查，能收集到对一种事物各个方面的反映，获得预想不到的信息，但这类材料系统地整理、统计、分析比较困难，调查结果的误差往往也比较大。

问卷法的实施过程包括如下几个步骤：一是确定问题的内容和类型。即确定用事实性问题还是采用态度性问题等。还要根据内容决定采用开放型还是采用封闭型的问卷形式。二是确定问题的回答方式。即确定采用两项选择式、多项选择式还是对比选择式等。三是具体问题的设计。四是编成问卷表。要将问题合理排列，同时进行编码并写好说明文字，请专家、同事审阅，请他们提出修改意见。五是试查。即将整理好的问卷发放给少部分人，通过他们的填写，检查是否可问出所要的材料，是否有错误或不明确的地方。试查再进行适当的修改。六是问卷发放。发放形式有寄发和分发两种。七是问卷回收。回收率以65%以上为理想数字。回收率过低，必然会影响调查结果。八是问卷整理和分析。整理包括对不合标准的问卷的处理和对调查所得数字的整理。对合标准的问卷要用社会调查统计的理论和技术进行统计分析。通过问卷的整理分析，可发现被调查的公众态度之间的内在联系即规律性的东西，在此基础上进行调查报告的撰写，从而完成问卷法的整个过程。

三、抽样法

抽样调查法，是指在调查总体中抽取一定数量的样本进行调查，以此推断总体特征的一种调查方法。在公共关系调查中，由于受到时间、人员和经费等客观条件的限制，进行普遍调查是很困难的，所以常采用抽样调查的方法。抽样调查机动灵活，花费的人力、物力、财力较少，并有很强的及时性。抽样法是指从调查的人口总体中按照一定的方法取一部分样本加以调查，并把这部分样本的调查结果推广到原来的总体中去。这里，总体是指为了一定的要求所确定的调查对象的全体，样本是指按一定要求从总体中选出来的个体集合。

抽样调查的特点是：对组成调查对象的一小部分单位或个人进行细致的调查研究，并据此推断全体；被调查的一小部分单位或个人是按随机的原则抽选的。因为各单位或个人有同等被抽中的机会，抽中或没有抽中完全是偶然的，这样就可以保证被抽单位或部门在全体中的代表性；被抽的单位或个人要有足够的数量，形成代表集合，才能有真正的代表性；

抽样法的理论基础是概率论和大数法则。按照是否根据概率原理抽取样本的原则，抽样调查可分为随机抽样法和非随机抽样法两种。

随机抽样法是完全按照机会均等的原则，任意调查总体中的个体自然出现，不加人为安排的抽样方法。它大致包括以下几种形式：

（1）简单随机抽样。它首先将母体中的全部个体随意标上不同的号码，然后按事先确定的样本数，利用"乱数表"或"号码机"抽取母体编号的几个号码，以这几个号码所对应的个体作为调查对象。此法简单方便，但随机性太强，调查的结果误差较大。

（2）系统抽样。也叫等距抽样或机械抽样。指把总体的所有单位按照一定的顺序排列起来，然后按相等间隔或距离抽取必需的单位数目的抽样方式。

（3）分层抽样。它首先将母体按某种特征划分为各层；然后，在各层中依事先确定的样本数用简单随机抽样法抽取样本进行调查。在各层次抽取样本有两种情况：一是等比例分层抽样，也就是完全按各层次所占总体数量的比例，分别抽取各个层次的样本单位；二是不等比例的分层抽样，是根据各层特征差异的大小或抽取样本费用的多少来调查各层的样本数目。将总体分层或分类的重要目的，在于把总体的各个案中性质相近者归纳在一起，使层与层之间质的差异性尽量扩大，而使层内各元素的等质性尽量提高，以增加各层样本的代表性，更好地发挥抽样功效。层次分类标准很多，通常有：按区域范围的"地理分层"、按收入多少的"经济分层"、按社会分工的"职业分层"、按家庭规模的"社会分层"以及"年龄分层"、"性别分层"等。

（4）分群抽样。就是将总体中的若干调查个案的集合体——整群或类群，作为抽出单位，并对被抽作样本的整群之中的所有个案进行逐个考察。这种方法一般按区域的地理标准进行分群，分群抽样可以连续进行多个层次。它要求总体内部保持较高的同质，其特点是，由于样本集中，便于调查工作的开展，并可以节省调查的时间、人力和经费；但由于样本无法精确控制，影响到代表性，故调查的准确度有所下降。同时，因每一类群的个案数不会完全相同，各类群之间抽样概率就不会完全相同，对所要抽取的样本个案数也无法控制。

（5）多段抽样。就是把抽样工作分成若干个阶段进行。此法一般用于调查的总体中，个体比较多，分布面又比较广，而个体差异性又比较大的情况。它包括两方面：其一，在同一抽样过程中多次使用某种抽样方法；其二，在同一抽样过程中交替使用几种抽样方法，分阶段先抽大单位，再抽小单位，直到抽选至需要调查的单个单位。

随机抽样法抽取调查样本时，每一个个体被抽出的机会相等，不受调查者主观意志的影响，调查误差较小。但这种方法需要一定的抽样技术，调查者必须具备丰富的经验，且随机抽样所需的时间较长，费用较高。因而在有些调查中，有时根据调查者的主观意愿，或调查者对范围不大的总体结构、性能、范围的了解，不去按照随机原则抽取，而是有意识地在总体中选择一些符合某种标准的单位作为样本进行考察。显然，这种抽样方法对每一个单位来说，都有被抽样的均等机会，这就叫非随机抽样或立意抽样。非随机抽样法大体有以下几种：

（1）配额抽样。它是由调查者根据一定的标准和所规定的控制特征，以及事先确定和分配的调查数额来选择调查对象，由调查者进行主观抽样。配额抽样可根据控制特征间的关系分为"独立控制配额抽样"和"相互控制配额抽样"两种。前者是指只对某种特征的样本数目加以规定，而不规定具有两种以上特征的样本数目，各控制特征之间相互独立，彼此不发生关系；后者指各种特征项目控制下的每一个子样数目都有新规定，各种特征之间相互控制，彼此关系密切，互为因果。配额抽样方法简单，省时、省力、省钱，调查材料容易整理，但必须对调查总体情况十分熟悉，能准确地确定不同类型者在总体中的比重，以确定指派的名额。

（2）判断抽样。它是公共关系调查人员根据经验判断来选定调查样本的一种抽样方法。主要有两种做法：一是重点调查，即调查人员依经验确定一部分能代表总体特征的个体作为调查的对象进行调查；二是典型调查，就是以总体中的中等水平或平均水平为样本进行调查。判断抽样法简单、方便，在调查者对总体情况十分了解时常采用此法。但因受调查者经验、能力、气质等方面的主观因素的影响，容易因偏见而影响调查效果。

（3）偶遇抽样。它是公共关系调查人员对总体单位不进行任何事先选择，而是在调查时，仅凭自己的方便，碰到谁就调查谁，或者根据个人喜恶，随意将某个人作为样本进行调查的一种方法。此法简便易行，但一般只适用于流动性的调查对象或个体差异较小的问题的调查及某些试查。

四、引证分析法

引证分析法，是指公共关系调查人员对各种媒体所传播的有关组织形象的信息进行调查分析的一种方法。一般来说，一个组织的信息被媒体引用的次数越多，这个组织的知名度就越高。引证分析包括内容分析和形式分析两个方面，内容分析是对信息本身作系统化、数量化的统计分析，形式分析是对信息传播形式作的统计分析，如信息传播的时间、荧屏频率、版面频率、媒体级别等。调查人员进行引证分析时，首先，要判明信息的性质，还要判明信息内容，对组织形象的评价是好还是坏，是高还是低。其次，要确定信息传播的影响是大还是小。再次，根据以上判断迅速作出结论。最后，检验所得结论的准确性，并将结果提供给领导者和有关人员。

此外，调查的方法还有民意测验、文献调查、媒体舆论调查、典型调查等，在公共关系调查中，可根据实际需要加以选用。

【典型案例】

北京长城饭店重视公共关系调查

北京长城饭店是 1979 年 6 月由国务院批准的全国第三家中外合资合营企业。1983 年 12 月试营业，是北京 6 家五星级饭店中开业最早的饭店，是北京第一座玻璃大厦，北京 80 年代十大建筑之一。随着改革开放的深入发展，北京新建的大批高档饭店投入运营，饭店业竞争日益加剧。长城饭店之所以能在激烈的竞争中立于不败之地，成为京城饭店的佼佼者之一，除了出色的推销工作和优质服务外，还与饭店管理者平日十分重视公共关系调查工作有着直接的关系。其经常性的公关调查工作有：一、问卷调查。每天将表放在客房内，表中的项目包括客人对饭店的总体评价，对十几个类别的服务质量评价，对服务员服务态度评价，以及是否加入喜来登俱乐部和客人的游历情况等等。二、接待投诉。几位客务经理 24 小时轮班在大厅内接待客人反映情况，随时随地帮助客人处理困难、受理投诉、解答各种问题。三、顾客态度调查。每天向客人发送喜来登集团（长城饭店外方投资合作伙伴）在全球统一使用的调查问卷，每日收回，月底集中寄到喜来登集团总部，进行全球性综合分析，并在全球范围内进行季度评比。根据量化分析，对全球最好的喜来登饭店和进步最快的饭店给予奖励。四、市场调查。前台经理与在京各大饭店的前台经理每月交流一次游客情况，互通情报，共同分析本地区的形势。五、交流沟通信息。喜来登总部每半年召开一次世界范围内的全球旅游情况会，其所属的各饭店的销售经理从世界各地带来大量的信息，相互交流、研究，使每个饭店都能了解世界旅游形势，站在全球的角度商议经营方针。

北京长城饭店这种系统的全方位调研制度，宏观上可以使饭店决策者高瞻远瞩地了解全世界旅游业的形势，进而可以了解本地区的行情；微观上可以了解本店每个岗位、每项服务及每个员工工作的情况，从而使他们的决策有的放矢。

【案例分析】

从这一典型案例可以看出,任何一家饭店,光有较高的知名度是远远不够的,要想保持较高的"回头率",主要是靠优质服务,使客人满意。怎样才能使客人满意呢?这就离不开公共关系调查。长城饭店经过调查研究和策划,面对竞争提出了"宾至如归方案"。随着这一方案的推行,饭店的服务水平又有了新的提高。从公共关系的工作过程来看,公共关系始于调查研究,只有收集了大量信息,汇集了大量的资料和事实,才能进行有效的公共关系活动。长城饭店在这方面为我们提供了成功经验。长城饭店在立足于全市、全国、全世界范围的信息采集与调查分析的同时,对全年、半年、月、日等不同时段的情况都加以监测,形成了全方位立体交叉的信息网络,既保证了信息来源的广度,又保证了信息的时效性和正确性,从而保证了较高的科学预测能力和科学决策能力。由此可见,在竞争日益激烈的市场经济条件下,企业要生存,要发展,就要重视日常的公关工作,重视信息的收集与整理,重视调查研究。

第十章 公共关系策划

有人曾把公共关系的发展分成三个阶段,即接待型公共关系、销售型公共关系和策划型公共关系。按照大多数公共关系专家的观点,前两个阶段只是公共关系发展的准备和起步时期,只有到了第三个阶段,也就是策划型公共关系阶段,才达到了公共关系的"正宗"和"规范"的水平,足见策划之于公共关系的重要性。公共关系策划是公共关系实务中最富于创造性的工作,是公共关系活动成功的关键。因此,不论开展什么公共关系活动,都应该十分重视公共关系策划;作为一个称职的公共关系专业人才,必须学会公共关系策划的基本理论、方法和技巧,并创造性地运用于公共关系实践。

第一节 公共关系策划的含义、特点和功用

一、公共关系策划的含义

策划,又称"策画",含有谋划、筹划、设计、抉择、出谋划策的意思,是人们经常运用的一种创造性智力活动。在人类社会生活中,小至建造房屋,大到治国安邦,都要预先周密策划,深思熟虑,三思而后行,才有成功的把握。

策划是指向未来的。也就是说,它是针对未来将要发生的事情,在找出其发展因果关系的基础上,权衡未来可采取的途径、手段、办法和方式方法,作为当前决策的依据。

什么是公共关系策划?所谓公共关系策划,指的是公共关系专业人员,根据社会组织形象的现状和预期的目标要求,在充分进行公共关系调查的基础上,认真分析现有条件,运用已经掌握的公共关系理论、知识和经验,遵循科学的原则和方法,发挥自身的想象力和创造力,对公共关系活动的整体战略和策略,进行超前运筹、谋划和设计,制定出最佳行动方案的过程。公共关系策划是一件专业性很强的工作,必须由具有深厚的公共关系理论基础和丰富的公共关系实践经验的公共关系专业人才来完成。它以公共关系目标为起点,以公共关系调查为依据,努力将公共关系工作或活动从无序转化为有序,由模糊转化为清晰,由感性认识转化为理性认识,使之能顺利地实现预期的目标。

　　要正确理解公共关系策划的基本含义，必须明确以下几点：其一，公共关系策划是由公共关系的专业人员完成的；其二，公共关系策划是为实现确立的目标(树立组织的美好形象和良好信誉)服务的；其三，公共关系策划是以公共关系调查为基础条件的；其四，公共关系策划是科学与艺术的结晶，必须遵循科学的原则和艺术的方法与技巧；其五，公共关系策划包括战略策划和策略策划两种，它们是全局与局部的关系；其六，公共关系策划是寻求、制定、选择最佳行动方案的过程。这六个方面是紧密地联系在一起的完整的有机体，只有对它综合性地加以认识，才能准确把握公共关系策划的内涵。

二、公共关系策划的特点

　　公共关系策划作为人们的创造性理性认识和行为，具有以下一些特点：

(一)目的性

　　无论是哪种层次的公共关系策划，都是以一定的公共关系目标为指向的。公共关系战略策划是为了使公共关系工作或活动能更好地为实现组织的总任务、总目标服务，而公共关系策略策划则是为了保证公共关系战略目标的实现，其目的性就更为明确、具体了。策划的目的性越明确、越清晰，公共关系工作或活动就越容易开展，公共关系目标也就越容易实现。

(二)整体性

　　公共关系策划本身是一项"系统工程"，在母系统之下，还存在着各种子系统，构成为一个复杂的网络结构。因此，在公共关系策划的实际操作中，各个子系统之间，有着密切的关联，它们又都紧紧地围绕着组织所确立的总目标开展活动，服从并服务于组织的总体规划和全局任务。各个子系统既有相对的独立性，又有内在的关联性，它们相互依存，协调配合，指向一个共同的目标，构成为一个不可分割的整体。公共关系策划的宗旨，是塑造、维持和巩固组织的美好形象，树立良好的信誉，而这都是组织的本质特征和实际表现在公众心目中的综合反映，具有多维性、整体性和相对稳定性的特征，因此，在公共关系策划时，必须胸怀全局，树立整体观念，既要考虑局部的利益，又要考虑全局的利益；既要考虑近期的效益，又要考虑长远的效益；既要考虑内部的效益，又要考虑外部的效益；既要考虑组织的经济效益，又要考虑社会的整体效益。

(三)创新性

　　公共关系策划既是一门科学，又是一门艺术，创新是科学和艺术的生命，所以，公共关系策划离开了创新，就失去了它固有的价值和魅力。公共关系人员在进行公共关系策划时，一定要有创新变革精神，充分发挥自身的想象力和创造性思维，运用已掌握的理论、知识、技能、技巧，追求标新立异，别具一格，开拓一种全新的境界，使公共关系工作或活动给人以新鲜感、新奇感、新异感，这样，才能取得先声夺人、事半功倍的效果，备受公众的青睐和喜爱。

（四）适调性

公共关系策划不是凝固的、一成不变的，而是处于动态的过程之中。马克思主义告诉我们：世界上的任何事物都是运动、发展、变化的，停滞就意味着死亡。这是自然界和人类社会生存和发展的普遍规律，当然，公共关系策划也离不开这个普遍规律。社会环境在不断变化，市场机制和格局在不断变化，时代风尚和生活方式在不断变化，人们的思想观念也在不断变化，因此，在公共关系策划时，就应随着形势的变化而变化，与变化了的客观环境相协调，具有适调性，才是成功的公共关系策划。而在实施公共关系策划具体方案时，应在大目标不变的前提下，实际运作应有一定的灵活性，也就是要有弹性或变通性，才能适应不断变化的环境，以便取得更好的效果。

三、公共关系策划的功用

公共关系策划的功用，归纳起来，主要有以下三点：

（一）公共关系策划可保证公共关系实务的计划性

凡精心酝酿、筹谋和设计的公共关系的策划，都有一套完整的行动方案，对开展公共关系活动的时间、空间和人、财、物等条件都作了通盘的考虑，力争用最少的投入获得最佳的效绩。这就要求公共关系策划一定要确定好公共关系的目标，找准公共关系的对象，谋划公共关系的战略和策略，把握有利时机，选择合适的媒体，开展各种形式的公共关系活动，突出重点，主次分明，以点带面，推动全盘，使公共关系活动有计划、有步骤、有重点地进行。而且，通过精心策划，还可对有关部门进行有效地协调，统一认识，统一步调，齐心合力，按照预定的计划去实现共同的目标。

（二）公共关系策划可保证公共关系实务的目的性

人类的一切实践活动都是有明确目的的，而要付出一定人力、物力、财力的公共关系活动尤其如此。公共关系活动的中心目的就是要不断完善组织的形象和提高组织形象地位。公共关系策划是实现这一中心目的的重要一环。无论是组织处于顺境还是处于逆境，都要开展有明确目的的公共关系活动。开展公共关系活动，到底要解决什么实际问题，对象是哪一些目标公众，开展哪一些公共关系活动，选择哪一种媒体，运用哪些公共关系方法和技巧，等等，都是要在公共关系策划中必须解决的问题。公共关系策划得越周详、越细致，可操作性越强，其实施的效果也就越好，也越容易达到公共关系实务的目的。

（三）公共关系策划可保证公共关系实务的有效性

随着社会主义市场经济体制的建立，竞争更为激烈。当前，这种竞争不仅表现在产（商）品质量、优质服务和广告宣传上，尤其表现在人才的竞争上。其中，公共关系专业人才的竞争就是这种人才竞争的一个重要方面。在竞争中，无论是进攻，还是防守，都要讲究策略，把握战机，先稳定自己的阵脚，然后与对手展开较量，出其不意，攻其不备，出奇制胜，掌握制胜权。而这一切，是智慧的较量，是胆识的较量，都是公共关系专业人员的创造性智力劳动的结晶。由于公共关系专业人员在公共关系策划中许多竞争致胜的奇谋妙计，大大提高了公共关系实务的有效性，确保了公共关系工作或活动的成功。例如，法国白兰地葡萄酒公司为打进美国市场，在原美国总统艾森豪威尔67岁生日那天，该公司赠送了两瓶保存了67年之久的白兰地葡萄酒给艾森豪威尔总统，并借此大做广告，使白兰地葡萄酒名震天下，这就是绝妙的公共关系策划。

（四）公共关系策划是公共关系运作的飞跃

公共关系日常运作与公共关系策划的关系，是量变到质变的关系。没有经常性的公共关系运作，企图通过一两次公共关系策划就"万事大吉"、"一劳永逸"，这是不现实的，也是违背公共关系的原则的。但如果没有公共关系策划，只有公共关系的日常运作，那就会缺乏战略的眼光和总体的规划，那也是不可取的。没有策划的公共关系工作或活动，往往主题不够鲜明，节奏平淡无奇，有如在一组交响乐中缺少高潮、在一首歌曲中缺少主旋律一样，缺乏引人入胜的魅力。所以，公共关系日常运作与公共关系策划互为前提，相辅相成，前者是后者的准备和具体化，后者是前者的飞跃，使公共关系日常运作登上一个新台阶。

第二节　公共关系策划的原则

成功的公共关系策划，应遵循以下的一些基本原则：

一、求实性原则

实事求是，一切从实际出发，这是公共关系工作或活动的准绳，也是公共关系策划最基本的原则。从本质上说，公共关系是一种信息传播、交流、沟通活动，因此，在公共关系策划中，必须始终坚持以客观事实为依据，讲真话，讲实话，如实反映事物的本来面貌。凡是现实生活中不存在的事物，不能作为公共关系传播的内容；也不能对客观事物加以歪曲，或夸大，或缩小；更不能文过饰非，运用某些传播技巧去欺骗公众，去欺骗舆论。一定要强调所传播的信息真实、确凿、客观、公正，有喜报喜，有忧报忧，实事求是，对公众负责。即使是对组织不利的事实，也要勇于正视，如实告诉公众，并采取切实有效的措施，尽快改变这种状况，以求得公众的谅解，这样才能进行理智的公共关系策划。

二、互惠性原则

互惠性原则是指在公共关系工作或活动中，社会组织与公众之间的利益是以互惠互利的关系为基础的。这就是说，一方面，任何组织的生存和发展，都不能离开公众的理解、认同、信任、支持和合作；另一方面，公众的理解、认同、信任、支持和合作，也不能离开组织为他们带来的实际利益。因此，互惠性原则也是公共关系策划的重要原则。遵循互惠性原则，这就要求公共关系部门和人员在公共关系策划中，要重视两方面的问题：一是始终要把公众的利益放在首位，时时、事事、处处为公众着想，坚持公众利益至上；二是组织应注重自身行为所引起的公众的反应，并按照公众的需求和期望予以调整，直至公众满意为止。只有这样，组织才能得到公众的理解、认同、信任、支持和合作，从而使自身获得最大的长远利益。反之，如果为了追求组织的暂时利益，不惜损害和牺牲公众的利益，这种急功近利的短期性行为，到头来必然会失去公众的理解、认同、信任、支持和合作，致使组织的利益最终丧失殆尽，这是公共关系策划之大忌。

三、效益性原则

公共关系策划必须重视效益，以创造效益为前提。但这种效益，不只是指组织的经济效益，同时还指关系到国家利益和人民群众利益的社会整体效益，是经济效益与社会效益的统一。自改革开放以来，党的工作重心转移到了以经济建设为中心，在社会主义现代化建设中，要以最少的投入获得最好的效绩，创造最好的经济效益，提高我国的综合国力。公共关系策划应该本着这一宗旨开展，将组织的利益与社会的整体利益有机地结合在一起，为国家的繁荣昌盛作出自己应有的贡献。因为，组织的利益与社会的整体利益是密不可分的，组织创造了良好的经济效益，这就为社会整体效益的提高提供了有利的保证；反过来，组织良好经济效益的获得离不开当时的政治环境、经济环境和社会环境，离不开国家政策的支持和社会整体效益的制约，如果公共关系策划只追求组织的经济效益，而不顾社会的整体效益，甚至损人利己，损公肥私，那最终必将为社会所不容。

四、可行性原则

可行性原则，也就是现实可能性的原则，它体现了公共关系策划的"条件原则"。一次成功的公共关系策划，既要讲究创新，富有个性特色，又要考虑主、客观条件是不是具备，能否在当前条件下实施。有些富有创意的公共关系策划方案，因受多种因素的制约，并不一定都可行。在公共关系策划时，必须以具有中国特色为着眼点，从中国的具体国情出发，从当前的客观条件出发，将富有创意的公共关系策划扎根在现实的土壤上，真正做到切实可行，才能达到预期的目的。

五、灵活性原则

任何策划都不可能是在一切条件都完全具备的情况下做出的，不过是对未来行动所做的前瞻性筹划和设计罢了，公共关系策划当然也不例外。世界上的一切事物都是不断地运动、发展、变化的，在公共关系策划过程中，组织本身的情况和公共关系状态也在不断变化，社会环境、市场格局和公众的心态、需求和期望也在不断变化，所以，公共关系策划就必须随着这些变化而变化，在确保关系目标实现的大前提下讲求政策、策略、工作步骤、方法、技巧的灵活性，才能使公共关系工作或活动顺利进行，达到预期的目的。如果将公共关系策划的方案当成是一成不变的教条，尽管情况变了，仍是"画地为牢"，以不变应万变，那就必然陷于被动，导致公共关系工作或活动的失败。

第三节　公共关系策划的内容

根据公共关系工作或活动任务和目的的不同，公共关系策划的内容，概括起来，一般可分为两类：一类是公共关系战略的策划；另一类是公共关系策略的策划。

一、公共关系战略的策划

"战略"本是一个军事术语，指的是指导战争全局的重大部署、谋划的策略，涉及的往往是总方针、总任务、总路线和根本原则的问题。"战略"一词被引入到公共关系策划中来，指的是关于社会组织长期性的、全面性的、系统性的策划。公共关系战略策划不仅是公共关系策略策划的基础，也是全部公共关系工作或活动的基础。公共关系策划首先应注意公共关系战略的策划，而不应仅限于公共关系策略的策划。如果忽视了公共关系战略的策划，将使社会组织的公共关系战略失去它在组织整个发展战略中的地位和作用，并使公共关系策略策划失去明确的方向和连续性，而成为一种没有战略眼光的盲目行动。

公共关系战略策划与公共关系策略策划的关系是：前者带有宏观性、长期性，后者带有微观性、短期性；前者是后者的基础和前提，后者是前者的具体化；公共关系策略是公共关系战略的一部分，必须服从于公共关系战略，为公共关系战略策划服务，而公共关系战略任务又必须通过一定的公共关系策略手段来逐步实现；它们所反映的是全局与局部、长远利益与当前利益、目的与手段之间的辩证统一的关系。公共关系战略策划在一定的时期内具有相对稳定性，而公共关系策略策划则具有较大的灵活性，在战略原则许可的范围内，可随着形势、条件和力量对比的变化而变化。公共关系战略与公共关系策略的区分是相对的，随着空间、时间和条件的转移，在一定范围内的公共关系战略策划，在另一范围内则可能是公共关系策略策划；反之亦然。

由此可见，公共关系战略策划有着全局性、长期性、抽象性、先行性、指导性、稳定性等特点。

冯正虎等人在《企业战略》一书中对企业战略的含义作了如下的表述：

企业战略是以未来为主导，实现企业总目标的长期性谋划和对策。它包括战略目标、战略步骤、战略重点和战略实施衡量标准，并以战略规划形式表现出来。

事实上，不仅企业战略如此，任何社会组织的公共关系战略也是如此。所谓公共关系战略策划，就是围绕协调和改善公共关系这一核心，以未来为主导，为实现组织的公共关系目标的长期性、全面性、系统性的谋划、设计和对策。它一般包括公共关系的战略目标，以及实现这一战略目标的战略步骤和战略措施，以及公共关系战略实现过程中的重点。

（一）战略目标

这是公共关系策划的根本，是一切公共关系工作或活动努力的方向和谋求的预期成果，是公共关系战略策划主要内容的集中体现。它以组织形象定位为其核心内容。所谓形象定位，就是确定组织在公众心目中应有的形象和地位。公共关系战略目标实际上就是对组织形象定位的审视、确认和描述，它包括了组织在员工心目中的形象定位、在股东心目中的形象定位、在顾客心目中的形象定位、在社区中的形象定位、在政府面前的形象定位和在新闻媒体中的形象定位等，所有其他的公共关系活动内容都必须围绕这一核心内容而展开。

（二）战略重点

组织形象一旦定位确立，就需要各有关方面去努力组织实施。但在实际的实施过程中，切不可平均使用力量，眉毛胡子一把抓；而应根据组织的职责、任务、目标和主、客观条件，确定公共关系工作或活动的战略重点。如何来确立组织公共关系工作或活动的战略重点呢？可从以下两个方面入手：一是组织公共关系工作或活动的主要环节，因它处于主导地位，举足轻重，关系全局，所以应予特别重视；二是组织公共关系中的薄弱环节，因其矛盾突出，牵涉面广，影响全局，所以不可忽视。一般说来，公共关系的战略重点就是组织管理工作的重点，也是公共关系策略的主攻方向。在公共关系工作或活动中，只有通过一个或几个战略重点来以点带面，即突破一点，带动全盘，才能确保整个战略目标的实现。

（三）战略步骤

战略步骤是为实现战略目标而作出的关于时间方面的战略安排。战略步骤一般以阶段性的形式出现，即在某一战略时期内，确定经过若干阶段来最终实现某一战略总目标。如党中央、国务院确立的我国经济和社会发展分三步走即"三部曲"，就是战略步骤。战略步骤通常是粗线条的，一般以几年甚至更长的时间来划定。这就要求在确定战略步骤时，一定要掌握有效可行的原则，即所确定的战略步骤既不可使各阶段之间距离太大而失去现实指导意义，又不可距离过密过小而流于具体化、琐细化。

（四）战略措施

战略措施是为实现组织公共关系战略目标和战略重点而采取的实际举措和办法。由于公共关系战略目标是一个组织的形象定位系统，它在不同公众的心目中的形象定位是有所不同的，因而不能采取一律化、"一刀切"的策略和对策，而应根据具体情况而有所区别，故在公共关系战略策划中，应特别重视采取相应的战略措施，真正做到"十二分干劲，二十四分措施"，有切实可行的办法、手段和技巧，才能确保公共关系战略目标的实现。战略措施一般包括加强领导班子建设、重视引进人才，调动员工积极性、建立和健全各项规章制度，以及技术创新、职工培训、经费到位等。

二、公共关系策略的策划

策略，指为实现战略任务，根据形势的发展而制定的行动方针和所采取的一系列办法及手段。策略是实现战略任务的保证。如果只有战略目标，而没有为实现战略目标而采取的一系列切实可行的策略，那战略目标就成了空中楼阁，是根本无法实现的。

公共关系策略的策划，是社会组织公共关系具体实务活动的策划。它指的是当宏观的公共关系战略确定以后，在公共关系战略的指导下，对组织日常的、专项的公共关系工作或活动所作的部署、谋划和设计。它以服从并服务于公共关系战略目标为依归，是公共关系战略策划的重要组成部分，内容具体而实在。如果说公共关系战略策划主要是从宏观上确定公共关系的方向、目标、重点和步骤、措施，考虑的是"做什么"的话；那么，公共关系策略策划则更多的是考虑"如何做"、"做到何种程度"的问题，它目标单一并具有可操作性和可控性，其内容从大到小，相当具体细致，便于操作实施。公共关系战略策划具有长期性、稳定性的特点，与之相反，公共关系策略策划则具有短期性、灵活性的特点，所谓"策略有法，但无定法"，必须随形势的变化而有所变化。

公共关系策划、尤其是公共关系策略策划，讲究创意，讲究创造性思维的运用。所谓创意，是指在公共关系策划中，根据公共关系目标的要求，采取多种思维方法，以与众不同的表现方式形成独特的公共关系理念，塑造组织美好形象的过程。所谓创造性思维，是人类思维方式中的一种，指的是一种具有开放性、创新性、立体性、多样性、动态性和超前性的现代思维方式。创意和创造性思维的运用，是公共关系战略策划的灵魂。在公共关系策略策划中，创意和创造性思维具体化为公共关系策划的技能和方法。一般说来，常用的策略策划的方法有如下一些：

（一）头脑风暴法

所谓头脑风暴法，最早为精神病理学上的用语，系指精神病患者头脑的错乱状态。1939 年，美国创造学家奥斯本将这一词语引入创造学，命名他所发明的一种创造技法。我国将这一方法译成"智力激励法"或"脑力激荡法"、"BS 法"等。头脑风暴法于 20 世纪 50 年代在美国得到推广应用，尔后，传到西欧、日本，20 世纪 80 年代传入中国，成为创造技法中最重要的技法之一。头脑风暴法必须遵守四个原则：禁止批评；自由畅想；多多益善；借题发挥。其核心是自由畅想。它一般是通过一种特殊的小型会议，使与会者毫无顾忌地提出各种想法，彼此激励，相互诱发，引起联想，导致创造性设想的连锁反应，产生众多的创造性设想，然后从中选择能用于公共关系策划的设想，使其具有开拓性、创新性。

（二）逆头脑风暴法

头脑风暴法禁止批评他人发言，而逆头脑风暴法则反其道而行之，不但不禁止批评，而且重视批评，鼓励批评。对各人提出的设想相互挑剔，指出它的缺点或不足之处，集思广益，使某种设想更加充实和完善。运用逆头脑风暴法，除了禁止批评之外，头脑风暴法的其他原则均被采用。运用这一方法，对会议主持人的选择是一个关键，要善于启发和引导，能发现创造性思维的闪光点，能抓住问题的核心，能归纳出富有创新性的意见和建议，将其采纳到公共关系策略策划中去。在运用这一方法时，一定要注意防止光抓反面的东西或只提缺点，导致会议过于拘谨和谨小慎微，使与会者心情感到压抑。

(三)借题发挥法

这是一种利用一切可以利用的机会和条件，审时度势，因势利导，争取主动，巧借"东风"，推出有鲜明个性特色的公共关系策划，以实现公共关系目标的方法。借题发挥法的关键在于"巧"，也就是巧合。例如，我国的杜康酒，以其独特的芝麻酱香、醇美可口而闻名，它是如何打进日本市场的呢？1979年，我国冶金代表团访日，杜康酒厂厂长托代表团成员将杜康酒转送给原日本首相田中角荣，并赠诗一首："田中原首相，和好如家邦。献上杜康酒，因公古义长。"转送者也赋诗一首："美酒古来惟杜康，河南一饮三年香，诺言生死无更改，义载作成献寿长。"将两首诗写成甲骨文刻在龟板上送去。日本新闻媒体对此作了大量报道，这两首诗在日本广为传诵，一时间在日本掀起了一场"杜康酒热"，使杜康酒在日本畅销不衰。再如，有些地方借主办龙舟赛、风筝节、荷花节等招商引资，即时下流行的"文化搭台，经济唱戏"，这就是借题发挥的一种形式。

(四)目标延伸法

这是一种紧紧围绕公共关系的战略目标，有意识地加以延伸，推导出具体的公共关系策略方案的方法。运用这一技法，关键在于使目标与手段有机结合，促成公共关系战略目标的实现。比如，1984年，北京长城饭店获悉原美国总统里根访华的日程安排，经过不懈地努力，终于促成里根总统将访华告别宴会安排在长城饭店。4月29日，来自世界各地的500余名记者汇聚长城饭店，对里根总统进行了采访和报道。一时间，长城饭店的名字传遍了全世界，其知名度大大提高，使得长城饭店车水马龙，宾客盈门。

(五)以攻为守法

当组织与外界环境出现矛盾整合困难时，公共关系部门和人员抓住有利时机和有利条件，主动出击，变被动为主动，化不利为有利，通过调整组织自身的政策、策略、理念、行为等，去开创新局面的方法。如组织遭人诽谤、公众有所误解时，及时通过媒体披露事实真相，指明诽谤者的险恶用心，解释公众产生误解的原因，以达到保护自己的目的，这是最常用的以攻为守法。此外，通过选择新的顾客群，开辟新的市场，开发新的产(商)品，提高产(商)品的技术含量等，去改变组织对环境的原有依赖关系；通过改换合作的伙伴，减少组织与环境的摩擦冲突；通过"制造新闻"，形成认同、支持组织的社会舆论等，都可看作是以攻为守法的具体运用。

(六)变换组合法

也称"异中求同法"，即把两件或几件本不相干的事情联系起来，提高其新闻度和可宣传性，以吸引公众和社会舆论的关注，达到树立、维护、巩固组织美好形象的目的。常用的方法有策划公益广告、资助体育比赛、赞助慈善事业、组织赈灾活动等。

（七）同中求异法

同中求异法又称为"轰动效应法"，即在同行或同业中，标出自己独具特色的地方，以显示自己的不同寻常或与众不同之点。它普遍运用于同行或同业的公共关系竞争中。运用同中求异法，其关键在于抓住时机，别出心裁，做到人无我有，人有我优，人优我新，人新我特，与众不同，来达到吸引媒体和公众注意的目的。

（八）弘扬优势法

这一方法，是针对本组织或本组织的代表人物、代表产（商）品的优势进行公共关系策划的方法。目的是使本组织的优势、特色更为鲜明、更为突出，以引起公众和社会各界的注目。运用这一方法，关键在于寻找到本组织与其他类似组织的相异之处，自己的优势或长处到底在何处？如有的制药厂，在广告宣传时，特别标明新药的开发者是某院士或某名教授，经权威医院临床应用有什么独特的效果等，就是弘扬优势法的具体运用。再如，有些电扇厂在商店里展销电扇，特地标明此电扇从某年某月某日起开始转动，至今已有三年八个月了；有些哑巴卖菜刀，他虽不能叫卖，但起劲地表演"削铁如泥"，以此来弘扬自己产（商）品的优势，招徕顾客。

（九）弥补缺点法

它与弘扬优势法不同，主要是通过弥补或消除自身的缺点，以使组织的形象更趋完美的方法。如组织遭公众误解，应通过各种渠道加以澄清；如属组织本身工作的失误，应采取措施切实加以改进；如产（商）品质量不够完美，可通过价格优惠、维修方便等加以弥补。例如，西铁城石英表公司，针对该表式样美观、走时准确但不牢固的传言，专门搞了一次活动，将该表从高空飞行的飞机上抛下来，过往行人捡起来一看，竟完好无损，于是一传十，十传百，西铁城表不牢固的流言，不攻自破。

（十）直接仿效法

直接仿效法是借用他人成功的招式为我所用的方法。中外成功的公共关系范例数不胜数，值得借鉴和仿效的很多，关键是在仿效时要从实际出发，因时、因地、因国情、因客观环境等具体因素而决定其取舍，切不可生搬硬套，依样画葫芦，那只会导致公共关系活动的失败，甚至闹出笑话来。

【典型案例】

企业公关的"冷循环"与"热处理"——富绅集团公共关系策划案例

富绅集团自1990年成立以来,专注于男装的设计、开发、生产与销售,一直处于稳定、健康的发展中,曾经取得过不俗的成绩和辉煌:1992年,富绅衬衫仅上市两年,销售额突破亿元大关;连续五年成为全国最畅销国产商品金桥奖得主;连续三年蝉联全国衬衫销量第一桂冠,先后被评为中国十大名牌衬衫,中国十大著名男装品牌,2001年被评为全国"质量过硬十佳品牌",2004年,荣获"中国名牌产品"称号,实现广东省服装行业"零"的突破。

富绅最初的崛起是伴随着"争当全国首,敢为世界先"鲜明的发展目标成长起来的。富绅的出现,打破了当时外资品牌对中国服装中高端市场的垄断局面。同时,随着富绅在时尚、工艺、品质等方面的精益求精和不懈努力,"千锤百炼、富绅精品"成为中国民众家喻户晓的广告语。富绅,一度成为同行兄弟争相学习和效仿的行业标杆和领头羊。

然而,随着外资的不断涌入和本土服装企业雨后春笋般崛起,中国服装行业迎来了"百花齐放、百家争鸣"的鼎盛时代。在同质化程度日益严重的非常时期,富绅没有及时更新自己的生产、管理、经营观念,一度濒临被挤出一线品牌行列的危险。

"亡羊补牢,犹为未晚",痛定思痛,现任董事长决定展开富绅集团有史以来的第一次"权力外交",外聘张海良、梁倬维、曹茜等一大批国内资深营销、管理、品牌专家出任公司总经理等高、中层领导职位。新团队在董事长陈成才先生的充分信任和支持下,自2005年8月以来,针对富绅品牌重新激活问题,巧妙借势、造势,巧打公关牌,在组织管理、开发设计、营销加盟、渠道终端、品牌传播等各个方面同时发力,进行深度变革,取得了一系列卓有成效的战果。变革过程中,公司在充分调查、了解市场现状的基础上,正视现实存在的各种危机和弊端,对外以公共关系为主线,以"热处理"和"冷循环"两手交替进行和联合推进的方式,既及时妥善清除了各种不利于品牌长远发展的"毒素",又稳定了军心,壮大了队伍,并且在市场销售方面也开始了全面丰收。

眼球公关:激活品牌记忆度

处于"二度创业"非常时期的富绅,急需一个合适的契机来对外界进行品牌新一轮更深度的传播。是继续沿用"千锤百炼、富绅精品"这样一种传统的产品诉求方式,还是另辟蹊径,寻找新的、更容易引发媒体、公众兴奋度的传播方式?经过集团认真、慎重考虑后,公司认为:基于前几年富绅在传媒、广告、策划、公关层面较少投入,市场有关"富绅"的声音越来越少,既有的品牌广告语虽然涵括甚广,但并未及时注入新的内容,单一的品质诉求难以引起消费者共鸣等客观事实,富绅决定效仿凤凰卫视成立之初的做法:先打造核心人物形象,以人物公关带动品牌整体形象提升,从而达到"以点带面,水到渠成"的效果。

2005年8月下旬,集团全面启动对外宣传和媒体公关工作。充分抓住富绅在中国服装行业第一次大胆外委专家人才组阁经营与管理这一创新举措,进行事件传播。截止9月底,先后有24家专业网站,5家报纸在重点栏目和版块对集团的人事改革和品牌提升、完善思路和进程进行了全面、深入报道。登载或转载《权力外交,富绅再图品牌话语权》一文的网站包括人民网、中国品牌总网、中国服装商务网、中国时尚品牌网、中国服装财富网、富民时装网等一批高端、专业网站,《经济日报》、《服装时报》、《南方都市报》等也摘录重点内容进行了深入报道。文章在业内和网络引起强大反响和广泛讨论,《经济日报》更以《富绅服装,追寻新的发展目标》的标题深刻分析了集团此次"权力外交"的背景、意义和目的,指出:这是中国服饰企业第一次大规模、高规格地外聘专业人才全盘主持企业的经营和管理,是整个行业的一大进步,具有"里程碑"的重大意义。上海名崇商学院将该文收入"经典案例库",编入教材。9月26日,《民营经济报》在重点栏目"天下华商"中以1/2强的版面刊载了记者采访董事长陈成才先生的文章《陈成才:一只永不疲倦的"缝纫鸟"》。文章重点回顾了富绅集团的发展历史,以及新时期、新环境下为了进一步巩固和提升富绅品牌知名度、影响力而必然形成的先进的人才观、质量观和品牌观。初步统计,9月份有关富绅集团的正面宣传报道文字逾15万字。富绅集团再一次成为万众瞩目的焦点。

自2005年9月12日至15日,富绅公司参展在广州琶州国际展览中心举办的"第二届中小企业暨中法中小企业博览会"。公司全新的产品广告语,宽敞的展厅,简洁大方、富有内涵的徽标设计,多款最新开发、设计成果,多样齐全的产品族群,吸引了大批中外客商驻足参观、询问,主动前来探访的媒体记者也络绎不绝。据初步统计,该次展览,公司共接待政府官员、协会组织、媒体、商团、参观者逾8000人次,所带1000份企业自办报纸《富绅报》几乎被参观者索取一空。公司产品画册和销售部、公关部、产品开发部等经常对外联络部门的经理名片也被参观者索取一空。

10月18日,富绅同时在中国xx网和中国xx网等高端网站面向全国征集新的品牌广告语。截止11月2日,公司共收到逾1200人反馈过来超过8500条广告语。公司网站的点击率一路爬升,各种相关的意见和建议也纷至沓来。

富绅集团如此高频率、大幅度、高规格地在媒介频频亮相,引发了业界和广告、公关、策划界的广泛关注。一段时间以来,品牌中心不断收到来自媒体、代理商、供应商的合作意象。

持续一个半月左右,富绅精心挖掘、整合了公司现有的一切适宜对外传播的宣传资源,连续进行几次漂亮的策划,巧借各种媒介,始终将"富绅"置于媒体和公众关注的中心。这样的系列"眼球公关",在不断为自身品牌增加印象分的同时,还有效挤占了竞争对手的新闻、广告诉求空间。由于前期准备充分,部署周到、严密,既形成了良好的规模效应,还有效避免了恶意炒作的危险。

搭建公关平台,打造"会说话"的品牌

"千锤百炼,富绅精品"一直是富绅服饰决胜市场的产品口号,15年来,富绅服饰已经在广大消费者心中形成良好的形象:品质过硬,设计时尚,做功考究。这些良好的口碑从何而来?就是富绅所一贯坚持的产品主张:一针一线,缝制经典。

随着市场和人们消费需求的不断变化,消费者"持币待购"越来越成为一个普遍现象,市场交易的主动权和决定权严重向顾客倾斜,在服饰行业,单一的质量或工艺诉求已经难以满足消费者在精神、思想层面的需求。此时,要求富绅的品牌内涵能够及时顺应这种变化。

目前富绅正委托两家实力雄厚、成就斐然的广告公司制作企业文化广告片和公司品牌广告宣传片,全面检视富绅15年来的兴衰进退历史,深挖富绅文化、哲学内核和精髓,寻根富绅灵魂所在。新的历史环境下,中国服装界消费者结构、层次和消费理念、需求已经发生翻天覆地的变化,品牌除了在"质量"、"工艺"、"时尚"等方面的需求外,越来越注重自己的人生观和价值观能否通过衣食住行的每一个细节加以烘托和体现。为满足消费者在精神和哲学层面的更高追求,集团决定进行品牌变革,在产品定位、市场描述、终端形象建设、品牌广告语等诸多方面同时发力,力求将更多人文和个性的元素注入到产品中,从而将每一件衣服打造成"会说话"的活产品。

富绅集团于近日正加紧与全国人大、中宣部频繁接触,即将在60多个电视台同时播放总计164集以城市为主题的城市互动栏目,邀请各地级市市长进演播室和广大观众进行互动。公司技术开发部门和设计人员正齐心合力研制新款的"市长西装"。合作一旦成功,富绅将为每一位市长赠送高级西装一套,借助这些"活公关"进行良好的口碑传播,迅速提升和完善品牌形象。

危机公关:正本清源,让消费者放心

继集团公司启动"品牌提升"战略以来,品牌定位、内涵都有了可喜的改观,也得到了业内许多专家和广大消费者的广泛认同和肯定。自10月份以来,集团管理层工作重心有所转移,正逐步过渡到"渠道再造"中,以期尽可能快速地改变15年来富绅各级经销商之间良莠不齐、泥沙俱下的局面;遏制少数不法商人偷卖(未经授权、非法进货售卖富绅服装)强开(未经授权,依托后台和关系,明

目张胆地张贴富绅集团LOGO和广告画面,甚至伪造相关证件、委托代理合同开"黑店")侵害富绅品牌形象、欺诈消费者的恶劣行径;规范、统一终端管理、服务形象,消除消费者的误解,重塑和进一步提升"富绅"品牌美誉度和号召力。

在湖南郴州,由于富绅服装一直以"质量好,品牌亮,工艺精"在广大消费者中形成了良好的口碑。但是,由于集团的发货渠道过于宽松,疏于控制,对经销商缺乏有力的约束,少数不法商人少批量制造假冒品、冒名开店、异地串货甚至假店店主威胁授权经销商——"李鬼打劫李逵"的现象严重。消费者出现不同程度的迷惑和茫然,各种不利于公司品牌形象,甚至质疑公司管理混乱的言辞甚嚣尘上。黑、恶势力的介入,导致整个市场的公平竞争环境缺失,各种恶性价格战愈演愈烈,"富绅"品牌形象大打折扣,有归于"处理品"和"降价品"之嫌,经销商的合法利益也遭到侵蚀和损害。这些年,"富绅"品牌在消费者心中的美誉度垂直下滑,最主要的原因就是少数"黑心人"在市场胡作非为、杀鸡取卵,盲目追求短期利益,根本没有品牌维护和巩固意识。

这样的"打假"行动,如果稍微处理不好,很容易暴露出公司在管理上的漏洞,从而为媒体甚至竞争对手制造恶意炒作或攻讦的理由,还有导致市场混乱,打击消费者信心的潜在危险。

公司经过多番考虑后,决定变不利为有利,将本次"打假"提升为一次品牌公关活动。本次整治行动用四步联合推进的方式进行:与消协合作,向消费者进行为期一月的宣传活动,公开富绅产品的真假识别系统;在当地主流媒介投放广告,集团出台优惠措施,进一步加大对授权合法代理商的扶助力度,为他们正名,有效引导消费者;强化终端货物控制管理,建立条形码系统,从根源上杜绝异地串货的可能;协助工商、技术监督部门,对假店、黑店进行蹲守摸排调查,先行严正警告,并争取吸纳那些违规情节较轻,已经取得一定影响力的店主,严格按规定、合同办事,做到有效监管。对那些欺行霸市而拒不合作的"土匪"式、"山大王"式的顽固不化者,则请当地工商部门予以取缔,并追加赔偿。

经过多轮治理,富绅的加盟代理商整顿取得了良好效果:一是净化了终端销售市场,彻底根除了恶意价格战和"鱼目混珠"现象,重新巩固了消费者选择富绅的信心;二是通过强化终端管理,积累了宝贵的经验,有助于市场良性运作;三是通过本次痛下决心,拿自己开刀,短时间内快速提升了品牌形象。

制造"热门",主动"亮剑"公关

"炒作的最高境界就是反炒作",富绅认为,企业公关策划必须选择"持续性、规模化"之路。要通过主动为媒体报料,联合相关协会、单位组织有针对性的活动,分析不同时期媒体不同的关注热点、"制造"一些能够为媒体所主动关注、挖掘的新闻事物。

近期内,富绅服装正在联合中央电视台、《环球工商》等高端专业电视、报刊,独家赞助、联合主办"中国先生大奖赛",本次大赛由公司自主策划,将协调各省级卫视进行全程跟踪、现场实播,估计届时将有至少500万观众会观看本次大赛,公司也已协调好集团内部各种关系,除组织人手服务好大赛外,根据大赛进程,也会有相关的新闻通稿随时提供给媒体进行信息发布。

(来源:中华品牌管理网)

【案例分析】

富绅集团成功地运用公共关系策划,面对日趋激烈的市场竞争态势,从本企业的实际情况出发,采取了"热处理"和"冷循环"两手交替进行和联合推进的方式,从重视名人效应,展开富绅集团有史以来的第一次"权力外交",眼球公关,激活品牌记忆度,搭建公关平台,打造"会说话"的品牌,危机公关,正本清源,让消费者放心,制造"热门",主动"亮剑"公关等几个方面,克服了企业出现的不利因素,避免了员工的队伍溃散,战胜了潜在的危机,使企业步入了健康发展和全面丰收的快车道。由此可见,成功的公共关系策划,是企业稳定、健康、持续发展的生命线,是使企业克服危机、做大做强、永立不败之地的关键。

第十一章　公共关系广告

广告，是商品经济发展的必然产物，是一个国家或地区经济发展和精神文明的象征。随着我国社会主义商品经济的迅速发展和市场竞争的日益加剧，广告在我国的经济生活和日常生活中发挥着越来越重要的作用。纵观广告业发达的国家，广告的发展大多经历了这样一个过程：初期的广告多以宣传产（商）品为主；尔后发展到宣传产（商）品和优质服务并重；再后则发展为以宣传组织的形象和信誉为中心，采用关注社会公益事业的广告形式来提高组织的知名度、美誉度，树立、维护和巩固组织的美好形象。现代广告已从过去那种单纯追求经济效益的直、露、浅、显叫卖式广告转变为不仅诱导顾客购买产（商）品，还要有助于树立组织形象和信誉，培养新的消费理念和购买习惯，在没有需要的市场创造需要，努力做到经济效益和社会效益的统一。这标明了组织的领导者和公共关系人员对广告多重社会功能的认识和重视，也标明了公共关系广告在整个广告家族中占据着越来越重要的地位。

第一节　广告与公共关系广告的概念

公共关系广告是广告的一种，是介乎广义和狭义广告之间的一种广告类型。公共关系广告是组织推销自身的一种特殊手段。它不同于一般的商品广告，因为它不以直接推销产（商）品或劳务为目的，而是通过大众传播媒介，唤起人们对组织的注意、兴趣、信赖、好感和合作；它不同于常见的其他公共关系活动的形式，是花钱购买大众传播的时间、版面、荧屏等，向公众广而告之，主动推销组织的形象。它以某一社会组织为中心，尽可能集中地表现它的历史传统、经营管理、资源、设施、技术、成就、实力、计划、政策、知名度、信誉、服务、对社会的责任感和参与社会公益活动等，促使公众对它产生认同感与信任感，进而乐于购买它的产（商）品和接受它的服务。公共关系广告是一项长期的战略性的宣传方式，难以在短期内奏效，它的作用主要体现在社会效益方面，致力于塑造统一的整体组织形象。然而组织形象的好坏又直接影响到产（商）品、劳务的推销，故最终目的还是为了达到持久地扩大销售，提高经济效益。所以有人说："商品广告是要人买我，公共关系广告是要人爱我。"这是有一定的道理的。因此，我们把那些运用一定媒介物，设法增进公众对组织的总体了解，提高组织的知名度和美誉度，树立、维护、巩固组织的信誉和美好形象，从而使组织的活动得到公众的理解、信任、认同、支持和合作的广告，称之为公共关系广告。

公共关系广告是从广告家族中分衍出来的一种特殊广告，它与商品广告有着明显的区别，这主要表现在以下几个方面：

一、宣传目的不同

如前所述，商品广告多以推销商品为直接目的，往往采取"自赞其物"、"自夸其美"的方式，目的在于促其购买；而公关广告的直接目的在于引起社会公众对组织的重视，产生对组织的信任和好感，从而树立组织的良好形象，刺激用户的潜在需求。

二、宣传内容不同

商品广告主要是宣传产（商）品、服务的特点，如产（商）品设计和服务上有什么独到之处，与同类产（商）品、服务相比有什么优点、特点和便民措施，从而使公众产生购买欲望；而公共关系广告是宣传组织。产（商）品和服务只是一个组织活动的一部分，公共关系广告宣传的内容要丰富、广泛得多，一般包括组织的宗旨、方针、精神、传统、特色、技术开发、管理水平、员工素质、组织文化建设、社会职责和组织的一些整体性的特点，目的在于树立组织的美好形象，使各界公众了解、信任、认同和支持组织。

三、表达方式不同

商品广告一般较为直截了当，劝诱公众购买产（商）品和劳务，商业味浓厚；公共关系广告则具有间接性、潜在性，一般较为含蓄，不直接劝诱人们购买产（商）品或劳务，主要是唤起公众对组织的注意、好感、兴趣和信任，商业味比较淡薄。

四、宣传效果不同

商品广告注意的目标是当前某种产（商）品或服务项目的市场销路，强调的是经济效益，在短时期内即可得到直接的检验的评估；公共关系广告注重的是长期性、战略性，主要体现在社会效益上，旨在提高组织的知名度、美誉度，树立组织的美好形象，在此基础上为组织带来理想的经济效益，在短期内难以看出它的成效。与公众的联系路线，商品广告是公众→商品（劳务）→组织，公共关系广告则是公众→组织→商品（劳务），二者是有所不同的。

第二节　公共关系广告的特点

公共关系广告作为广告家族中的一大类型，它有着与所有广告完全相同的思想性、真实性、针对性、计划性、有偿性、艺术性的基本特点。所谓思想性，指的是广告不仅是一种经济现象，而且是一种社会意识形态，是社会的上层建筑之一。所谓真实性，指的是广告的内容必须真实、准确、科学、清晰、明白，不得以任何形式去欺骗公众。真实性是广告的生命，也是社会主义广告最本质的特征。保证广告的真实性，向公众提供确凿可靠的信息，这是广告客户应负的道德责任和法律责任，也是广告客户的职业道德和行为规范所要求的。每个广告客户都要对自己的广告负责，凡弄虚作假、无中生有、夸大事实、欺骗公众的，都要追究责任，给予惩处，凡造成严重损失和后果的，要依法惩办。所谓针对性，指的是广告必须目标明确，认准对象，有的放矢，才能充分发挥广告的现实效应。由于目标不同、环境不同、公众不同，广告的内容和形式应有所区别，切忌一般化、公式化，缺乏针对性，那必然会影响到广告的效果。所谓计划性，指的是广告活动是一种有计划的经济活动。在社会主义社会里，广告的供与求，都要受到社会主义制度和社会主义生产关系的制约，以国家、集体、个人三者的统一利益为前提，接受人民政府的统一管理与主管部门的领导和指导，贯彻节约的原则，而不能像资本主义社会那样的无政府主义状态，毫无约束、节制地自由泛滥。也就是说，广告活动必须服从国民经济的整体发展计划，广告策划从市场调查、分析、预测到广告设计、制作、传播，都是有计划、有组织地进行的。所谓有偿性，指广告要借助于各种传播媒介，如电视、报纸、刊物、广播、网络等和自筹式传播媒介，如广告牌、海报、招贴等，将信息传递给用户、消费者，而这些传播媒介要由确定的广告主通过付广告费才能取得，而不是无偿的。所谓艺术性，指的是广告本身是一门艺术，是一门综合艺术。艺术性是广告诱人、感人的重要手段。现代广告大量吸收了摄影、歌曲、奏乐、诗词、对联、绘画、装潢、戏剧、舞蹈、相声、快板、电影、电视、动画、新闻等表现手法和技巧，充分调动文字、声音、画面、舞蹈、色彩、灯光等一切艺术手段，将表情艺术、语言艺术、造型艺术、实用艺术和综合艺术融为一体，创造出一种新型的、大众化的综合艺术，给人以美的熏陶和享受。一则优秀的广告，它本身同时就是一件精美的艺术品。如果说思想性是广告的灵魂，真实性是广告的生命，那么，艺术性则是广告的价值之所在。

公共关系广告除了具有上述一般广告的基本特点外，它还有着自身所固有的一些特点，归纳起来，主要有以下几点：

一、公共关系广告的广泛性

这包括两方面含义：一是适用范围的广泛性。任何社会组织，包括以盈利为目的的工商企业和不以盈利为目的的政府机构以及科技、文化、卫生部门、社会慈善团体等，都可运用公共关系广告来作宣传，而商品广告，一般只适用于以盈利为目的的工商企业；二是宣传内容的广泛性。公共关系广告所宣传的内容不限于产（商）品和服务，它的内容十分广泛，可涵盖政治、经济、科技、文化和社会公益事业等方面，只要是有利于社会进步和社会主义精神文明建设，均可作为公共关系广告宣传的内容。

二、公共关系广告的长期性

这也包括两方面的内容：一是指公共关系广告目标具有长期性，也就是说公共关系广告的目标着重于长远利益，而不斤斤计较眼前一时一事的得失；二是指宣传方式具有长期性，也就是说运用公共关系广告的宣传，要经常化、系列化，商业色彩较淡，而公众色彩、社会色彩较浓。

三、公共关系广告的多功能性

商品广告，以传播产（商）品和服务信息为主要目的，功能单一。公共关系广告则不然，它不仅能保证所传播的信息是大量的，而且也能保证是多方面的。它既能传播产（商）品方面的信息，又能传播管理方面的信息；既能反映人才、资源、技术、设备、财务方面的信息，又能反映职工福利、企业前景及社会责任等方面的信息；甚至还能反映出组织的整体素质、人才培养、股票价值等方面的信息。总之，公共关系广告能够把一个立体的组织形象完整地呈现在公众面前。

四、公共关系广告的间接性

公共关系广告不同于商品广告，它不是直接地去诱导、劝说人们购买某种产（商）品，而是唤起公众对组织的注意、兴趣、信赖与合作。在广告的制作方式上，一般商品广告着重于直接说服，即列举有关产（商）品的质量、功能、款式、特点等；而公共关系广告则更多的是引导公众接受某种消费理念，使公众对组织产生好感，从而与组织建立起相互信任、相互支持、相互合作的良好关系。

五、公共关系广告宣传模式的特殊性

如前所述,商品广告侧重于直接促销和近期的市场效果,公共关系广告则侧重于间接的促销和长期的市场效应。商品广告的宣传模式是:公众→产(商)品→组织,公众先认识产(商)品再认识企业;公共关系广告的宣传模式是:公众→组织→产(商)品,公众先认识组织,再认识产(商)品。公共关系广告是一个组织花钱购买宣传自己的机会,它有利于扩大组织的影响,提高组织的声誉,塑造组织的美好形象。一旦公众接受了某种理念,对组织有所了解和认识,自然就会增强对组织的认同感、信任感。这种效果是长远的,也是难以估量的。

第三节 公共关系广告的目标和类别

一、公共关系广告的目标

公共关系广告是为组织达到它的总体目标服务的。组织的总体目标,决定了公共关系广告的目标。具体说来,公共关系广告的目标是:

(一)谋求公众对组织的赞许

公共关系广告的主导目标,是使社会公众了解本组织的组织机构、经营管理、价值观念、行为准则、信仰、宗旨、信誉、技术、成就、政策与计划、人事与劳动配置、对社会福利的贡献等,以谋求他们对组织的认同、支持、信任和赞许。因为,组织在社会上良好的声誉,是它求得生存和发展的保证。组织在公众心目中树立了美好的形象,取得了社会的信任和赞许,就不仅能吸收优秀人才充实员工队伍,减少员工外流,而且还有利于扩大产(商)品销售和售后服务,创造出更好的经济效益。

(二)争取员工、股东、顾客和近邻的信赖和支持

一个组织要在事业上取得成功,离不开内外环境的融洽和谐,这就是人们常说的"天时、地利、人和"。公共关系广告是一个组织公共关系战略的有机组成部分,是密切组织与员工、组织与股东、组织与顾客、组织与近邻的关系,增进彼此理解和信任的桥梁。它的目的是在员工、股东、顾客和近邻的心目中建立起持久的信誉,取得他们对本组织工作的认同、支持和合作,从而使组织在良好的内外环境条件下为社会作出更大的贡献。

(三)增强员工的向心力和凝聚力

员工是一个组织的主体,组织事业上的成就离不开全体员工的共同努力。

公共关系广告使组织在社会公众中建立起美好的形象,有着较高的知名度和美誉度,这就使得在本组织工作的员工感到光荣和自豪,必然产生一种对组织的信任感和依附感,并倾尽全力好好工作,维护组织的形象和名誉,并在共同的目标下消除员工之间、员工与领导之间的隔阂,建立起彼此信任、关心、和谐、融洽的关系,增强组织内部的向心力和凝聚力,进而推动组织的不断进步和发展。

(四)消除公众对组织的误会

由于各种客观原因,往往使社会公众对组织产生某种误会,影响到组织的声誉。公共关系广告如实地向社会宣传本组织的生产、经营、管理活动,报道本组织的改革、开拓、创新、求实的精神,使公众对本组织有个正确的看法;对各种诬蔑不实之词和流言蜚语,则通过公共关系广告进行严正的批驳,以正视听,维护组织的荣誉和尊严;对来自公众的善意批评,则通过公共关系广告表示虚心诚恳地接受,深刻地反省,认真地改进,以消除各种隔阂,恢复公众对组织的信任。总之,公共关系广告的任务,在于使所有接触到公共关系广告的公众,在心理反应上与组织的实际目标保持一致,并逐步达到所期望的目标,塑造和树立组织更美好的形象。

二、公共关系广告的类别

公共关系广告,大体上可分为以下几种类别:

(一)实力广告

这类广告大多以介绍组织(企业)的人才、设施、技术、资信、成果等实力为主。在广告中列举组织中杰出的人物、高层管理人员和技术人员、雄厚的资金、物质设施、技术条件、承担的国家重大项目以及他们的成果、工作实绩和对社会所作的贡献等。有时企业的产(商)品直接以所依附的著名组织或研制者的名字命名,如"北大方正"、"清华同方"、"周林频谱仪"、"李宁运动服"等,还有些企业在自编的小册子上图示该组织的地理位置、机器设备、产品制作过程、品种类型、质检人员对产品检验、销售情况、获奖证书(奖杯)等。这些设计精美、印刷考究的图册,能使公众对组织(企业)有形象、具体的了解,赢得公众的好感和信任。

(二)形象广告

这是公共关系广告中运用得最为普遍的一种,其目的在于塑造组织的美好形象,以求得社会的广泛支持。它的内容在于强调本组织各方面情况和社会的相关性与公共性,如宣传组织的改革、主张、政策、宗旨、价值观念、行为方式、生产技术、人员素质、成就贡献等,宣传组织对社会公益事业的热心和对社会上各种活动的支持、赞助等。形象广告要注意组织的整体形象，而不偏重于某个具体产(商)品的介绍，要做到以情动人、以理服人，用事实说话，图文并茂，避免过多的商业化痕迹。

（三）信誉广告

这种广告旨在传播组织的良好声誉，将公众尤其是同行专家对组织的赞誉及好的评价，将政府、主管部门对组织的褒奖，将新闻媒体对组织的报道，通过各种形式加以广泛宣传，还可以将技术质量检测部门对组织生产、经营的产(商)品公布的检验结果，将组织在国际与国内获奖的情况，反复进行宣扬。这是"借花献佛"，即"借人家之口"来作广告，以增加广告内容的客观性与说服力。

（四）解释广告

由于某种原因，造成公众对组织的不满、引起舆论的误解时，就有必要运用这种广告形式，以诚恳的态度，向公众作出解释，澄清事实，说明原因，消除误会，重申组织的观点、政策和做法，以争取公众的理解、同情和信任，改变公众对组织的态度，恢复组织在公众心目中的美好形象。

（五）歉意广告

在难以预料的情况下，有时可能出现突发事件，给公众和社会带来不良的后果，造成经济损失甚至人身伤害，就有必要运用这种广告及时向公众和社会各界致以歉意，认真检查自身的过失，主动承担责任，对造成的后果给以合理赔偿，同时采取切实有效的措施纠正过错，改进工作，避免信誉危机的发生。或以退为进，以谦逊的方式表达组织已获得的进展和今后圆满解决问题的规划。

（六）倡议广告

选择适当的时机，以组织的名义率先发起与倡导某种具有重大社会意义和广泛社会影响的社会活动，或倡导和传播一种新的消费理念和新的生活风尚，引导公众关注和参与，促进社会主义精神文明建设和社会进步。这种广告能显示组织的社会参与意识和领导时代新潮流的能力，从而塑造组织独特的社会形象。

（七）响应广告

响应广告是与社会各界联络感情的一种宣传形式。它以组织的名义响应政府的某项政策措施；或对社会生活中某个重大主题表示支持，如"支持2008年在我国北京主办世奥会"、"保护母亲河"、"赞助希望工程"等。这种广告一方显示组织关心和参与社会公众活动，表明组织愿为社会公共利益做出努力；另一方面是向其他组织和公众表示良好的祝愿，联络感情，借以扩大组织的社会影响。

(八)公益广告

公益广告是组织通过自愿承担的义务和社会公益活动提高自身声誉的宣传方式。它包括完全以公益性主题制作的广告，如保护环境、植树造林、计划生育、尊老爱幼、预防艾滋病、爱护野生珍稀动物、宣传吸烟和随地吐痰的害处等，以及组织率先发起或直接参与某项公益性事业而制作的广告，如修建公共设施、协助主办艺术品展览、赞助慈善机构、赞助赈灾义演、救助灾民等。这种广告不仅不以营利为目的，相反还要投资于社会公益事业。但它在为公众服务的同时，也为组织扬了名，使组织赢得了社会的好感。

(九)创意广告

这是一种依据能动员公众的社会性主题或提倡有意义的理念、风尚的广告类型。它不直接介绍产(商)品和宣传产(商)品的优点，而是宣传组织的一贯宗旨、信誉、文化或某项政策，宣传社会潮流的某个热点，如"质量第一"、"用户至上"、"诚实无欺"、"绿色食品"、"旅游、休闲、求知、购物、娱乐一体化"、"新潮时装"、"产品系列化和多功能化"等。这种广告有的是直接陈述组织的理念、观点，有的则用暗示的方法触发公众的联想，通过传媒的反复提倡和灌输，使公众于潜移默化中更新理念、风尚和生活态度。

(十)祝贺广告

在重大节日或国内有重大活动时，在本组织或其他组织周年庆典之际，在重大工程揭幕或落成之日，组织在报刊、电视上刊登广告，以示庆贺。如"热烈祝贺中华人民共和国成立50周年"、"澳门胜利回归"、"××集团董事长×××及全体同仁对××大学百年华诞谨表祝贺"等就属于这类广告。它向全国人民及与本组织有关的组织表示祝贺，表示携手合作，共同前进，也意味着正当竞争，对树立组织的良好信誉和美好形象有着很好的作用。

公共关系的形式多种多样，并且在实际运用中不断推陈出新，形成了一大类与商品广告有明显区别的独特广告。"运用之妙，存乎一心。"公共关系部门和人员完全可以根据公共关系广告的目标和特点、要求，进行新的创造，以取得更加令人满意的广告宣传效果。

第四节　公共关系广告的设计制作

在竞争日益激烈的现代社会里，各类广告(包括公共关系广告在内)数量繁多，花样日新月异。为了在广告宣传中取得更好的成效，就必须重视广告的设计和制作。公共关系广告有着自己独特的职能，要尽可能地避免直接商业推销的味道，而以传播信息、取得信任、树立形象、提高信誉为宗旨，因而也就更重视和强调广告的设计制作。

一、确立战略目标

公共关系广告的设计和制作，首先必须确立战略目标。公共关系广告的战略目标，是为组织的生存和发展而确立的总路线、总方针、总任务的根本原则问题，同时还包括各个阶段的战略重点、战略步骤和战略措施，以及通过广告体现出的组织文化建设和美好形象，提高公众对组织的可信度、可靠度、知名度和美誉度。公共关系广告的战略，包括广告宗旨、广告对象、诉求重点、诉求方式、广告表现等内容，其中以广告定位为中心，即在设计和制作公共关系广告时，必须明确广告的对象。任何广告构成的基本要素是广告主、广告客体（广告信息）、广告受体（广告对象）、广告媒体和广告费用，其中广告受体即广告对象处于中心的地位，广告就是展示给他们看的，是为了影响他们的理念、兴趣和行为的。公共关系战略目标明确，定位得当，就能在目标公众心目中为组织树立超凡脱俗、与众不同的形象，留下深刻而强烈的印象，得到他们的信任、好感、支持和合作，乐于购买你的产（商）品和接受你的服务，并为你到处扬名，使非公众和潜在公众转化为知晓公众、行动公众，使独立公众、逆意公众转化为顺意公众，为组织的生存、发展创造有利的条件。

二、制定广告策略

公共关系广告策划的成功，不仅在于战略，更重要在于战术，也就是广告策略。所谓广告策略，指的是在广告活动中为取得更好的广告效益而制定的行动方针和所采取的一系列的手段及方式方法。广告策略一般包括媒体策略、产（商）品策略、市场策略、实施策略四个方面。所谓媒体策略，指正确地选择和运用广告媒体，以最低的广告费用取得最好的广告效绩的策略。所谓产（商）品策略，指广告的最终目的是为了促进产（商）品的销售，对工商企业而言，它与顾客、用户、消费者的关系是通过产（商）品来沟通的，产（商）品是否具有吸引力，是企业成败的关键。产（商）品策略主要包括产（商）品定位策略、产（商）品生命周期策略、新产（商）品开发策略、产（商）品包装装潢策略、商标形象策略等。所谓市场策略，指在研究市场运动规律和消费者需求变化基础上所制定的策略，它包括目标市场定位策略、广告促销策略和广告心理策略等。所谓实施策略，指广告活动从设计、制作到实施的整个过程中，在不同阶段有着各不相同的特点和策略，它包括了广告差别策略、广告系列策略和广告时间策略等。以上各种广告策略，有的可单独运用，更多的是交叉运用，其最终目的在于提高广告的宣传范围和效益。

三、选择广告媒体

广告媒体策略是广告策略的重要方面。广告媒体很多，除报纸、杂志、广播、电视外，还有橱窗、霓虹灯、路牌、招贴、邮寄、车船、实体模拟、活人表演、电影、包装、挂历等。在公共关系广告的设计和制作中，如果媒体选择恰当，就可以较少的广告费用获得理想的广告效果；否则，就会白白浪费人力、物力和财力。媒体的选择，一般应考虑组织（企业）本身的特点、产（商）品和服务的特点、公众接触媒体的兴趣和习惯、媒体的传播范围、媒体的影响力、最佳收效时间和场合等，尤其要考虑广告媒体的成本，即广告费用的高低。到底选择何种媒体，都是为了用最少的费用来取得最好的公共关系广告传播效果。所以，在选择广告媒体时，既要考虑媒体的质和量的价值，还要考虑组织本身的经济实力，应从实际出发，切不可贪大求阔。媒体的选用，可根据需要，或单独选用，或组合选用。一般说来，同一信息在一个媒体上的多次重复，不如在多个媒体中少次重复一个信息效果好。如在电视上连作 24 次广告宣传，就不如在电视、广播、报纸、杂志上各做 6 次广告宣传效果好。二者广告费用相差无几，效果却有所不同。

四、编制广告预算

广告预算指广告主投入广告活动的费用计划。它规定了在计划时期内从事广告活动所需的经费总额和使用范围。广告预算可分为年度预算和某一广告活动的预算两种。正确地编制广告预算，是社会组织广告活动得以顺利开展的保证。既不能将广告费支出看成是一种浪费，也不能不讲经济效益，盲目地投入广告费。广告预算通常包括以下项目：广告媒体费用、广告设计制作费用、广告调研费用、广告管理费用、广告部门事务费用、广告效果检测费用、工作人员工资和旅差费，以及广告材料费、邮费、样本费、赠品费、资料费等。广告费用的确定，或根据组织的总任务、总目标，或根据公共关系广告的宗旨，或根据产（商）品销售比例，或根据产（商）品生命周期阶段，或根据竞争对手的情况。制定广告预算，标志着公共关系广告纳入到了组织经费管理范围，可促使公共关系活动顺利、健康地发展。

五、撰写公共关系广告文稿

公共关系广告文稿由主题、创意、语言、形象和技巧（衬托）五个要素构成。公共关系广告文稿的创作，就是将这五个要素创造性地组合在一起，使之成为一个有机的整体，构成为一则完整而有效的公共关系广告。主题指的是公共关系广告所表达出的明确意图、基本观念或中心思想，即广告为达到某一目的而在文稿中所要说明的主要问题，也就是文稿内容的实质和核心，始终处于主导和统帅的地位，创意、语言、形象和技巧则必须接受主题的支配和制约，为表现和突出公共关系广告的主题服务。公共关系广告的主题，大体上可分为声誉主题、公共关系服务主题、经济贡献主题、职工关系主题、人事主题、特殊事件主题等。创意指的是根据广告主题的要求，采取多种思维方法，以与众不同的表现方式，形成独特的广告意念和广告"语汇"，塑造新颖独特的广告形象的过程。创意是通过精妙的构思创造出公共关系广告的意境，它是公共关系广告的灵魂。语言是广告文稿之本，是运用自然有声语言及其书面符号——文字为物质材料，来表现广告的主题。离开了语言，也就没有广告文稿和广告形象。公共关系广告的语言要求准确鲜明、简洁明了、新鲜活泼、合乎语言规范。形象，指以语言和绘画等为工具，反映组织及其产(商)品、服务的特点和广告主的意愿，是展示广告主题的重要手段。现代公共关系广告重视广告内容的不断更换，突出核心的形象，如黄河机电有限公司所作的广告，都以"黄河九曲十八弯，黄河电器美名扬"这一旋律优美的主题曲而告终，强化了企业的独特形象。技巧，指表现在公共关系广告中的技艺、技能、技法，它创造性的融语言、文学、绘画、摄影、书法、音乐、舞蹈等于一体，讲究广告的背景和构图，以一当十，以少胜多，以简洁取胜，既要注重均衡、和谐，又要富有节奏、韵律，并留有一定的空白，彼此配合恰如其分，恰到好处，使公众的视线流畅，赏心悦目，产生强烈的诉求力量和震撼力量。

【典型案例】

伊利："世博牛奶"领跑乳业的成功之秘(改写)

2010年世博会在中国上海启动，"世博经济"也跟着风生水起，让众多企业看好这块"蛋糕"。伊利集团凭着作为唯一一家为2008年北京奥运会提供乳制品企业的成功，抢滩牵手上海世博会，并全新升级到"世博标准工程"。上海世博局副局长陈先明明确表示："只有伊利的产品质量完全符合世博会的高标准，只有伊利丰富的产品线能满足7000万游客的需求，只有伊利才具备成功服务奥运会的成熟经验。"

伊利集团的成功不是偶然的，而是必然的。这不仅得益于伊利集团的内部管理、质量管理与品牌管理，尤其与伊利集团的公共关系广告的成功运用是紧密相关的。

伊利集团很会利用各种机会宣传自己的品牌。在中华人民共和国60华诞，威武英姿的受阅解放军官兵享用了伊利的品牌产品，国庆之后掀起的"阅兵热"也同样带动了伊利牛奶的热销。伊利在其中巧妙地打了一场为广大公众注目和认同的公关广告仗。

伊利集团针对目标客户：孕妇、儿童、成年人、中年人、老年人，开发了一系列的功能性乳品。正是由于伊利关心客户、关注客户、关爱客户，并成功地运用公共关系广告宣传，才使伊利这个品牌声名远播，打造了乳品行业第一品牌的形象。

根据 AC 尼尔森的数据显示，伊利几大产品线的市场份额全部激增。其中伊利金典有机奶、营养舒化奶、畅轻酸奶等明星产品，因其优良品质备受消费者青睐；冷饮业务则延续了 15 年来的"不败神话"，继续荣膺市场占有率第一；同时备受关注的奶粉业务再一次展示了伊利强大的市场认可度和持续发展能力：市场占有率超过同期水平。数据显示：平均每 6 个中国宝宝中就有一个在喝伊利奶粉。品牌战略的核心是始终坚持伊利品牌形象的建设、打造和公关广告宣传，并以不断地加强企业社会责任体系建设为核心。

与世博结为合作伙伴关系，为伊利集团的长期发展夯实基础。

2009 年 5 月 25 日，上海世博局正式宣布伊利集团成为 2010 年上海世博会唯一一家为世博会提供乳制品的企业。上海世博会专供产品是伊利所生产的全系列产品，包括液态奶、乳饮料、酸奶、冰激凌、奶粉等等。

伊利集团正式启动了"世博标准工程"工作。"世博标准工程"的专供产品都会印上了世博会标志。因为世博会是全球性的商业展会，伊利与世博结盟，无异于打了一场全球性的商业广告。这场广告将传播了伊利有关产品及其特点，引导消费试用或重复购买产品，刺激伊利产品的流通与增加销售量，增加了伊利产品的使用量，还能在顾客中建立价值、品牌偏好与品牌忠诚度，降低了整体的营销成本。

【案例分析】

伊利集团善于利用国内重大事件，为自己作品牌宣传，提升自己产品的知名度、美誉度和可信度，扩大自己系列产品的市场占有率。伊利与上海世博会联姻，就是伊利集团成功运用公共关系广告的范例。试想，伊利集团如果在黄金电视或者全球其他媒体打商业广告，宣传伊利品牌的话，那么将是一笔巨额的广告费用，这会增加企业生产成本，不利于产品的价格优势。而且广告的覆盖率与渗透率也没世博会的影响力的力度与强度。伊利通过与上海世博合作，把伊利这个中国品牌升级为全球品牌，为中国的乳品市场进军全球市场打响第一枪，迈出了关键性的第一步。

（材料来源：中华品牌管理网 原作者：李文武）

第十二章　公共关系协调

协调关系是公共关系的基本职能之一，也是公共关系实务的重要内容。现代的各类社会组织是一个内外信息密集，同时又与社会环境发生物质、能量和信息交流的开放系统，组织面临着纷纭复杂的社会关系，这些关系对组织的生存、发展都有着一定的影响和约束力。而且，这众多的关系总是处于不断地发展、变化之中。公共关系工作或活动正体现了组织与社会环境之间的协调机制。它运用各种协调手段，为组织疏通渠道，加强信息交流和沟通，改善组织与各方面的关系，广交朋友，广结善缘，消除误会，减少摩擦，调解冲突，化敌为友，增进组织与公众之间的感情，为组织的生存、发展创造一个宽松、和谐、融洽的社会环境。即使发生了矛盾，但由于双方原来有比较亲密、融洽的关系，也容易使矛盾得到比较妥善的解决。

第一节　协调内外公共关系的重要性

如前所述，根据社会组织的状态以及公众对社会组织的关系，公众可区分为内部公众和外部公众。内部公众构成了组织所面临的"内部环境"，外部公众构成了组织所面临的"外部环境"。因此，公共关系协调也就分成了两个方面：组织内部的公共关系协调和组织外部的公共关系协调。

做好组织内外公共关系的协调工作，有着十分重要的意义，这主要表现在以下几个方面：

一、协调是现代管理必不可少的重要工作

任何管理工作，尤其是现代管理工作，都需要对内外关系进行有效的协调。从某种意义上讲，协调就是一种和谐有序的调节，协调本身就是管理。社会组织的各项决策、各项工作，都需要在领导者的指挥、控制下，通过公共关系部门和人员，对内外关系进行调节、调解、调和、调处、调整、调停和调配，才能得以实现。在领导者的管理工作中，在公共关系部门的日常工作中，大量是协调性的。国外有些学者将协调工作放在指挥、管理、控制和目标之下的首要位置，这说明了协调是现代管理必不可少的工作，说明了协调工作的地位和

重要性。当前，社会组织的高度分化、高度融通和整合发展的趋势，使社会关系网络中的各个组织之间、组织与内外公众之间都存在着互为条件、互为因果的功能耦合关系。因此，在完成任何一项具体工作时，总会涉及到上下左右、各个方面的关系问题，如果没有协调，就会出现脱节现象，相互扯皮、推诿甚至掣肘，必然贻误工作。而出色的协调，是实现现代管理的前提，它可建立起良好的内外关系，得到各方面的理解、信任、支持和合作，为组织的生存和发展创造天时、地利、人和的环境。

二、加强组织内部的公共关系协调，有助于增强员工的主人翁意识，提高组织内部的凝聚力

一个组织内部的公共关系状态，直接反映着组织内部员工的依附感、归属感和凝聚力、向心力。领导者彼此之间的关系，领导者与员工的关系，组织内部各职能部门之间的关系，组织与股东的关系，是组织内部形象的试金石：如果组织得到内部成员的认可、信赖、支持，关系融洽，就能增强员工的主人翁意识，树立起开拓进取、奋发向上的团结精神，充分调动起他们的积极性、主动性和创造性，自觉地为组织生存、发展出谋献策，并以高度的责任感和事业心，对待本职工作，群策群力，确保各项任务的完成；如果领导者与领导者之间、领导者与员工之间、部门与部门之间、员工与员工之间、组织与股东之间存在种种误解、矛盾、冲突和对立，那就必然是人心涣散，内耗严重，各自为政，各行其是，走不到一起，拧不成一股绳，从而导致上下左右关系的紧张和员工工作热情的丧失，办事效率的低下，主人翁意识和内部凝聚力则根本无从谈起，组织的任务和目标也就难以完成。

三、加强组织外部的公共关系协调，使组织各方面的工作能得到社会各界的支持、帮助和合作

现代社会组织是一个开放的系统，它在自己的运行过程中，必然要与社会上的各个方面、各个部门发生关系，并与各类公众发生这样那样的关系。因此，社会组织的生存和发展，不仅有赖于组织内部良好的公共关系状态，而且还有赖于组织外部良好的公共关系状态。社会组织的生命力，正是由于它拥有广泛的外部公众，由于组织与外部的各类公众建立起了亲密、和谐、融洽的关系，能得到他们对组织的认同、信任、支持和合作。如果组织与外部公众的关系紧张，矛盾重重，那就丧失了生存、发展的外部环境。所以公共关系协调，既包括组织内部的公共关系协调，又包括组织外部的公共关系协调。内求团结，外求和谐，这是公共关系协调的主要内容，二者缺一不可。在外部协调方

面，公共关系部门承担着组织"外交部"的职能。公共关系部门和人员，要善于运用各种交际手段和沟通方式，努力做好各方面的协调工作，广交朋友，广结良缘，化解矛盾，消除敌意，为组织的生存、发展克服种种障碍，增加各种有利的机会，使组织各方面的工作能得到社会各界的认同、支持、帮助和合作，为组织的存在和发展创造一个良好的外部环境。

四、加强组织内外的公共关系协调，有助于提高组织的竞争力，树立组织的美好形象

在社会主义市场经济条件下，竞争是不以人的主观意志为转移的客观经济规律，任何社会组织都无法回避，而只能主动地去适应它，接受它的挑战。而组织要生存、要发展、要开拓、要创新，要在激烈的市场竞争中取胜，立于不败之地，就必须处理和协调好与内外公众的关系，得到他们的认同、信任、支持与配合，这是决定组织竞争力的最重要的保证。组织加强内外公共关系协调的目的，在于争取内外公众对组织的了解和认同，与组织同心同德，同甘共苦，支持组织各方面的工作，在组织与内外公众利益的整合、一致下，提高对组织的认同感、信赖感、亲密感、融洽感，从而在内外公众的心目中树立起美好的实际形象。

第二节　公共关系协调的原则

实践证明，要处理和协调好组织与内外公众之间的公共关系，必须遵循以下一些基本原则：

一、信息沟通原则

信息是协调的基础，没有准确、充足的信息作依据，就不可能进行有效的协调。在一定意义上讲，协调的过程，就是信息沟通的过程。因此，在协调的各个阶段，公共关系部门和人员都必须十分重视信息的收集、整理、传递与反馈。在公共关系协调的初始阶段，主要是收集与协调内容有关的信息资料，熟悉协调对象的历史与现状；在公共关系协调的进行阶段，主要是收集协调对象的现实态度、意愿、情绪和要求，并及时在协调者与被协调者之间传递和反馈；在公共关系协调的结束阶段，主要是收集协调对象对协调结果的态度以及对协商决定的贯彻执行情况，并及时向领导者和有关部门提供反馈信息。

二、利益一致原则

利益一致原则，指的是公共关系部门和人员在协调组织与内外公众的公共关系时，应坚持互利互惠、共存共荣的原则，努力保持组织与公众利益的一致性。组织在制定计划、确定目标、谋求利益和协调关系的活动中，必须以公众利益为出发点，在实现组织利益的同时，努力满足公众的利益，增进社会的整体效益。利益一致原则不仅要求组织在协调公共关系的一切活动中必须尊重内外公众的利益，还要求组织承担相应的社会责任。组织在完成自身计划、满足公众和市场需要的同时，必须重视因实施计划可能引发的问题，如这些问题有害于公众，有害于其他组织，就应采取切实有效的措施予以克服和解决。任何组织作为社会的一员，维护社会治安、保持生态平衡、贯彻执行计划生育国策、建设优美生活环境等，都应成为它不可推卸的责任。此外，支持科学、教育、文化、卫生、体育事业，赞助社会福利事业，也是组织表现社会责任感的明智行为。

三、平等原则

协调组织与组织，组织与部门、组织与内外公众的公共关系时，公共关系部门和人员一定要坚持平等原则，做到公正、公平、公开，合情合理，不偏不倚，一碗水端平。在组织与各方面公共关系失衡、失调的状态下，不平等现象的副作用是十分突出的。如参与的不平等、竞争的不平等、利益分配的不平等，都会造成负压力，影响组织与公众正常公共关系的建立与维系。但平等原则不是平均原则，不能搞绝对平均主义，它要求的是在平等的条件下开展协调活动，公共关系部门和人员只有坚持平等原则，从这一前提出发，才能协调好各方面的公共关系。

四、理解与尊重原则

理解就是心灵相通，相互了解、信任；尊重，就是彼此尊敬，相互器重。在处理与协调组织与内外公众的关系时，相互间的理解和尊重是十分重要的。美国人本主义心理学家马斯洛提出的"需要层次理论"，将人的需要分为五个层次，即生理需要、安全需要、社交需要、尊重需要和自我实现的需要，其中一、二层是低级的生理需要，三、四、五层是高级的社会性需要。除了以上五种基本需要和由此构成的需要层次外，马斯洛还提出了认识与理解的需要。各层需要之间的关系是相互依赖、彼此交叉和部分重合的。当低层次的需要得到满足后，高层次的需要就逐渐产生。事实表明，人们都愿意在被理解的环境下工作和生活，因为这能使人感到心情舒畅；人们也都希望在被尊重的境况下工作和生活，因为这能使人认识到自己存在的人生价值。所以，在进行内外公共关系协调时，遵循理解和尊重的原则，就会形成同志式的亲密感、认同感、安全感、舒畅感和融洽感，从而取得满意的协调效果。

五、及时原则

在进行公共关系协调时，组织的领导者和公共关系人员一定要遵循及时原则，真正做到及时发现和解决组织与组织之间、组织与内外公众之间的矛盾和问题。这样才能将问题解决在萌芽状态，防止矛盾的激化。相反，如果对出现的问题和矛盾视而不见、听而不闻，或拖延解决的时间，到造成严重后果时才着手解决，不仅损害了组织的形象，扩大了损失，而且使问题或矛盾变得更加复杂化，从而增加了解决问题和矛盾的难度。因此，公共关系部门和人员要心明眼亮，善于发现问题，看到初见端倪的矛盾，作出准确的分析，提出切实有效的解决办法，供领导决策时参考。

六、公开原则

在进行公共关系协调时，一定要坚持公开原则，将协调的目标、要求、策略、方法等告知内外公众，增加透明度，从而便于内外公众的监督。在组织与内外公众关系失调、紧张的诸因素中，神秘性、封闭性与随意性是其主导的因素，因而在协调中遵循公开原则是十分重要的。公开原则的内容主要包括人事公开、财务公开、权限公开、管理程序公开、决策公开、分配政策公开等。坚持公开原则是减少组织内部猜疑与内耗的有效办法。当然，公开是相对的，并不是一切都公开，凡不利于组织的生存和发展的，有损于内部的团结，关系到国家机密和组织机密的，就必须严格保密。

七、原则性与灵活性相结合的原则

任何一项协调工作，都不是无原则的协调，都要按一定的原则办事。即按照党和国家的路线、方针、政策、法律、法令及各项规章制度办事，符合效能和整体利益的需要。但在坚持原则性的同时，还必须灵活地处理实际问题。因为原则性带有总体的性质，而具体情况是千差万别的，所以不能采取"一刀切"、一律化的办法。毛泽东曾援引列宁的话说，对具体问题作具体分析，这是"马克思主义的最本质的东西、马克思主义的活的灵魂"。[①] 协调工作大多表现为

---

① 毛泽东：《学习与时局》，《毛泽东著作选读》下册，人民出版社，1986年版，第575页。

对具体问题的处理，在不违反原则的前提下，完全可根据具体情况，采取灵活、变通的办法，使问题得以处理、矛盾得以解决。坚持原则性与灵活性相结合的原则进行公共关系协调，这是一种创造性的协调艺术。哪些问题可以灵活，灵活到什么程度，以及灵活性如何与政策性、原则性相结合，从而更好地体现出政策性和原则性等，这不是惟书惟上、墨守成规的思想方法和工作作风所能做到的，公共关系人员必须具有创新思维、开拓意识和丰富的公共关系协调实践经验，才能熟练、自如地驾驭它。

第三节　组织内部的公共关系协调

社会组织内部的公共关系，指的是由组织内部公众所构成的横向和纵向公共关系的总称。它包括组织内部领导成员之间的关系、各职能部门之间的关系、领导者与员工之间的关系、员工与员工之间的关系、组织与股东之间的关系等。组织内部的公共关系协调，是指在信息传播、交流、沟通的基础上，通过调节、调处、调理、调整组织内部的利益关系，达到统一认识、整齐步伐、增进团结、消除内耗，形成亲密、和谐、融洽的人际关系的目的，为实现共同的目标而努力奋斗。有效地协调组织内部的各种关系，增强组织内部成员的归属感、荣誉感和凝聚力、向心力，才能充分发挥组织的整体效应。组织内部的公共关系，是一切公共关系活动和外部公共关系的基础。组织内部的公共关系状态如何，直接影响到这个组织是否充满生机和活力，影响到组织的总任务、总目标和公共关系目标的实现，影响到组织美好形象的塑造、维持和巩固。

协调组织内部公共关系的目标是：增强组织内部公众对组织的认知和信赖，激励内部公众的士气和干劲，造就内部公众开拓进取、积极向上的价值观念和精神风貌，营造组织内部亲密、和谐、融洽的"家庭式气氛"，优化组织内部公众的人际关系，解决好局部目标与总体目标、局部利益与整体利益的矛盾和冲突，使组织的整体效应得到最充分的发挥。

组织内部公共关系的协调是公共关系实务的重要内容，主要回答"如何协调"的问题，具有很强的实用性和可操作性。概括起来，组织内部的公共关系协调范围有以下几个方面：

一、领导关系的协调

领导关系，指的是同级组织中领导者与领导者的相互关系，这是一种横向平行的同级关系；对于公共关系人员而言，指的是公共关系人员与领导者相互之间的关系，这是一种纵向的上下级的关系。领导者之间的关系如何，是否团结融洽，直接影响到组织的决策、指挥、管理和监控，影响到广大员工的情绪、心态和干劲，影响到组织的效率和形象，影响到组织整体效应的发挥。领导者与各职能部门、员工、股东和公共关系人员的关系如何，也直接影响到他们工作热情、干劲的发挥，影响到他们业务活动的质量和效绩，影响到组织总任务、总目标和公共关系目标的实现。

公共关系人员与领导者是上下级的关系，由于地位不同、职责不同，这就为公共关系人员与领导者关系的协调带来了较大的难度。然而，为了对党、对人民、对事业负责，公共关系人员应在尽可能的条件下，自觉而积极地协调好与领导者的关系。在具体实践中，一定要讲究协调艺术，要求做到：了解领导、尊重领导，熟悉领导的工作规律和生活规律，熟悉不同领导的工作职责和业务分工，按不同领导的主管业务汇报、请示工作，细心领会领导意图，认真按领导的指示办事，自觉维护领导者的权威和形象；一视同仁，不偏不倚，凡是领导者，都是公共关系人员的上级，都要一样地看待，一样地尊重，一样地服从，切不可有亲有疏，更不可偏袒任何一方；领导者之间，由于认识上、工作上和领导作风上的差异，发生某些分歧和矛盾，这是正常的现象，遇到这种情况，公共关系人员要善于巧妙周旋，从维护领导者的团结出发，有选择地进行沟通，凡不利于领导者团结的信息，或中止沟通，或两头隐瞒，即使需要沟通的，也要适可而止；协调领导者关系，一定要选择好时机，凡时机不成熟者，如矛盾的性质和症结尚不清楚的，领导者各方缺乏和解愿望的，领导者工作繁忙、情绪不佳时，公共关系人员不能急于协调；凡遇到分歧较大而又复杂的领导者之间的矛盾，公共关系人员宜采取"不介入"的回避策略，切不可卷入到这种矛盾冲突的漩涡之中；要讲究方式方法，一般说来，宜采用间接协调、私下协调、委婉协调和暗中协调等方式方法。

二、组织内部各部门关系的协调

这里讲的组织内部各部门的公共关系，指的是组织内部各职能部门之间的关系，这是一种平行的同级关系，它具体表现在不同职能部门之间人与人的相互关系，如政府机构中计委、公安、财政、人事、交通、商业、外贸、文化、教育等各部门人与人之间的关系。各部门之间的关系是分工与合作的关系，没有这个关系，就会任务不明，职责不清，组织的总体目标也就无法实现；各部门之间的关系虽是平行的同级关系，但又是相互依赖的关系，分工并不等于分家，在工作上必须密切配合，互相支持。

行政管理学原理告诉我们：社会组织整体效能的充分发挥，取决于各组织子系统的功能，以及各系统之间的协调效果。对于一个独立的社会组织来说，则取决于组织管辖下的各职能部门的功能，以及各职能部门之间的协调效果。由于社会化的大生产，由于社会的发展和社会功能的日益完备，导致组织内部分工越来越细，职能部门也越来越多，这就有必要加强各职能部门的协调，实行严格的分工负责制，做到事事有人管，人人有专责，杜绝无人负责和相互扯皮的现象。但因各职能部门的职责不同、要达到的具体目标不同、看问题的角度不同以及利益分配上的差异，各职能部门之间有不可避免地出现这样那样的误解、摩擦和矛盾，如协调不好，就会你扯我的腿，我拽你的腰，相互掣肘，形不成合力，从而影响到组织整体效能的发挥，对实现组织的总任务和总目标造成负面影响。

如何协调组织内部各职能部门的公共关系呢？要求做到以下几点：

第一，树立"一盘棋"的整体观念。各职能部门的人员和公共关系人员都应该认识到：对任何一个社会组织而言，组织是大局，职能部门是小局；组织是"一盘棋"，职能部门是这个棋盘上的一个"棋子"。职能部门必须树立整体观念，以全局利益为重，小局服从大局，"棋子"服从整盘棋的调度。有了这种认识，各职能部门之间的协调就容易进行了，存在的误会、摩擦和矛盾也就容易解决了。

第二，明确各部门的职权范围。在组织内部，各职能部门之间出现误会、摩擦和矛盾，其原因主要是由于职责权限不清所致，或某项工作无人管理，或一件工作多头管理。如果对各职能部门的职权作了明确的规定，建立相应的工作程序和必要的规章制度，建立各职能部门之间信息沟通和业务协作的制度，加强对职能部门的制度化、标准化、规范化管理，就能密切各职能部门的关系，有效地解决职能部门之间的各种矛盾。

第三，合并职能相近的有关部门。职能部门划分过细，往往会产生职责不清、任务不明的问题，也会造成重复性的劳动，从而影响到工作质量和效率的提高。合理地设置组织内部的职能机构，是保证组织整体效能发挥的基础。因此，各级各类组织，都应根据中央精兵简政的方针，对组织内职能相近的部门予以合并，以达到精简机构、节约开支、避免不必要的重复性劳动、反对官僚主义的目的。实践证明，精简机构，合并职能相近的部门，可使每一个职能部门充分发挥作用，各司其职，各尽其责，从而保证组织内各项工作的顺利进行。

第四，要讲究协调策略。在协调组织内部各职能部门之间的关系时，领导者和公共关系人员一定要根据各职能部门的职责、特点和具体情况，采用适宜的方法，一定要对各职能部门一视同仁，平等相待，切不可分出亲疏厚薄。各职能部门的人员，则应以真诚合作的愿望，与兄弟职能部门交换意见，沟通信息，求得对方的理解、帮助、支持和合作。如在认识上、行动上、做法上一时难以统一，则不必急于解决问题，可以求大同，存小异，允许保留不同意见，做到宽以待人，与人为善，以大局为重，以友谊为重，以团结为重。

第五，可进行工作轮换。各职能部门之间误会、摩擦、矛盾的产生，往往是因为对兄弟职能部门的职责、权限、特点、具体情况不够了解所造成的。因此，对各职能部门人员的工作进行轮换，可增进对兄弟职能部门工作职权、内容、程序的了解，加深对其工作重要性认识，从而达到消除相互间的误解或偏见，在工作上密切配合、通力合作的目的。

三、员工公共关系的协调

员工一般由三部分人组成：一是工人或公务员，即实际操作者，处于生产和日常业务活动的第一线，人数众多，分布很广，是产（商）品和服务价值的直接创造者；二是技术人员，是掌握了一定科学技术从事智力劳动的专业人员，分布在技术部门的各个环节，是组织求生存、图发展的重要生力军；三是管理人员，指组织内部各级业务部门和职能部门的主管人员，是贯彻领导意图，对人、财、物、产、供、销和其他业务工作进行有效管理的专业人员，保证组织的正常运转，因而往往是组织领导人的后备队伍。员工公共关系，指的是组织内部全部人事关系的总和，是组织内部最重要的公共关系，是一个组织公共关系的起点，处在对外公共关系的最前线以及与外部公众进行交流、沟通的触角，因此，对于任何组织来说，公共关系工作必须从建立良好的员工公共关系开始。

在社会组织内部，领导者与员工之间既相互影响，又互相依赖，他们是促使组织正常运作的两个重要因素。一般说来，由于领导者拥有无可争辩的权力和权威，在组织内部居于主导地位，起着领导和统帅的作用；但这并不意味着员工只是消极地听从指挥，他们是组织的主人，是组织存在的基础，离开了他们，领导者还"领导"什么呢？如果员工对领导者的决策不认同、不支持，组织的任务和目标又怎能实现呢？所以，任何组织首先都要协调与员工的公共关系，培养员工的主人翁责任感，培养员工对组织的认同感、荣誉感、归宿感，与组织同心同德、患难与共，才能确保组织总任务、总目标的顺利实现。

如何协调员工的公共关系呢？要求做到以下几点：

第一，全面了解员工的基本情况。既然员工是组织存在的基础，是组织直接面对的最接近的公众，因而，领导者和公共关系人员对组织内部的所有员工，包括工人、技术人员、管理人员的基本情况，如文化程度、政治面貌、思想品德、业务能力、专业特长、经济收入、身体状况、心理状态等，都应全面了解和掌握，做到心中有数，这样，才能把握员工的脉搏，有的放矢地开展谈心活动，密切与他们的关系，取得他们对组织各项工作的支持。

第二，加强领导者与员工之间的信息沟通。在组织内部，加强组织与员工之间的信息沟通、实现信息共享，是建立良好的员工公共关系的关键。许多组织内部领导者与员工关系上的不和谐，大多是由于缺乏必要的信息沟通所致。被称为组织的主人翁的员工，如果对组织的情况一无所知，或知之甚少，自然会产生猜疑、对抗等心理或行为，造成领导者与员工的隔阂。所以，领导者和公共关系人员应将组织的宗旨、任务、目标、计划，以及实现任务、目标、计划的途径、措施、方法、要求等，及时传达给广大员工，听取他们的意见和建议。这是承认和尊重员工的个体价值，自然会赢得他们对组织的信任和支持。

第三，关心员工的切身利益。员工参加组织的工作的直接目的是通过自己的劳动获取一定的报酬，作为维持员工及其家庭生活、使之能继续劳动的物质基础，因此，关心员工的切身利益，满足员工合理的物质需求，是建立良好的员工关系的根本。具体地说，在组织事业发展的前提下，应提高员工的工资、奖金和福利待遇，改善员工的生活环境和条件，但这种物质利益的满足应保持到现实、合理的期望水平上，使之与组织的事业发展相适应，并能更好地促进组织事业的发展。

第四，开展平等协商的对话。在组织内部，由于领导者与员工所处地位的不同，看问题的角度自然有所差异，存在不同的看法或在某些方面产生一些误解和矛盾，这是很正常的现象。这就要求领导者放下架子，以平等的身份，诚恳地同员工开展民主对话。通过平等协商对话，交流思想，密切感情，说服引导，消除误会，化解矛盾。领导者应认真倾听来自员工的呼声，不可漠然置之，对员工合理的要求和意见，应及时作出答复，予以采纳，并见诸于行动；对员工过高的或不合理的要求，要耐心解释，说明道理，使员工心服口服；对员工提出的批评，确属领导者应负责任的，领导者应诚恳地接受，开展自我批评，坚决予以纠正。

第五，发动员工参与管理。员工是组织的主人，发动员工参与管理，这是承认和尊重员工的个体价值、确立员工的主人翁地位的有效途径，是充分调动员工积极性、创造性的重要手段，也是改善领导者与员工关系的基本方法之一。领导者不仅要善于听取员工的意见，而且要实现真正的民主管理：凡重大决策，都要经职代会审议；计划和各项规章制度的制定，都要发动员工认真讨论；同时健全监督网络，切实监督行政领导，以保障员工当家做主的权力，激发他们的责任感和主人翁精神，使之与组织同呼吸、共命运。

第六，营造亲密、融洽的"家庭式气氛"。在一个社会组织的内部，要使广大员工心情舒畅地投入工作，培养员工对组织的忠诚心，就必须营造一种亲密、融洽的"家庭式气氛"，使员工视组织如家庭，爱组织如家庭；同时做好员工的家属工作，造就一批热爱组织、关心组织发展的"贤内助"，做员工的坚强后盾。"家庭式气氛"是在员工及其家属对组织热爱和忠诚的基础上产生的一种良好的集体环境氛围，有助于集体主义精神的发挥，增强组织内部的凝聚力、向心力。这就要求领导者和公共关系人员从平时入手，从小事着手，关心员工的疾苦，为员工及其家属多做好事、多办实事，解决他们的实际困难，把组织的温暖送到每一个员工的家庭，使广大员工及其家属萌发和维系对组织的依附感、归属感，为组织的生存和发展贡献自己的全部的智慧和精力。

四、股东公共关系的协调

股东，指在集资或合股组织（企业）里投入一定股票的公众，他们在组织（企业）里享有一定的管理权和监察权，和取得股息的受益权以及对组织（企业）资产的间接拥有权。股东的公共关系，指的是组织（企业）与投资者之间的关系，这是一种涉及到组织的融资来源的重要内部公共关系。

股东公共关系中所包含的公众对象大致可分为三类：一是人数众多的持有多少不等股权的股东，他们同时又是较富裕的顾客；二是董事会，其成员是占有股份较多的个人、企业代表或社会名流，一般由股东大会选择产生，代表股东参与对组织（企业）的管理和监察；三是专业的金融舆论专家，如证券分析家、股东经纪人、投资银行家或金融新闻人物。由此可见，股东是组织的"权源"和"财源"，是组织最可信赖的智囊，是最忠诚、最可靠的顾客群。组织与股东公共关系的好坏，与组织（企业）的兴衰存亡休戚相关，因此，协调与股东的公共关系，是组织（企业）的领导者和公共关系人员的一项重要职责。

协调股东公共关系的目的，是为了争取股东对组织（企业）的了解和信任，营造有利的投资环境，稳定已有的股东队伍，吸引新的投资者，扩大组织（企业）的财源，为组织的生存、发展提供雄厚的资本基础。

如何协调股东的公共关系呢？要求做到以下几点：

第一，了解和掌握股东的基本情况。和员工一样，股东也是组织（企业）的主人，因此，组织（企业）的领导者和公共关系人员，必须通过各种有效的途径，全面了解和掌握股东的基本情况，包括股东的职业、性别、年龄、背景、文化程度、态度和动机，在此基础上进一步摸清股东手中掌握的股票情况及其投资意向，购股的动机以及对组织（企业）分红政策的满意程度等，根据这些情况，有的放矢地与股东打交道，维持和巩固股东对组织（企业）的兴趣。

第二，尊重股东的"主人意识"。这是组织（企业）加强与股东之间感情联络的有效途径。组织（企业）为股东提供准确、可靠的信息、尊重股东的"主人意识"是取得股东信任的重要保证。股东在购买了组织(企业)的股票后,自然而然地会产生一种"主人意识",认为自己有权力知道组织(企业)的发展动向和经营成果,对组织(企业)的有关信息表示特别的关切。组织的领导者和公共关系人员在处理股东关系时,不论其购买股票多少,都要特别尊重股东的"主人意识",真正把他们当成自己人,组织(企业)有什么新消息,应尽快让他们知道;领导者和管理人员有什么变动,也应以最快的速度告之每一股东;有新产(商)品上市,应让股东最先使用,并寄发新产(商)品或样品或说明书;平日,或通过电话、写信或个人拜访,密切与股东的联系,从而使股东全力支持组织(企业)的工作。

第三,编制股东年度报告。这是联系股东最常用、最主要的手段,也是维持股东原有投资、争取更多投资的有效方法。因此,编制股东年度报告,应该受到领导者和公共关系人员的高度重视。股东年度报告,内容应尽量翔实。如财物状况的具体分析说明以及统计数字、生产或销售情况、技术创新情况、人事安排情况、劳动组合情况、利税增长情况、劳资关系和其他问题等。股东年度报告不可编成单纯的统计报表,要有客观的分析和说明,从版面、内容到印刷装潢都要适当讲究。股东年度报告的基本结构是:封面、财务概况、目录、董事长致辞、专文、财务分析报告、资产平衡表、统计数字、图表、领导班子简介等。

第四,主动征求股东意见。组织(企业)应通过股东大会、咨询会、座谈会和寄发调查表等方式,广泛听取股东的意见和建议。对这些意见和建议,要认真地分析研究,及时给予反馈,对合理的意见和建议,要认真采纳,切实地改进工作;对个别不合理或难以实现的,要给以耐心的说服解释,避免产生误解,挫伤了股东的积极性。

第五,把股东当作最知己的顾客群。组织(企业)与股东的公共关系,不仅仅是投资的关系,而且是顾客的关系。股东是有钱的顾客,对组织(企业)的产(商)品和服务情有独钟,以最先购买、使用、享受为荣。股东因其切身利益,总希望多一些人购买、使用、享受本组织(企业)的产(商)品和服务,扩大市场占有份额,因而往往成为组织(企业)及其产(商)品、服务的义务宣传员和推销员。所以公共关系人员一定要把股东当作最知己的顾客群,并且通过他们争取更多的顾客。

第四节　组织外部公共关系的协调

组织外部的公共关系,指的是社会组织与它的外部社会环境各种各样的公共关系。在现代社会，任何组织的生存和发展，既要有良好的内部公共关系状态，又要有良好的外部公共关系状态，需要赢得外部公众的理解、好感、信任、支持和合作。对于一个组织来说，外部公众是在组织外部形成的同该组织有着特定利益关系的个人、群体或组织，成分十分复杂，涉及到社会的方方面面，归纳起来，大致有三种类型：一是纵向隶属型公众，即与组织有隶属关系的公众；二是横向型合作或竞争型公众，即与组织有平等协作关系或竞争关系的公众；三是多维辐射型公众，即与组织有着利害关系和相互吸引力的公众。为了促进组织与外部公众的相互了解，协调彼此间的利益关系，消除可能出现的矛盾冲突，做到组织利益与外部环境需要尽可能地相吻合，更好地实现组织与外部公众的互利互惠、共存共荣，塑造组织的美好形象，就有必要加强组织与外部公众公共关系的协调。

　　组织外部的公共关系，主要有政府公共关系、社区公共关系、顾客公共关系、协作者公共关系、竞争者公共关系、新闻媒体公共关系、涉外公共关系等。如何协调与他(它)们的关系，下面分别予以述说。

一、政府公共关系的协调

　　政府，是国家各级行政权力机构的总称，是建立在社会经济基础之上的上层建筑的核心部门，是统治阶级实行阶级统治的强有力的工具。政府行使行政、立法、司法、治安、国防、外交等各项职权，担负着对整个社会、国家进行管理的任务。在我国，由于共产党的执政党性质以及党政关系的密切程度，因而在论述政府公共关系时，自然也就包括党的公共关系在内。任何组织作为社会的成员，都要与政府发生关系，都要服从政府的管理。因此，协调组织与政府的关系，也就成了公共关系部门和人员的最重要的职责之一。

　　政府作为公共关系学视野中的公众，有着不同于其他一般公众的特殊性。它既是一种社会制度，又是阶级意志的体现者，代表着全体人民的利益，担负着指挥、组织、领导国家建设，对政治、经济、军事、科技、文化等进行统一管理，对一切社会组织进行指导、管理、监督、调节的职责，这是任何社会组织都不具有的。

　　协调组织与政府的公共关系，是指协调行使国家权力而又同本组织有着较多关系的权力机构的关系，包括同各级党组织的关系，同上级主管部门的关系，同中央和各级地方政府的关系，同政府管辖下的各职能部门的关系，如与公安局、税务局、工商局、财政局、物价局、银行、环保部门的关系等。政府作为一种特殊的公众，它有两方面的含义：一是作为一种特殊社会组织的政党和政府；二是指这一特殊组织的组成人员，包括党政领导人、官员和广大公务员，协调组织与政府的公共关系，就是协调与之相关党政机关及其组成人员的关系。

如何协调政府的公共关系呢？要求做到以下几点：

第一，要树立全局观念。协调与政府的公共关系，要以国家、人民的利益为重，局部利益服从整体利益。组织利益与国家利益，从根本上说是一致的，但有时也存在矛盾。组织与政府之间的关系，往往表现为组织的局部利益与国家整体利益的关系。当两者利益发生矛盾冲突时，组织应本着局部利益服从整体利益的原则，坚决服从国家、人民的利益，在这一前提下兼顾组织的利益。

第二，自觉服从政府部门的管理。我国宪法规定，党领导下的各级政府，作为国家权力的执行机关，担负着领导全体人民进行社会主义革命和建设的任务。这就要求一切社会组织都要自觉地接受政府部门的管理和宏观调控。对于政府布置的任务、下达的计划，要千方百计地保证完成，尽可能为国家多作贡献，推动国民经济持续、全面、健康地发展，推动社会的不断进步。

第三，贯彻执行党和国家路线、方针、政策。深刻领会、认真贯彻执行党和国家的路线、方针、政策，模范地遵守和执行各项法律、法规和规章、办法，这是一切社会组织从事各种活动的基本准则，如若违背，不但有损于国家、人民的利益，也将给组织带来损害，有损于组织的信誉和形象。

第四，加强与政府的信息沟通。公共关系部门和人员，要自觉地加强与政府的信息沟通，使上情下达，下情上达。为此，公共关系人员应熟悉政府的内部结构和层次、工作范围和办事程序，主动地将组织的有关信息传递给有关政府部门，及时向有关政府部门汇报情况，同时将政府部门的指示、要求、建议反馈给组织的领导者。

第五，与有关政府部门建立经常性的联系。公共关系部门和人员要加强与政府部门的业务往来，同其领导人和办事人员搞好人际关系，当政府号召赞助公益事业时，积极响应，为政府分担社会责任，以赢得政府部门的赞誉和信任。

第六，扩大组织在政府部门的信誉和影响。可利用庆典、得奖、新技术开发、新产品问世等机会，邀请党政要人和政府部门负责人出席组织的有关活动，如主持奠基仪式或发奖、剪彩，参观新设备、新技术、新产品等，提高政府部门对本组织的好感和重视程度，争取政府对本组织更多的支持。

二、社区公共关系的协调

社区是一个社会学的概念，指的是人们共同生活或活动的一定区域。社区公共关系指的是社会组织与周围同处于这一区域的其他组织（公众）的关系，有人称之为"根据地关系"。如某一工厂所在地周围的机关、学校、商店、居民委员会等。这一类公众同本组织在工作上不一定有直接往来，但在日常生活上往往有着或多或少的经济、业务联系。这一类公众是组织外部环境的重要组成部分，对组织的生存与发展有着重大的影响，构成了组织外部公共关系中不容忽视的一环。

组织的一切生产经营活动有赖于社区，任何一个组织都在特定的社区内活动，组织与所在社区建立了良好的关系，能保证组织的正常生产经营活动和员工的稳定生活秩序，能得到社区的多方支持。一个优越的社区环境，可使组织得到各种支持和帮助，获得良好的生存环境，以减少组织与社会的摩擦及纠纷，得到社区的谅解和同情，为组织创造天时、地利、人和的有利条件。

如何协调社区的公共关系呢？要求做到以下几点：

第一，努力为社区多做贡献。包括为社区上缴某些税款及费用，创办和扶持各项公益事业，尽可能为社区提供更多的教育和就业机会，创造良好的生态环境与人文环境，提高社区的知名度。只有真正把社区理解为自己的根据地，努力去建设她、发展她，才能以积极的态度协调好与社区的公共关系。

第二，加强与社区公众的交流和沟通。公共关系部门和人员，应主动地加强与社区公众的交流和沟通，经常向社区公众介绍本组织的情况，增进组织与社区公众的相互了解，争取社区公众对组织的理解、好感、信任和支持，为组织的生存和发展营造良好的外部环境。

第三，广泛了解社区公众的情况。信息交流和沟通是双向的。公共关系部门和人员既要向社区公众宣传、介绍组织的情况，又要从社区公众那里获得各种各样对组织有用的信息，征求社区公众的意见和要求，了解社区公众对组织的基本印象和基本评价；了解本组织期望在社区公众中树立的形象与社区公众心目中的实际形象有无差距，差距何在，程度如何等；了解本组织在社区公众中知名度的高低；了解社区公众对本组织的期望和要求，作为组织开展各项活动包括开展公共关系活动的依据。

第四，积极参加社区的各种活动。组织与社区公众之间增强沟通与相互了解的最有效的途径，是组织直接参与到社区的社会生活中去，使自身融入社区之中，从而与社区的各类公众，尤其是左邻右舍，建立起水乳交融的亲密关系。

第五，重视社区的治安工作和环境卫生。作为社区的成员，一切社会组织有责任消除各种不安全的隐患，和一切犯罪活动作坚决的斗争，有效地控制"三废"，保证社区不受环境污染，为本组织的员工和社区公众创造一个优美、平和的工作环境和生活环境。

第六，促进社区繁荣。组织应在力所能及的情况下，从人力、物力、财力上给社区以有力的支持，帮助社区兴办各种企业和公益事业，帮助社区发展外向型经济，扩大就业门路，安排社区居民就业，为社区多办实事、办好事，使组织与社区同步发展，共富共荣。

三、顾客公共关系的协调

公共关系学上的"顾客"，不仅指产（商）品的购买者，而是泛指一切社会组织的服务对象。它可以是个人，也可以是一个单位；既包括物质产品的购买者，也包括精神产品的接受者；既包括有形物（产品）的购买者，也包括无形物（服务）的承受者。如工商企业的消费者、医院的就医者、图书馆的读者、影剧院的观众、学校的学生及其家长、政府的服务对象——人民群众等。顾客是组织外部最大量、最重要的公众，是组织外部公共关系的主要对象；满足顾客的需求是社会组织一切活动的中心和出发点，是组织生存、发展的前提。没有顾客，这个组织就没有存在的必要。

不同性质的社会组织有着不同的顾客公众，形成各自的顾客公共关系，每一组织或个人每时每刻都有可能成为某个组织的顾客公众——服务对象。对于一个组织而言，顾客公众至关重要，不仅反馈信息，且对产（商）品质量、服务质量、组织形象和信誉的评估最具权威性。顾客关系到组织的生死存亡；如果没有顾客，组织就没有了服务对象，那就会"关门大吉"；如果顾客越来越少，那就意味着组织面临着危机；如果顾客门庭若市，那就标志着组织的兴旺发达。正因为如此，人们将顾客公众称之为支撑性公众，协调好与顾客的公共关系，是组织在激烈的市场竞争中立于不败之地的关键。

如何协调顾客的公共关系呢？要求做到以下几点：

第一，树立"顾客第一"的思想。当前，许多商店提出了"顾客是上帝"、"顾客永远是正确的"、"买卖不成仁义在"、"货物出门，包退包换"等口号，以"笑脸相迎，笑脸相送"、"百问不厌，百挑不烦"的优良服务态度赢得了顾客的称赞。其实，一切社会组织也应如此，树立自觉的顾客公共关系意识，这是建立良好顾客公共关系的关键所在。

第二，充分了解顾客的需求。公共关系部门和人员，要认真进行市场调研和预测，充分了解顾客的需求。顾客的需求包括现实需求和潜在需求，只有通过市场调研才能了解和掌握，并作出科学的预测，以做到"以销定产，适销对路"，按顾客的不同需求、消费习惯和消费心理的变化来提供各种各样的产（商）品和服务，使顾客有选择的余地，才能赢得顾客。

第三，为顾客提供优质的产（商）品和服务。这是协调顾客公共关系的物质基础。顾客公共关系是由顾客对产（商）品的购买欲望和购买行为而发生的。没有适合顾客需求的优质产（商）品和优质服务，就不可能有稳定、良好的顾客公共关系。优质服务对于工商企业来说，包括送货上门服务、安装服务、包装服务、维修服务、退换服务、信用服务等。

第四，价格要合理。物美价廉是顾客追求的主要目标。组织(企业)提供的产(商)品和服务，应以价值为基础，制定出既为顾客乐于接受、又给组织带来适当收益的价格，要兼顾组织(企业)与顾客的利益，这是开拓市场、扩大市场占有率、建立良好的顾客公共关系的必要条件。

第五，处理好经销、批发、零售、运输等中间环节的公共关系。对于工商企业来说，处理好经销、批发、零售、运输等中间环节的关系是建立良好顾客关系的重要环节，生产企业与消费者之间存在着许多中间环节，而这些中间环节比企业更接近顾客。企业在顾客中的声誉往往要通过这些中间环节去建立和维持。

第六，处理好顾客的纠纷和投诉。尽管组织(企业)已尽了很大的努力去满足顾客的需求，但仍难免有不能令人满意的地方。对于顾客的意见，要以对顾客负责的精神及时处理，态度一定要诚恳。处理好顾客的纠纷与投诉，可以平息或减少由于组织(企业)的差错和失误而引起的顾客不满，可以稳定顾客的情绪，缩小因纠纷所造成的对组织(企业)的不利影响。

四、协作者公共关系的协调

与业务往来单位的公共关系，称为协作者的公共关系，它是指的组织(企业)与组织(企业)之间在业务活动中发生的关系，而不包括非业务性质的其他关系。以工商企业来说，最常见的协作关系有：与供应商的关系，与经销商的关系，与金融界的关系，与横向协作组织的关系等。从某种意义上说，协作单位是组织的延伸，组织与协作者的关系协调与否，直接关系到组织(企业)总任务、总目标的实现。

如何协调协作者的公共关系呢？要求做到以下几点：

第一，为协作者提供各种帮助。既然是协作者，双方就有着共同的目标和利益，因而，就必须为协作者提供各种帮助，为他们排忧解难，帮他们解决各种实际问题，以此来赢得协作者的信任，建立起稳定、良好的合作关系。

第二，坚持平等互利，共同发展的原则。协作的各方规模有大小，级别有高低，资金、人才、技术等各方面也有差异，在协作中每个组织都要把协作对象看成是平等的、同舟共济的伙伴。对待物质利益，协作各方都应在保证社会利益、公众利益的前提下，本着互惠互利、共同发展的原则来进行合理分配；对于组织(企业)取得的成就、获得的荣誉，要把它看成是协作伙伴共同努力的结果。组织只有把自身的利益与协作伙伴的利益联系在一起，树立"共存共荣、共同发展"的观念，才能协调好与协作者的关系，使大家都受益于这种协作关系。

第三，信守合同，避免争端。组织（企业）间的协作，虽有一定的共同目标和利益来维系，但由于毕竟是不同的组织（企业），有着各自不同的性质、任务和特点，在利益分配上就有可能出现这样那样的矛盾。以合同形式来确定协作各方的权利和义务，是防止和解决这些矛盾的有效措施。在协作活动中，组织（企业）一定要信守合同，这样就可避免或减少不必要的争端和纠纷。一旦发生了争端，也可根据双方所达成的协议或签订的合同，在友好的气氛中得到解决。

第四，相互依赖，相互帮助。协作关系是协作者为共同目标和利益在一起工作而形成的关系，协作伙伴之间只有相互依赖，同心同德，密切配合，齐心协力，才能把共同的事业做好。协作不可能是一帆风顺的，在协作过程中会出现各种问题，遭受挫折，在这种情况下，协作各方一定要精诚合作、团结一心，一起来克服困难，解决问题，切不可相互推诿、扯皮，那只会伤害协作伙伴的感情，影响协作。

第五，加强感情交流。对于协作者，平日要加强联系，进行"感情投资"，增进协作者之间的友谊。公共关系部门和人员，要密切配合负责协作工作的职能部门，建立与协作单位有关人员之间的亲密、融洽关系，以此来推动协作单位良好公共关系的建立和稳固。

五、竞争者公共关系的协调

竞争是市场经济发展的必然产物。随着国内统一市场和全球化统一市场的建立，竞争将更为激烈。竞争者的公共关系是组织外部公共关系中一种比较特殊的关系。既然是竞争，双方"天生"地处于对手的地位，甚至在市场上处于有你无我、有我无你的境地。竞争包括产（商）品竞争、服务竞争、销售竞争、价格竞争、技术竞争等。没有竞争，就没有比较，就没有优胜劣汰，这是不利于组织尤其是工商企业的发展的。

如何协调竞争者的公共关系呢？要求做到以下几点：

第一，坚持正当竞争，反对不正当竞争。组织（企业）在与竞争对手的竞争中，要遵守国家的政策、法律、法规，遵守职业道德，使用正当的竞争手段。正当的竞争，应该是千方百计提高产（商）品质量和服务质量，改善经营管理，减少劳动消耗，节约生产（经营）成本，降低产（商）品价格，搞好促销宣传。要坚决反对那种为倾轧对方而不惜血本降价，以自己的雄厚实力来压倒对方，最后使之倒闭、破产的做法，更要反对那种对竞争对手进行诽谤性攻击、造谣诬蔑或在竞争中进行欺骗、弄虚作假的不正当行为。

第二，坚持公平性原则。组织(企业)在与竞争对手开展竞争时，一定要坚持公平性原则，尊重竞争对手，互利互惠，友好相处，不能视竞争对手为死对头。现实的经验教训告诉我们：你越是以自我为中心，拼命想挤垮竞争对手，结果自己并没有得到好处，或者是两败俱伤；相反，若与竞争对手共谋发展，真诚合作，双方都能从竞争中得到好处，竞争对手变成了必不可少的"朋友"。

第三，实行开放竞争。组织(企业)在与同行业、同类产品的竞争中，要光明磊落，胸襟坦荡，实行开放竞争，反对互存戒心，相互封锁。应该敞开大门，欢迎竞争对手前来参观学习，交流经验。竞争对手之间要有正常的信息交流和沟通，做到互相摸底，了解和掌握对方的经营状况和资信状况，并根据对方的行动计划，采取相应的对策，以达到在竞争中共同进步的目的。

第四，正当的保密是必不可少的。虽然实行开放竞争，但既然是竞争，就存在着利益上的冲突。因而，实行对新产品开发保密、技术保密、市场信息保密等，是完全正常的。当这些机密泄露给竞争对手时，往往会给组织(企业)造成难以弥补的损失。

六、新闻媒体公共关系的协调

新闻媒体，或称新闻媒介，它包括了两方面的含义：一是指非人格化的新闻机构，如报纸、杂志、广播、电视等大众传播媒体；二是指在这些新闻机构工作的从业人员，如记者、编辑、节目主持人、专栏作家等。协调与新闻媒体的公共关系，实际上就是协调与新闻机构中的记者、编辑、节目主持人、专栏作家的关系。新闻媒体是一种地位特殊的公众，在当今信息时代，它扮演着极为重要的信息传播者的角色。组织与外界公众的联系，主要依赖于新闻媒体，因而，协调与新闻媒体的公共关系，在组织的外部公共关系协调中，占着极其重要的地位，应引起足够的重视。

新闻媒体公共关系之所以重要，这是由于新闻媒体具有双重的性质：一方面，新闻媒体是一种极重要的传播工具，具有覆盖面广、传播信息快、影响力强、威望高等特性，任何社会组织都可以通过它与各类公众取得联系，是公共关系部门和人员赖以实现公共关系目标的最主要的媒介；另一方面，新闻媒体本身也是一种公众，是公共关系部门和人员必须加以争取的重要公众，只有搞好与新闻机构从业人员的关系，才能充分发挥其作为"工具"的作用。在西方，人们将记者称为"无冕之王"，将新闻媒体视为继立法、行政、司法之外的"第四权力"和"第四大支柱"，足见新闻媒体在现代社会的地位。新闻媒体对于组织来说，"得之者可锦上添花，失之者则名誉扫地"。在我国，哪个组织或个人一旦被新闻媒体报道，往往一夜之间名扬天下，身价倍增；相反，如果被新闻媒体曝光，点名批评，那就会臭名远扬，一蹶不振。其威力如此强大，难怪我国推出的"质量万里行"活动，使那么多企业欣喜若狂，又使那么多企业闻风丧胆。

新闻媒体是人民群众的代言人。它的态度和看法，往往代表了公众的态度和看法，形成为一种社会舆论。俗话说："人言可畏"、"众口铄金"、"众怒难犯"、"坏事传千里"，都说明舆论的强大威力。任何社会组织要想得到社会舆论的支持，维持良好的信誉，塑造美好的形象，就必须搞好与新闻媒体的关系。有些公共关系学者甚至认为，公共关系部门和人员处理公共关系的第一要务，就是同新闻界打交道，与新闻媒体建立良好的公共关系。

社会组织运用新闻媒体开展公共关系传播活动，一般说来有两种方式：一种是支付一定的费用，占用一定的报纸、杂志版面，或占用一定的广播、电视时间；一种是不支付费用，借助报纸、杂志、广播、电视以消息报道、专题采访等来进行公共关系信息传播。前一种方式虽是必要的，但后一种方式对组织的公共关系更为有效，因为这种传播的可信度和权威性更高，公众更易于接受和相信。

如何协调新闻媒体的公共关系，要求做到以下几点：

第一，主动交往，建立新闻关系网络。一般说来，社会组织与新闻媒体建立联系的渠道有三种：一是公共关系人员登门拜访新闻单位，主动要求建立联系；二是通过上级主管部门介绍，公共关系人员同新闻界建立联系；三是通过已有的新闻关系，介绍结识新的新闻单位，即利用新闻单位的"内线"来结交新闻界的新朋友。对已经建立起来的新闻关系网络，必须高度珍惜，经常加强联络，以保持长期、稳定的合作关系。

第二，熟悉各种新闻媒体的特点。新闻传播是专业性很强的领域，公共关系人员只有熟悉其业务特点，掌握其工作规律，才能协调好与新闻媒体的关系。除了解报纸、杂志、广播、电视等大众传播媒体的特点外，还要掌握各种媒体下列情况：截稿日期、栏目内容、发行周期、发行范围、读者对象等。只有掌握了这些情况，才能从中发现各种新闻媒体的工作规律，主动提供对路的、有价值的信息，协助他们开展工作。同时，这也为组织实现某一公共关系目标而开展的公共关系工作或活动，选择合适的新闻媒体和传播渠道、传播方式，提供可靠的依据。

第三，平等接待，主动配合。对新闻媒体的人员，一定要以礼相待、以诚相待、平等相待，切不可一厢情愿、以利相交，交换要挟。新闻媒体所属的层次不同，影响力有大有小，但公共关系人员对新闻媒体人员都要热情接待，一视同仁，不可厚此薄彼。要主动配合他们的报道工作，提供必要的帮助、支持和方便。当记者提出需要会见有关领导或人员，应尽可能及时引见和安排；当记者要求核实某个事实或数据，应提供正式的、权威的材料；对于不便于公开的机密或事实，应明确而委婉地向记者说明原因，请求谅解，并表明对他们的信任。

第四，尊重新闻自由。新闻自由是人民民主权利在新闻活动中的具体体现。公共关系部门和人员应充分尊重记者在遵守法律和纪律前提下的采访自由、撰稿自由、报道自由，不得人为地进行干扰，不得故意封锁消息，不得设置种种障碍，不得无理地纠缠记者，更不得强迫或引导记者报道什么或不报道什么，要让新闻媒体自己去说话。当新闻媒体发表了不利于组织的报道时，切不可采取敌对的态度，而应竭诚合作，如实说明情况，提供真实材料，由他们决定是否更正或补充。若组织确有不对的地方，则应接受舆论监督，切实予以改进，争取记者继续采访、报道，让组织改进的成果见诸报端，恢复组织的信誉和形象。

第五，制造"新闻事件"。公共关系部门和人员，在公共关系策划中，应善于制造"新闻事件"，吸引新闻媒体的注意。制造"新闻事件"，不是无中生有，捏造新闻，而是捕捉有利时机，有计划地策划组织举办具有新闻价值的活动和事件，吸引新闻界和公众的注意和兴趣，争取新闻媒体的报道，以提高组织的知名度、美誉度，达到预期的公共关系的目标。

第六，与新闻媒体保持经常联系。与新闻媒体打交道，一定要保持经常性，加强日常的信息传递、交流和沟通，与新闻界的同仁广交朋友，广结良缘，增进相互之间的友谊。要经常为新闻媒体提供稿件或报道线索。切不可"平日不烧香，急时抱佛脚"。凡遇重大节日，公共关系人员应向新闻界朋友发送贺年卡、纪念品，或举行各种形式的联谊活动。组织还可给予新闻媒体以适当的赞助和经济、物质等方面的支持，增强组织在新闻媒体心目中的美誉度。

七、涉外公共关系的协调

涉外公共关系，或称国际公共关系，它不是指国家与国家之间的外交关系，而是指一个组织的公共关系活动进入国际范围，与其他国家的相应组织以及当地的公众发生的非国家性的关系。与其他外部公众关系相比，涉外公共关系最主要的特征是组织的活动具有跨国的性质。

协调涉外公共关系，其目的在于通过有效的信息传播和沟通，在国外公众中扩大组织的影响，树立组织的美好形象，从而创造有利的国外经营环境，开拓国外业务，占领国外市场，为国家多创外汇，为人类多作贡献。涉外公共关系活动,除了围绕塑造经济组织的海外形象和帮助其产(商)品进入国际市场外,还常见于政府的外事活动或对外宣传、大型的国际招商活动和国际产(商)品展览会、国际性危机事件的处理等,内容相当广泛,形式多种多样。

如何协调涉外公共关系呢? 要求做到以下几点:

第一,要具备全球性的眼光。当今世界,国际社会的相互依存和相互影响,比以往任何时候都要深刻和广泛。涉外公共关系作为在国际领域内开展的公共关系活动,应以全球性的眼光来思考和看待公共关系所涉及和参与解决的问题,这不仅是涉外公共关系得以存在的先决条件,也是开展涉外公共关系活动的基本原则。这就要求公共关系部门和人员,一定要充分了解国际政治、经济发展、变化的形势,关注人类共同面临的重大问题,重视现代科学技术迅猛发展,尤其要重视新闻媒体先进传播技术的运用,这样才能使公共关系工作或活动适应时代发展的需要。

第二,遵守国际惯例。每一个行业都有自己成文和不成文的行规,涉外公共关系领域自然也不例外。遵守与涉外公共关系工作有关的国际惯例,这是开展涉外公共关系活动的基本准则。《国际公共关系协会行为准则》和《国际公共关系协会道德准则》,对涉外公共关系的行为规范提出了原则性的要求,如注重信息的真实性和充分的交流,尊重和维护人类的尊严,对社会和公众利益负责等,以及一些不成文的国际惯例,都必须切实地加以遵守,才能使涉外公共关系协调取得成效。

第三,熟悉所在国的有关政策、法律和法令。各国都有自己的政策、法律和法令,涉外公共关系活动必须与所在国的政策、法律和法令相符合,才能取得所在国政府及有关组织的支持。否则,触犯了所在国的政策、法律和法令,就会受到该国政府的阻挠和干涉。因此,涉外公共关系人员在进行涉外公共关系活动时,一定要对所在国的有关政策、法律和法令及其变化情况有充分的了解和掌握。

第四,了解所在国公众的需求、心理、风俗和习惯。涉外公共关系是以国外的社会组织、顾客、用户、技术合作者及各界人士等为公众对象,由于这些公众处于不同的国家和地区,生活在不同的社会和文化背景下,不但与我国公众存在很大的差别,而且各国、各地区之间也相差甚远。因此,公共关系部门和人员,必须全面、深入地了解将与之打交道的外国公众的情况,如文化传统、社会心理、消费需求、生活方式、风俗习惯等情况,发现其特点和规律性。在此基础上,根据其特点策划适合他们习惯和要求的信息交流形式,使传播的信息能为广大外国公众所理解和接受。

第五，坚决维护国家的尊严。在涉外公共关系协调过程中，一定要以国家和人民的利益为重，坚决维护国家的主权和利益，维护国家和民族的尊严，严格按党和国家的外事政策办事，按国家的政策、法规、法令办事，体现国际交往中大小国家一律平等的原则，举止端庄大方，不卑不亢，重礼仪，讲实效，不做任何损害国格、人格的事情。

第六，坚持内外有别。开展涉外公共关系活动，一定要坚持内外有别，严格保守国家机密。凡属国家机密的事项，未经上级主管部门批准，不得以任何方式在涉外公共关系活动中泄露。

【典型案例】

一次成功的内部公关

在 2004 年中国公关案例评选活动中，万博宣伟公关公司提交的优秀员工，造就最佳雇主——安捷伦科技内部公关运作就是内部公关的一个成功范例。

2002 年 10 月，安捷伦受邀请参加 2003 年亚洲最佳雇主的评选。但是安捷伦参加这一评选却面临着不少的挑战：一是由于安捷伦是按全球业务部门垂直管理的，员工对安捷伦在中国作为一个统一整体的归属感不强；持续的经济不景气导致的裁员减薪给员工士气带来一定的伤害；员工的积极参与是安捷伦成为合格的候选单位的必要条件(发出的 500 份员工意见调查问卷必须收回 250 份)。

为了动员安捷伦员工参与此次活动，以及有效传播获奖消息，万博宣伟北京办事处成功策划运作了一次历时 8 个月，跨越 7 个城市，涉及安捷伦 800 多名员工的内部公关项目(见图表 1)。最后，安捷伦科技顺利入选中国最佳雇主。从公关效果的评估看，在企业内部增强了员工的归属感，鼓舞了员工的士气；在企业外部大大提升了企业的知名度和美誉度，特别是在企业文化和人力资源管理方面，安捷伦最佳雇主的形象开始深入人心，安捷伦人力资源总监卢开宇对该项目给予了很高的评价。

万博宣伟策划了两次动员大会，公司高层亲自做演讲并和员工进行交流，在表达了公司对评选的重视程度和对员工参与的热切期望的同时，也对公司以人为本的管理理念和机制做出了长期承诺。有效的上情下达和下情上达，使此次内部公关项目实现了双向的纵向传播。

在大众传播中有舆论领袖的存在，在企业的内部公关中，也同样存在类似的舆论领袖，他们是整个内部公关沟通的重要联结者。万博宣伟中国总经理刘希平认为，在这个内部公关项目中，安捷伦一线的经理人就担当了舆论领袖的作用，他们把安捷伦在中国7个城市的800多名员工有效地联系在一起，保证了内部公关的顺畅进行。

在企业内部公关中，传播都不是直接一次性完成的，而是逐层向下或向上流动，相对于很多中国的企业而言，大多还存在品字形的层级序列，沟通需要逐级完成，因此信息容易在传递沟通的中间环节中因为丢失或添加而失真，这时候利用一个第三方的传播将有利于避免这种情况的发生，这也是企业借助公关公司的介入进行内部公关的作用。刘希平认为，万博宣伟在安捷伦最佳雇主的内部公关中就是起了临门一脚的作用。

除了通过动员大会、公司高层发出的动员邮件和问卷调查等纵向传播方法外，万博宣伟还设计和制作了一个专门为最佳雇主评选而开通的内部专题网站，建立了一个虚拟的、平等开放的沟通平台，大家在网上用各自的虚拟身份对此次评选活动畅所欲言，在企业内部层级的水平方向上开展横向沟通，使沟通更为真实有效。

在企业的内部公关运作中，推陈出新的公关手段也是保证成功的重要条件。万博宣伟通过开通网站论坛（网络传播）、张贴海报（视觉传播）以及赠送每个员工精美的小礼物——别出心裁的喜饼和小卡片以作纪念和表示感谢。通过策划响应性强的温情公关，调动了安捷伦员工参与评选的积极性。经过一个月的员工动员，发出的500份员工意见问卷收回了420份，使安捷伦顺利成为合格的候选单位。

在安捷伦入选中国最佳雇主后，万博宣伟利用不同的渠道把这个好消息传播给员工，安排评选主办方到安捷伦颁发奖杯，并安排把奖杯、媒体报道和海报放在一起在各个城市的办公室进行巡展，让员工士气受到了很大的鼓舞。在美国经济持续不景气波及到中国的裁员和减薪的环境下，这个好消息给安捷伦所有在华员工打了一支及时的强心针，团结所有员工一起共渡难关。

安捷伦的一名员工在内部专题网上写道："一家优秀的公司，起决定作用的是人。安捷伦能够入选"中国十佳雇主"，表明公司与员工不仅仅是雇主与雇员的关系，而是一个具有凝聚力和亲和力的大家庭，所有人都为这个共同的家庭建设努力，并为之自豪。此次入选，我认为得益于安捷伦良好的管理机制、以人为本的管理哲学以及公司良好的工作环境和氛围。在将来，希望公司能够更加以 Business 的发展作为基础，发展是硬道理，希望公司可以早日恢复盈利。"

（原载 2005 年 08 月 07 日《演讲与口才网》）

【案例分析】

这次成功的内部公关运作，建立起安捷伦内部员工的联系协作，加强了相互间的情感交流，增加了企业的凝聚力和向心力，激励了企业的高昂士气。万博宣伟中国总经理刘希平介绍，在安捷伦成功入选中国最佳雇主以后，万博宣伟又把此次内部公关的成果进行了外部传播，媒体对安捷伦的争相报道，使安捷伦中国最佳雇主的形象更加深入人心，得到了公众的认可。

第十三章　公共关系口才

公共关系以传播为手段来促进社会组织与公众的相互了解和信任，而传播则以语言(包括口头语言和书面语言)作为它的物质载体。语言是人们传递信息、表达思想、交流感情的工具。如果没有语言，没有能为全民所理解的共同语言，人们就无法交流，社会就无法存在和发展，当然也就谈不上什么公共关系了。正是凭借了语言这一物质材料，才使传播成为可能，才构成了公共关系。所以说，公共关系传播的过程，就是运用语言协调组织与各类公众的公共关系的过程，语言的运用贯穿于一切公共关系实践活动的始终。口才，指一个人说话的才能，即运用口头语言表情达意、传递信息的能力。公共关系语言艺术包括了口头语言和书面语言两个方面，而公共关系口才则专指公共关系口头语言的巧妙运用。试想，在公共关系活动中，如果公共关系人员木讷结舌，口齿不清，嗫嗫嚅嚅，语无伦次，话不得体，词不达意，又怎能有效地传递公共关系信息、实现公共关系目标呢？所以，公共关系口才是每个公共关系人员的基本素质之一，是做好本职工作的最重要的基本条件，是一项必须掌握的基本功。

第一节　公共关系口才的含义、特点和功用

一、公共关系口才及其相关概念的含义

公共关系口才是口头语言在公共关系实践活动中的具体运用，是在公共关系活动中口语表达的艺术和技巧。因此，要正确理解公共关系口才的含义，就有必要首先弄懂与公共关系口才密切相关的一些基本概念。

（一）语言

语言是声音和意义相结合的符号系统，是人类最重要的交际工具和思维工具，是一种特殊的社会现象。语言这个符号系统是能指和所指的结合：能指是语言的形式部分，即能为人的感官所感知的语音；所指是语言的内部部分，即通过语音表达出来的语义。语音和语义是密不可分的：语言如果不表达某种确切的意义，就不成其为语言的要素，而只是一种物理现象；语义如不依附于某

种特定的声音，它也无从存在。语言正是在能指和所指，即语音和语义的矛盾统一中存在着和发展着。从另一角度来看，语言又是由语音、词汇和语法所构成的，它是以语音为物质外壳、以词汇为建筑材料、以语法为结构规律而构成的体系，具有全民性、社会性和体系性的特点。

（二）口头语言

语言可分口头语言和书面语言两种。口头语言简称为口语，指的是人们在口头交际时所使用的语言。口语是人类语言的第一种基本形态，是一种主要诉诸于耳治的人与人之间应用最广泛、最基本的交际工具。在文字产生之前，口语是语言存在的惟一形式。书面语也叫笔语、文字语，是人类语言的第二种基本形态，是一种主要诉诸于目治的人与人之间十分重要的交际工具。书面语言是以口头语言为基础和源泉产生和发展起来的，它一经产生，便扩大了语言在时间和地域上的流传，丰富和加强了语言的交际效果。一般说来，口头语言比书面语言生动活泼、简短快捷、自由灵活，富有感情色彩和描绘色彩，但不及书面语言那样完整、凝练、严谨、精确、规范和讲究逻辑性。口头语言和书面语言是对立的统一，二者相互关联、相互影响、相互转化并且共同存在和共同发展。

在语言学著作和语言的实际运用中，也有将语言分为有声语言和无声语言的：前者指口头语言（包括副语言在内），后者指书面语言和势态语言。还有将语言分为自然语言和非自然语言的：前者指口头语言（包括副语言在内）和书面语言，后者则专指势态语言。副语言又称"类语言"，这种特殊的语言现象表现为两种情况：一是伴随有声语言而出现的语音特征，如语调、语速、重音及特殊的语音停顿；二是表意的功能性发声，如笑声、哭声、叹息声、呻吟声、咳嗽声以及因惊恐而发出的叫喊声等。副语言虽不能脱离有声语言而单独存在，但却有着独特的表情达意的功能，对有声语言起着辅助、强化的作用。势态语言又称"体态语"、"行为语"、"人体语言"、"动作语言"，指的是口语表达者以面部表情、手势动作、身体姿态等非语言手段为载体的信息传递、交流活动。在人类语言中，自然有声语言是最基本、最重要的交际工具，势态语言对自然有声语言只起强调、补充、修饰和渲染的作用，但在某种特殊情况下，它不但可以单独使用，甚至还可表达出自然有声语言难以表达的思想感情，直接代替自然有声语言。一般说来，口头语言主要指自然有声语言，同时还包括副语言和势态语言在内。

（三）标准口语

标准口语又称为标准语，指的是经过提炼、加工和规范化了的民族共同语。口语是一个宽泛的概念，它既包括各地的方言土语，也包括普通话的口语；既包括断断续续、不够连贯的话语，也包括语意顺畅、语气贯通的话语，而标准口语是经过语音规范、词汇规范和语法规范的口头语言。一般国家都把中等文化程度以上（如前苏联）或大学文化程度以上（如英国）的人们所操的口语定为标准口语。根据我国的实际情况，汉语的标准口语通常规定为受过中等以上教育、操现代汉语普通话的人们日常所使用的口头语言。然而，这种规定只是就标准口语的外延来说的，有着一定的片面性。因为，一些受过中等以上教育的人即使操现代汉语普通话，也不一定就是语意顺畅、语气贯通的标准口语；而有些没有受过中等以上教育的人，运用现代汉语普通话却可以表达出明白、准确、完整的意思。因此，我们对标准口语的内涵应定义为：在各种口头交际场合运用共同交际语表达时，符合特定语境和交际目的的语意完整、效果良好的口语。我国的标准口语是以现代汉语普通话为规范的，而现代汉语普通话又主要是以北京话作为基础确定的。因此，汉语的标准口语还应具备以下三个条件：一是要排除北京的土音、土词、土语等杂质成分；二是要适当控制北京话中的特殊音变现象——儿化音的使用；三是要力求接近书面语言并保持口语的基本特色。

（四）口语表达艺术

口语表达艺术，指的是为提高口语表达效能而有目的、有意识地运用各种表达手段、方式、方法、技艺、技能和技巧。口语表达在本质上属于一种特殊的社会现实实践活动，而不属于艺术活动。然而，口语表达强调艺术性，即讲究口语运用的鲜明、准确、得体、巧妙、生动、有力，能打动人、感染人、征服人。口语表达的魅力在于它超越了平日口语表达中的粗糙、简陋、啰嗦、杂糅的缺陷，吸收了戏剧、曲艺、音乐、舞蹈、绘画、雕塑等多种艺术的营养和特长，融会了语言艺术——诗歌、散文、小说、剧本的表达方式、表达手法和修辞技巧，从而形成一种具有新质特征的社会现实实践活动。这就是人们称这种活动为口语表达艺术的缘由。它不仅体现了口语表达者对表达内容的深刻认识和审美把握，而且体现了口语表达者对表达手段、方式、方法、技艺、技能、技巧的熟练掌握和得心应手的运用。

（五）口才

口才，顾名思义，就是口语表达的才能。具体地说，口才是人们在各种口语交际活动中，根据特定的交际目的，切合特定的语境，准确、得体、恰切、生动、巧妙、有力地表情达意、传播信息，以取得圆满交际效果的才能。它以口语的标准语音为物质外壳，以口语词汇为建筑材料，以现代汉语语法为结构规律，以口语表达者对客观事物、社会生活的能动反映为内容的思维表达过程或信息传递过程。口才是用恰切、巧妙的方式打动、征服对方的艺术，它以自然有声语言为第一载体，以势态语言为第二载体，即以"说"为主、以"演"为辅的信息传递、交流和沟通活动。它是人类特有的一种社会—精神现象，历史悠久，源远流长，我国古代称之为"话术"，西方称之为"说学"、"雄辩学"。古人说："一言知其贤愚。"从某种意义上说，口才是一个人的政治、思想、道德、品格、智慧、学识、素养、个性、气质、才能的综合反映和具体表现。会说话和有口才不能打等号。会说话的人未必称得上有口才，而有口才的人则必定会说话。口才与口语表达艺术在意义上有某种重合，有时甚至可以互相取代，但它们的内涵和侧重点有所不同，不可将它们混同起来。

（六）公共关系口才

公共关系口才，指的是公共关系人员在公共关系信息传播活动中表现出来的说话的才能，是公共关系人员熟练掌握和驾驭口头语言的一种基本能力，是其在公共关系活动中口语表达的艺术和技巧。它根据特定的公共关系目的或目标，切合当时特定的公共关系场合，运用标准口语，鲜明、准确、得体、恰切、巧妙、生动、有力地表情达意，传递公共关系信息，以获得最佳的公共关系效果。它以自然有声语言为第一载体，以表情、手势、体姿等势态语言为第二载体，借助一定的传播媒体，在实现社会组织与公众的信息传递、交流和沟通过程中所进行的，是一种行业性的和特定职业化的口才。公共关系口才与外交口才、商贸口才、律师口才、教学口才等相并列，为同一层面，是专业化或职业化口才中的一种。根据公共关系的不同目的和口语表达的特点，公共关系口才又可细分为公共关系交谈口才、问答口才、说服口才、赞美口才、批评口才、拒绝口才、演讲口才、辩论口才、谈判口才等。

二、公共关系口才的特点

由公共关系的传播性质和功用所决定，公共关系口才具有以下的几个基本特点：

（一）鲜明的目的性

目的，指人们为达到某种需要而形成的一定实践活动的目标、希望和要求。它是人对自己实践活动的结果的自觉意识和在观念上的设计。人的一切社会实践活动都是有着明确目的的，公共关系口才尤其如此。公共关系口才的目的就是通过口语表达的艺术和技巧，加强社会组织与公众的相互沟通、了解和信任，诱导公众，影响公众，打动公众，争取公众对组织的理解、好感、信任、支持和合作，提高组织的信誉，塑造、维护和巩固组织的美好形象。这也就是说，公共关系口才是有所为而为的，它体现了公共关系人员鲜明的主观意图，有着很强的实际功利目的。话由旨遣，有的放矢，为特定的公共关系目标服务，这是公共关系口才实践取得成功的首要条件。

(二)语境的谐调性

公共关系的口才表达总是在一定的客观环境里进行的，话随意迁，切合语境，这是对公共关系口才最基本、也是最重要的要求。所谓"境"，有自然环境、社会环境、关系环境、场合环境，而最重要的是说话的具体环境，简称语境。它是由一定的时间因素、空间因素和交际情景有机地组合而成的语言交际场合。人们在口语交际中，一词一语，一篇讲话，一次演讲，都不是孤立的存在，而是与特定的语境相联系，受特定的语境所制约，话语的意义和表达的效果，也总是在特定的语境中表现出来的。因此，凡公共关系口才好的人，一定要善于切合语境，而且还要审时度势，善于利用语境，真正做到如古希腊哲学家亚里士多德在《修辞学》中所说的："既不要把重大的事说得很随便，也不要把琐碎的小事说得冠冕堂皇。对于一些平凡的普通名词，不应加上一些漂亮的修饰语，否则就显得滑稽。……在表现情绪方面，谈到暴行时，你要用愤怒的口吻；谈到不虔诚或肮脏的行为时，你要用不高兴和慎重的口吻；对于喜事，要用欢乐的口吻；对于可悲的事，要用哀伤的口吻。"也就是说，要与当时当地的语境相切合、相谐调，与公众的情绪、情思、情感契合无间，才能增强公共关系口才的表达效果，实现公共关系口才表达的目的。如果说话不切合语境，就会"不合时宜"，很容易闹出笑话，使说话者和听话者都很尴尬，将关系搞僵，必然难以达到公共关系口才表达预期的目的。

(三)情感的丰富性

古语说："感人心者，莫先乎情"，"繁采寡情，味之必厌"。公共关系活动的目的是营造有利于社会组织生存、发展的人际环境，塑造、维护和巩固组织的美好形象。因此，公共关系口才不仅要求以理服人，而且还要以情感人，寓情于事，寓情于物，寓情于景，寓情于理，才能引起公众的共鸣和认同。公共关系人员在交谈、说服、赞扬、批评、拒绝、讲演、辩论、谈判、回答问题时，都要做到有丰富的情感，一言一语，一颦一笑，一个手势，一个眼神，都应有着情不自禁、情见意显、情真意切、情投意合、情理交融的表情功能和效果。而公共关系口才要能以情动人，就要立诚，"诚于内而形于外"，以真诚为本。我国先秦思想家、散文家庄周在《庄子·渔父》中说："不精不诚不能感人，故强哭者虽悲不哀，强怒者虽严不威。"矫揉造作，虚情假意，是断然感动不了人的；只有讲真话，讲实话，言出心声，态度真诚，"精诚所至，金石为开"，话语中饱含真挚、热切、丰富、深沉的情感，才能打动公众、感召公众、征服公众，赢得公众对组织的好感、信任、支持和合作。

（四）措词的得体性

常言道，"在哪个坡唱哪个歌，是什么锣敲什么鼓"、"一把钥匙开一把锁"。这就告诉人们说话要看对象，要因人而异，措词得体，坚持原则，掌握分寸，不说过头话，才能达到预期的目的。这在公共关系口才中表现得尤为明显。在公共关系活动中，公共关系人员的说话应该适当、妥帖，恰到好处，符合自己的地位、身份，符合特定的交际目的、任务和要求，符合特定的公众、交际语境和氛围。而要做到这点，就应符合适位、适人、适情、适时、适度的要求。适位，指公共关系人员应根据自己的地位、身份，即在社会生活中扮演的角色，确定自己站在哪个角度，该说些什么，怎么说？对不同的人该如何称谓；适人，就是说话要看对象，因人而异，对不同的公众用不同的口吻，采用不同的说话方式，切不可不看对象，乱说一通，"对牛弹琴"，无的放矢；适情，说的是在公共关系活动过程中，口语表达形式既要符合公共关系人员的精神境界、气质、情操、性格等特征及特定处境下的心态，又要符合目标公众的精神境界、气质、情操、性格等特征及特定处境下的心态，使二者合拍、相通；适时，指公共关系人员说话时要把握好时机、掌握"火候"，切合时宜，该说的话一定要说，不该说的就不要说，并懂得何时该少说，何时该保持沉默；适度，指公共关系人员讲话既要坚持原则，又要讲究策略，注意方式方法，掌握分寸，有一个量的界限，有时话要讲深讲透，有时宜点到为止，有时可在公共场合提出，有时只宜私下交谈；有的话还可过一段时间再谈。而措词的得体与否，主要以适度为本。

（五）语体的多样性

语体，指人们在不同领域的社会交往中，由于对象、内容、目的和环境的不同，而形成的一系列不同用语特点的综合体系。由于公共关系活动的内容和形式多种多样，丰富多彩，这就决定了公共关系口才的语体也是多种多样的。它以口语语体为基调，但公共关系人员的有些讲话、汇报、作报告、演讲、谈判发言、辩论等，事先多写成底稿，对语句再三斟酌，这种书卷谈话体可看成是口语语体的变体形式。一般说来，在公共关系人员的口才实践中，主要有社交语体、讲演语体、服务语体、广告语体、谈判语体、辩论语体、新闻发布语体、公文事务语体等，应根据不同场合采用不同的语体。

三、公共关系口才的功用

（一）它是公共关系人员的基本素质之一

公共关系传播的实施者是公共关系人员，掌握各种传播技能是公共关系人员的职业要求。口头传播和书面传播技能都是公共关系人员必备的最重要的基本技能。而在口头传播中，公共关系人员口才的优劣是决定其质量高低的前提条件。在各种公共关系活动中，公共关系人员都少不了口才的施展，以此来传递信息，沟通情感，增进了解，消除误会，化解矛盾，协调关系，说服公众，促其行动。在公共关系活动中，公共关系人员的口才有如他手中掌握的一把金钥匙，可开启人们锁闭的心灵；又如组织与公众之间交往的润滑剂，将各种摩擦减少到最低限度，促进二者的相互理解和信任，从而达到良好的公共关系状态。在公共关系实务中，口才贯穿于公共关系人员活动的始终，时时、处处、事事都需要施展口才。如果公共关系人员口才好，谈吐潇洒，就会掌握主动权，成为社交场合的中心人物，赢得人们的尊重和友谊，使问题得到顺利的解决，建立起良好的合作关系，实现预期的目的。由此可见，能说会道，能言善辩，善于辞令，有高超的口才，是公共关系人员的"看家本领"，是他事业成功的重要保证，也是他胜任本职工作的基本素质之一。

（二）它在社会组织与公众的交往中起着重要的纽带功用

公共关系的基本宗旨，是为社会组织创造一种适宜它生存和发展的社会环境，这就要求公共关系人员广交朋友，广结善缘，增进友谊，赢得各方面的支持与合作。而要广交朋友、协调好与各方面的关系，公共关系人员的口才是至关重要的。口才好，伶牙俐齿，谈话风趣，公共关系人员就会处处受人欢迎，人们都愿与他结交；能够缩短人与人之间的心理距离，使原来不相识的人携手；能够使陌生的人彼此了解，心心相印；能够为人排忧解难，解开他心中的疙瘩；能够为人排解纠纷，消除人与人之间的隔阂；能够加强信息的交流和沟通，密切组织与公众的关系。一句话，公共关系人员的口才，在组织与公众的交往中起到了桥梁和纽带作用。

（三）它在塑造组织形象中起着美容师的功用

为社会组织塑造美好的形象，是公共关系的基本任务。组织的美好形象，是一笔无形的财富，是取得社会各方面的支持和合作、保证组织的机构正常、高效运行的基本条件。组织的美好形象，是建立在它的角色定位的基础上的。组织形象的好坏，是组织自身内在本质和整体素质的反映，是公众和社会舆论对组织的客观评价。然而，一个各方面都很出色的组织，但不为公众所熟悉、所了解，那它就不可能在公众心目中树立良好的信誉和美好的形象。因此，公共关系人员必须施展自己的口才，通过各种方式向公众介绍本组织的情况，宣传本组织的职能、宗旨、理念和对社会的贡献，提高组织的知名度和美誉度。在各种公共关系活动中，公共关系人员的口才起到了美容师的功用，通过公共关系人员生动而巧妙的介绍和宣传，使公众对组织产生好感，得到他们的理解和认同，从而有效地树立起组织在公众心目中的美好形象。

第二节 交谈、问答和说服

一、交谈

交谈，是由两人或若干人以口语为工具，以对话为基本形式，面对面地进行思想、情感、信息交流和沟通的一种交际活动。这是人们日常生活和工作中的一种最基本、最常用的口语表达形式，也是一切语言表达活动中与现实生活最贴近，内容和形式最随意、最丰富的一种。美国著名语言心理学家多萝西·萨尔诺夫指出："说话艺术最重要的应用，就是与人交谈。"公共关系人员要协调组织与公众的关系，就更离不开别人面对面的交谈。但这种交谈与一般的聊天、侃大山不同，具有明确的目的性，要引导交谈对象朝着你设定的路子走下去，切不可无目的地穷侃闲聊，而说话的形式却是随意自由的，不必作过多的限制。

公共关系交谈的特点是：目的明确，常围绕着某一中心内容进行；双向交流和反馈，交谈的过程实际上是交际双方相互发出和反馈信息的过程，自始至终，双方既是说者，又是听者，角色轮流转换；以礼相待，以诚相见，这是交谈得以顺利进行的前提；交谈较为轻松、随意，话语可多可少，可根据交谈的具体情况随机应变，尽可能避免无原则的争论。

在公共关系交谈中，最容易犯的毛病有：先入为主，认为自己的看法是绝对正确的，有了先入之见，因而单向说教，听不进不同的意见；滔滔不绝，唠叨不休，只顾自己说个不停，对方插不进半句话，令人厌烦；咄咄逼人，官气十足，像检察官审讯罪犯似的，使人产生敌意和反感；缺乏礼貌，不尊重别人，老是打断别人的说话，自己抢着讲，使对方失去交谈下去的兴趣；不认真听对方的谈话，或东张西望，或做别的事情，使对方误解你不愿意交谈，于是急忙告辞等。公共关系人员在与人交谈时，一定要克服这些毛病，这是公共关系交谈口才最起码的要求。

公共关系人员要使交谈达到预期的目的，在交谈时应做到以下几点：

第一，要有好的"开场白"。交谈如何开头，是非常重要的。一句不恰当的"开场白"，或是将谈话引向一些不相关的内容，或是引发矛盾，使双方感到尴尬，"一句话把人说跳"，彼此剑拔弩张，使谈话无法进行下去。因此，在交谈开始时，应选择双方感兴趣的话题，营造一种融洽的交谈氛围，才能让交谈顺利地进行下去，使交谈收到良好的效果。

第二，要耐心倾听对方的谈话。"说"和"听"是相辅相成、互为因果的。俗话说："说三分，听七分"，"会说的，不如会听的"。在公共关系口才实践中，善于说话的人，同时应该是一个善于聆听的人。在交谈中，一定要耐心倾听对方的谈话，这样可使对方感觉受到尊重，这是保持各方感情融洽、建立良好关系的开端；善听还是洞察交谈对方心扉的手段，能加深对对方的了解，然后根据对方的为人、个性、兴趣、情绪以及他对自己的印象，来决定交谈的方向和方法。俗话说："兼听则明，偏听则暗。"认真聆听对方的谈话，可从中汲取营养，拓展自己的思路，完善自己原先的构思，使自己的谈话更加完善，更胜一筹；耐心听对方的谈话，可大大提高对方说话的兴趣，鼓励对方更好地把话说下去，使你源源不断地获取各种信息。总之，善听是走向善说的捷径。

第三，交谈要看对象。在现实生活中，人们的思想修养、文化水平、心理特征、脾气秉性、语言习惯等方面都存在差异。因此，公共关系人员在与人交谈时，一定要因人而异，"看人说话"，即根据不同对象的不同职业、性别、年龄和思想修养、文化水平、心理特征、脾气秉性、语言习惯等，采取恰当的口语表达方式，或直抒己见，或委婉表述，或激扬豪放，或含蓄幽默，这样才能取得满意的交谈效果。

第四，采用开放式的交谈方式。交谈本是自觉自愿、平等对话的一种行为方式。所以交谈的任何一方都不可采取封闭式的态度，以自我为中心，只有自己说的，没有别人说的，要对方围着自己的话语转；而应采取开放式的交谈方式，既说又听，耐心地将对方所说的话听完，平等相待，双向交流和反馈。那些以自我为中心的交谈者，只有他说的，没有别人说的，明明对方说得对，也要"鸡蛋里挑骨头"，故意"找碴"，以显示自己的高明。交谈如果采取这种态度，必然会使对方反感，十次有九次要失败。

第五，要求大同、存小异。交谈的成功在于双方心灵的沟通、情感的交融。现实的情况是：交谈双方并不是一开始就怀着共同的目标、持有相同的看法。聪明的公共关系人员总是在交谈时积极发现双方的共同点，以此作为谈话的基点和起点，尽可能避免在交谈开始时因意见分歧而引起对方戒备。当发现双方看法有分歧时，应冷静客观，求大同、存小异，切不可急于将自己的观点强加给对方，以致伤害感情，扩大分歧，使交谈无法进行下去。

二、问答

口语交际的基本形式是提问和回答。《周礼》注："发端曰言，答述曰语。"人与人之间的口语交际离不开"言"与"语"，也就是离不开"问"与"答"。问答不仅在人们平时谈话中应用得十分广泛，而且在公共关系口才中也应用得十分广泛，无论公共关系协调、谈判、辩论和接受新闻媒体采访、接待来访等，都要善于提问和应答。

提问的方式很多，一般有正面提问、不知而问、迂回侧问、明知故问、"弯弯绕问"、面面俱问、假言设问、步步追问、顺势反问等。回答的方式也很多，一般有直答所问、曲言婉答、随机应答、分别回答、比喻作答、智言巧答、反问代答、避而不答等。聪明的提问和回答都是智慧的标志，是公共关系口才的显示，在各种公共关系活动中，公共关系人员既要巧于提问，又要智于回答。

提问和回答是一门艺术，巧问和智答是促进人与人之间相互了解和交流的桥梁，使双方都感到心情舒畅；而愚蠢的提问和笨拙的回答，则使人感到失望和难堪，使谈话无法进行下去。因此，公共关系人员的提问和回答，都应掌握一定的技巧：

第一，提问要因人而异。在提问时，要考虑对方的年龄、职业、身份、性别、文化教养、性格特征等，并根据问题的性质，选择不同的发问方式，以求得最佳的交际效果。对问题的提出要明确具体，具有诱发力，使对方对你提出的问题乐于作答，有话可讲。

第二，问话时态度要谦逊。提问时一定要注意态度。谦逊、友好、彬彬有礼的态度，能使双方感情融洽，对你提出的问题，对方会给予满意的答复。如采用盘问、质问、追问的方式，或用教训的口吻提问，往往会使对方恼羞成怒，根本不愿回答你提出的问题。对涉及机密和个人隐私的问题，一定要避讳，不要强人所难和使对方难堪。

第三，要据"问"而"答"。回答对方提出的问题时，一定要仔细听清对方提出的是什么问题，准确地理解问题的性质，才能作出准确无误的回答。如果对对方提出的问题没有听清楚，或是理解上出现了偏差，就会抓不住问题的实质或要害，从而出现答非所问的现象，哪里还谈得上思想、情感和信息的交流和沟通呢？

第四，要相机智答。对那些突如其来、出人意料的问题，公共关系人员要相机而行，随机应变，以卓而不凡的智慧和精妙的言辞作答。这就要求公共关系人员具备较高的整体素质和应变能力，反应快捷、思维开阔且富有创造性，能急中生智，巧妙应对，言随口出，话到见效，使人闻之开窍，欣然接受。

第五，采取避闪的方式。对于那些不便表态或不能回答的问题，如果生硬地说"不能告诉你"，就显得粗俗无理。这时，可采用装聋作哑的"避闪法"，或听而不闻，或避而不答，或改变话题，或"顾左右而言它"等，使对方无可奈何，以避免不必要的争论和双方的对峙，用"无效"的口语表达方式来达到"有效"的答话目的。

三、说服

说服，《现代汉语词典》（修订本）对这个词语的解释是："用理由充分的话使对方心服。"这说明了"说服"的基本含义：说的是理，服的是心。表述得更具体一点："说"就是摆事实，讲道理，辨是非；"服"就是使对方弄通思想，相信你的立场、主张、看法是正确的，进而赞成你的立场、主张和看法，做到口服心服。在这里，"说"是手段，"服"是目的。在人们的日常交往和工作中，为了一定的目的，说服者采用有效的方法和有说服力的理由，打通对方的思想，使他在思想、行动上接受自己正确的立场、主张和看法，真正做到了心悦诚服，这就是说服。

说服公众，使公众认同、信任组织并采取相应的行动，这是公共关系人员最重要的工作和职责。无论是协调内外公共关系，还是参加谈判，或是推销产（商）品和服务等，都离不开说服。可以这么说，公共关系人员是职业的说服者。因此，熟练地运用说服的艺术和技巧，也就成了公共关系人员必备的基本技能之一。

那么，如何有效地对公众进行说服呢？公共关系人员应做到以下几点：

第一，要循循善诱。所谓"循循"，就是指有步骤地、耐心地诱导对方思考；所谓"诱"，就是启发引导；所谓"善"，就是要"诱"得得当、巧妙。这一成语出于《论语·子罕》："夫子循循然善诱人。"人对客观事物的认识，总是由浅到深、由简单到复杂、由感性到理性、由现象到本质，通过量的积累，再达到质的飞跃。因此，对公众进行说服，必须适应人的这一认识规律，坚持以疏导为主，按一定程序进行，摆事实，讲道理，以褒代贬，借此说彼，鼓动激励，启发思维，真正使公众信服

第二，要晓之以理。俗话说："有理走遍天下，无理寸步难行。""理"是说服人的基础。没有理，不讲理或强词夺理，是难以说服人的。有些人在认识上出现偏差，主要是由于在理论上、在认识方法上存在错误，因而就事论事是不能解决问题的。必须用大道理、用真理、用马克思主义的基本原理、用正确的政策、策略去进行说服。只有真正提高了认识，才能从根本上说服人。

第三，要动之以情。人是有感情的。要说服人，先要以真挚的情感去吸引人、感动人，使对方觉得你亲切可信，把你看成是自己的朋友，愿意接近你，乐意向你倾吐和接受你的意见。因此，公共关系人员在说服公众时，一定要以平等的态度，用关心爱护公众的真挚情感去打动对方，寻找共同语言；要由情入理，通情才能达理；要善于将自己的观点寓于情感之中，做到情真理切、情理交融。这样，公众就会为你的真情实意所感动，引起共鸣，进而自觉自愿地接

受你的立场、主张和意见。

第四，要衡之以利。衡之以利，就是在说服对方时，要有意识地利用人的趋利避害心理，从正面剖析利弊得失，讲清利害关系。对那些注重实惠的人，理难服他，情难动他，惟有"衡之以利"才是切实的一招。虽然也有那些淡泊名利的人，但你若能设身处地为他着想，关心他的切身利益，真正帮助他解决实际困难，这种通情达理的态度，必定更能使人心悦诚服。

第五，要以身作则。一个说服者，若本人品德高尚，学识渊博，言行一致，以身作则，身体力行，垂之以范，关心他人，无私奉献，这本身就具有最强的说服力。"身教重于言教"，"喊破嗓子，不如做出样子"，"有理想的人讲理想，有纪律的人讲纪律"等等，说的都是这个道理。榜样的力量，人格的力量，会使被说服者对你产生向心力、崇敬感、信任感，因而也就容易对你的意见愉快信从。

第三节　赞扬、批评和推拒

一、赞扬

著名心理学家威廉·詹姆斯说过："赞美就像是照在人们心灵上的阳光，使人感到温暖和振奋。没有阳光，万物无法发育成长；没有赞美，人活在世上就感觉不到愉快和希望。"在人的天性中，有一点是共同的：那就是希望被人喜欢，受人赞扬，得到尊重；希望在别人的赞扬声中感受到自我价值的实现。这是人性中一种共同的高级的精神需求。

公共关系人员都懂得，赞扬别人，肯定别人的长处和优点，别人总是乐于受用的，从而能密切双方的关系，促进双方心灵的沟通。赞扬本身就是一种激励，它激励着人们不断进步，对人生抱有一种乐观、积极、向上的态度。在人际交往中，这种乐观、积极、向上的人生态度，往往能使被赞扬者心胸开阔，宽厚待人，化解矛盾，消除怨恨，使人与人的关系更加亲密、和谐、融洽。相反，如果经常责怪、训斥他人，往往会伤害对方的自尊心，挫伤他的积极性，促使他以消沉的眼光去看待事物和人生。在人们的日常生活中，都希望多一点鲜花，少一点荆棘。所以，对于别人，特别是对于年轻人，应该多给予鼓励、赞扬，少一点责怪、训斥。

然而，并不是所有的公共关系人员都能将廉价的恭维、假意的献媚乃至肉麻的吹捧与真诚的、恰如其分的赞扬区别开来，以致有人错误地认为见面说人好话就是"公关"。俄国大作家契诃夫说过："被庸人吹捧，还不如死在他手里。"他对廉价的恭维、假意的献媚和肉麻的吹捧表示了极大的愤怒。这说明，赞扬应该是真诚的、发自内心的、实事求是的、恰如其分的，只有以这样的态度赞美别人，才会被对方视为知己、知音。为此，公共关系人员应该掌握赞扬的艺术和技巧，做到以下几点：

第一，赞扬要实事求是。赞扬应以事实为依据，这是与阿谀奉承的本质区别。阿谀奉承是不顾事实，完全出于主观的愿望，张开眼睛说瞎话，为的是一己的私利，带有明显的巴结逢迎的趋向，即俗话所说的"拍马屁"。而真诚的赞扬应尊重客观事实，实事求是，是好说好，是坏说坏，完全出自内心情感的流露。只有这样，才能与被赞扬者达到心灵上的沟通，使他感到高兴和满意，促使双方建立起亲密的友谊。

第二，措词要恰当。赞扬既然要实事求是，发自内心，那就不可虚情假意、油嘴滑舌，要做到措词恰当，切合被赞扬者的实际情况。这就要求公共关系人员在赞扬他人时应注意两点：一是不要夸张；二是不要过分。不要夸张，指的是赞扬的话应朴素、自然，不要有任何修饰的成分，不要夸大其词；不要过分，指的是赞扬的话要适度，有的话赞一次、两次，一句、两句就足以使对方欢乐，而如果一句赞扬的话说过多次或者堆上许多溢美之辞，那只会使对方感到自己不配，甚至疑心你借赞扬套近乎而有求于他。

第三，赞扬要实在具体。在日常交往中，人们十分突出的优点并不多见，因而应从具体的事情入手，善于发现别人最微小的优点、长处，不失时机地予以赞扬。赞扬的话语越实在具体，说明你对对方越了解，对他的长处和成绩越看重。这样，对方就能感到你的诚挚、亲切与可信，不期而然地缩短了与你的心灵距离；相反，你只是抽象地或含糊其词地赞美对方，说些空泛、飘浮、不着边际的赞扬的话，只会引起误解或不信任。

第四，赞扬要因人而异。实践证明，因人而异，突出个性，有特点地赞扬比一般化地赞扬更可贵、可信，也更能收到赞扬的效果。如老年人，大多有怀旧心理，总希望别人不要忘记他"想当年"的业绩，因而在同老年人交往时，应多称赞他引以为自豪的过去；对于年轻人，不妨语气稍显夸张地赞扬他的开拓精神和创造才能；对于经商的人，可称赞他的头脑灵活、生财有道；对于有地位的干部，可称赞他为国为民、办事公正、廉洁自律等。

第五，赞美要"雪中送炭"。最有实效的赞扬不是"锦上添花"，而是"雪中送炭"。最要赞扬的不是那些早已名声显赫的人，而是那些还被埋没而有自卑感的人。这些人平时很难听到一声赞扬，一旦被人当众真诚的赞扬，就有可能尊严复苏、自信倍增并精神振作。对一个人来说，最值得赞扬的，不是他身上早已众所周知的长处，而是有待发掘的那蕴藏在他身上还鲜为人知的长处、优点，如对此进行赞扬，定会备受被赞扬者珍惜而收到独特的效果。

二、批评

"人非圣贤，孰能无过？"既然有了过失，理应受到批评。批评是人生的一面镜子，能使受批评者更清醒地认识自己。我国古代大思想家荀子说过："非我而当者，吾师也；是我而当者，吾友也；谄谀我者，吾贼也。"在这里，荀子将廉价的阿谀奉承看成是对自己的伤害，而把实实在在的批评视为良师益友。然而，有这种明智认识的人并不多见，大多数人对批评都有一种本能的抗拒心理。

公共关系部门和人员处于社会组织的敏感位置上，里里外外、上上下下的各种信息都要汇集到这里来。从某种意义上说，公共关系部门是组织的"门面"和"窗户"，是组织的"眼睛"和"耳朵"。正是公共关系部门的特殊位置，决定了公共关系人员对出现的种种不利于组织的现象，有责任对相关职能部门和人员进行及时、有效的批评。

过去强调"良药苦口"、"忠言逆耳"，告诫人们接受批评时不要计较批评的态度和方式。其实为了达到批评的目的，批评的态度和方式还是需要讲究的。为什么苦口的良药、逆耳的忠言不能在它的外面加上一层"糖衣"呢？这样，良药也就易于下咽、忠言也就顺耳了。而这，正是公共关系口才的具体显示。那么，怎样进行批评才能获得理想的效果呢？

第一，从真诚的赞扬开始。美国口才大师代尔·卡耐基说过："矫正对方错误的第一个方法——批评前先赞美对方。"一个人不会只有缺点、错误，而没有长处、成绩。如果只批评而不表扬，对方的心理上就会不平衡，感到委屈甚至产生不服气的对立情绪，使你的批评达不到效果。而从真诚的鼓励称赞开始，即先表扬，后批评，却能解决这个矛盾，使批评达到理想的效果。

第二，批评要"对症下药"。批评有如给人治病，首先要弄清"病源"，然后对症下药，才能收到成效。如果批评别人却未查清"病源"，就乱开药方，结果"药不对症"，就会徒劳无功。所以，在进行批评时，一定要摸清情况，实事求是地进行分析，有充分的证据，然后"对症下药"，指出问题的症结和危害性，被批评者才会诚心诚意地接受。

第三，批评要对事不对人。批评别人要有端正的动机，就是与人为善，治病救人，一定要尊重客观事实，对事不对人。批评中常见的毛病，一是对不同的人采用不同的态度和方式，如对亲人、长辈、同事、朋友等的批评只是"蜻蜓点水"式的，害怕伤及彼此的感情；二是把批评事与批评人混在一起，形成对被批评者的羞辱，从而引起被批评者的反感。在批评中，只有坚持对事不对人，对错误的性质和危害要讲深讲透,对人则要真诚坦荡,一视同仁,才会唤起被批评者的信任感和认同感,口服心服。

第四,掌握批评的时机。考虑客观环境因素,选择适当的时机开展批评,是使批评收到良好效果的重要一环。批评时机的选择,一是等待双方交谈比较融洽时,再提出忠告,以打破双方的心理障碍;二是等待双方冷静后再批评。在当事人情绪激动时,不要急于批评,等待批评者冷静下来,言词就会缓和而避免偏激,被批评者冷静下来,则可客观地进行自我反省,认识到自己的缺点和错误。

第五,批评的语气要亲切。有什么样的态度就有什么样的语气。如果态度诚恳,语气也必定会亲切,让人听了心理舒服;如果态度生硬,自以为是,用教训的口吻,别人也就不会买你的账。要使批评的语气亲切,公共关系人员就要做到心平气和、谦虚谨慎、诚恳热情、心怀坦荡,尊重被批评者的自尊和人格,循循善诱,用谈心的方式来指出其不足,从而取得满意的效果。

三、推拒

推拒,按字面上来解释:推是推脱、推辞;拒是拒绝,不接受。公共关系人员每天都要和各类公众打交道,公众的要求有合理的,也有不合理的;有正当的,也有不正当的。因此,不可能事事都给以满足,推拒总是难免的。还有,有些公众问到一些在一定时间内只限于一定范围的人知悉而不能外泄的机密,公共关系人员也应坚持原则,不可有问必答。在一般情况下,推拒总是一件不愉快的事,难免会引起对方产生不快和失望。

实践表明,推拒所导致的不快或失望的程度往往与公共关系人员在推拒时的态度和口语表达方式有着密切的关系。如果用"不,不行!""做不到!""不知道!""没有!"等冷冰冰、硬梆梆的言词加以回绝,必然会增加对方心中的不满和失望,并因此产生怨恨、反感甚至摩擦,影响组织和公众之间的关系。那么,如何才能将推拒可能带来的不快、怨恨和非议减少到最低限度呢?怎样才能不伤害公众的自尊和情感、并能得到他们的谅解和支持呢?这就要求公共关系人员做到以下几点:

第一,直截了当地推拒。对那些明显该推拒的事情,如当场不直截了当地推拒,轻易应承了自己不愿、不应、不能履行的诺言,到头来则有可能会使自己因事情不能办、办不好或办砸了而陷入窘境。因此,对于此类事情在一开始就应直截了当地加以推拒。这种推拒一定要明确坚定,态度明朗;切不可似是而非、模棱两可。但在推拒时语气一定要诚恳,致以歉意,要耐心解释你的处境,说明你的推拒是万不得已的。若有可能,你还可为他介绍另外的解决问题

的途径，这样就更能得到对方的谅解

第二，委婉地推拒。在大多数情况下，推拒不是就事论事、直截了当地推拒，而是采用缓兵之计，间接、巧妙、委婉、含蓄地加以推拒。如"你是不是让我想一想"、"这个问题我得向领导请示汇报才行"、"我很愿意帮助你，只是……""我很理解你的要求，不过……"等，或通过"顾左右而言它"的方法，故意避闪，既达到了推拒的目的，又不使对方太难堪。

第三，先退后进地推拒。这种推拒，是先不把自己的反对意见说出来，而是先退一步，表示同意对方的看法，再针对对方所提出的问题，摆出自己的不同看法。这种态度和方式，特别适宜于对权威性人士的意见加以推拒，使对方不失体面。

第四，诱导对方自我否定。当你认为对方提出的要求不合理、又不便直接予以否定时，可先用提问的方法，引导对方通过比较、分析、推理作出合情合理的回答，而对方的这种回答正是你意料之中的，正是你要说的话，只是借对方之口说出来罢了，以此来达到推拒的目的。

第五，用势态语言来表示推拒。当你面对不合理的请求，想说"不"却实难启齿时，尽可不必开口，而用势态语言来暗示自己推拒的意图。如用身体欠佳、疲劳、倦怠的举止，使对方感到不安，意识到自己的要求将被拒绝；也可将原有的微笑突然中断，或目光不注视对方而看其他的地方，来暗示你对对方的要求或谈话不感兴趣；或当对方陈述自己的请求时，你可边听边摇头，表示拒绝。但要注意，这时一定要保持温和的态度和平静的表情，从而使推拒显得委婉些。

第四节　演讲、辩论和谈判

一、演讲

演讲作为一种常用的人际传播方式，在现代公共关系活动中得到了广泛的应用。公共关系演讲的构成要素有三：一是代表社会组织的演讲者，即公共关系人员；二是所传播的有效信息；三是信息的接受者——公众。三者相辅相成，缺一不可。与其他人际传播方式相比，演讲无疑是对公众覆盖面最为广泛的一种传播方式，因而常为公共关系人员所采用。演讲在公共关系中的功用，主要表现在：宣传介绍，塑造、维护、巩固组织在公众心目中的美好形象；传播信息，增进组织与公众的交往和情感；加强交流，促进公众对组织的了解、认同、信任、支持和合作等。公共关系人员是否正确理解演讲的性质、特点和功用，是否掌握演讲的技巧，是否能够成功地进行各种类型的演讲，直接影响到演讲的效果，影响到公共关系活动的顺利开展。因此，演讲是公共关系人员必备的职业技能之一，凡是优秀的公共关系专业人才，都应当是一名优秀的演说家。

那么，公共关系人员如何才能使演讲获得成功呢？要求在演讲时做到以下几点：

第一，演讲前的准备。演讲之前，一定要做好充分的准备工作，这是演讲能否成功的关键所在。那些出口成章、语惊四座的演讲，无不是出于那些经过精心准备的演讲者。克鲁普斯卡娅回忆说："虽然列宁有那样广博的宣传经验……但是他对自己的每次演讲，每次报告，总是要仔仔细细地做准备工作，并作出演讲的计划。"这些准备工作主要有：了解听众，根据听众特点选择恰当的演讲方式；依据公共关系目标，精心准备演讲稿；理清思路，熟记要点；刻苦练习，强化内在机制等。

第二，要有一个精彩的开场白。俗话说："良好的开端等于成功的一半。"演讲也是这样。从心理学的角度看，任何活动开场时的二三分钟，是人们思想最为集中的时刻，并直接影响尔后参与活动的情绪和兴趣。演讲有一个引人入胜的开头，既可营造气氛，引发兴趣，建立演讲者与听众的情感纽带和认同感，又可打开场面，引入正题，使演讲一开始就具有一种慑人的魅力和巨大的磁力，为整个演讲铺平道路。演讲的开场白，大致有以下几种：开门见山、单刀直入的突入式开头；以某些事实作为引子，然后过渡到演讲正题的介入式开头；将主要观点隐藏在一些哲理性较强的笑话、趣闻、诗词之中的潜入式开头；故设疑问以调动听众情绪和注意力的悬念式开头等，可根据公共关系活动的目标和特点予以选择。

第三，掌握演讲口才的技巧。演讲是口语表达的一种高级形态，要使演讲能够吸引人、感召人、征服人，必须讲究语言的口语化、规范化、个性化，重视语言的准确性、形象性和鼓动性，重视语调的轻重、抑扬、快慢变化和句式、语气变化，巧用停顿，有意设问，运用修辞技巧和幽默手法，并在演讲过程中得心应手地运用表情、手势、体姿、服饰、道具等非语言因素，这样，就可增强演讲的说服力和感染力，给听众以一种美的享受。

第四，保持良好的演讲风度。一次成功的演讲，演讲者的风度是至关重要的。演讲风度应该是自然的、亲切的、与听众地位平等的、与演讲内容和内在情感流露默契相融的演讲姿态，应该满怀激情，庄重大方，能控制场面（包括控制自己和控制听众），同时，注重塑造自身的形象，气宇轩昂，仪容俊雅，睿智机敏，举止得体，服装整洁，态度谦和，给人以美好的"第一印象"，从而获得

"先声夺人"的效果。

第五，结尾要深刻含蓄。如果说良好的开端是成功的一半，那么，画龙点睛的结尾则是演讲走向成功的最后一步。演讲的结尾应深刻有力，耐人寻味，令人久久难以忘怀。结尾可前呼后应，收拢全篇；可揭示主旨，深化认识；可总结要领，提炼升华；可承上余波，别开生面；可表示信念，提出希望；可鼓起激情，促人行动；可结尾提问，引人深思等。切不可节外生枝，画蛇添足，反遭人厌。

二、辩论

在公共关系的口语传播过程中，辩论是经常运用的一种明辨是非、决定违从的表达方式。公共关系的根本目的是协调组织与内外公众的关系，营造组织生存、发展的良好环境。然而，由于公众的立场不同、利益不同、生活环境不同、看问题的角度不同以及认识事物的能力、方法不同，对同一问题的看法存在分歧，这是常有的事情；还有，随着社会交往的多元化和复杂化，组织与组织之间既有合作的一面，又有竞争的一面，由于利益的冲突，加之诸种因素的制约，难免产生误解和偏见，甚至是中伤和诽谤，这就需要辩论。公共关系人员应站在组织的立场上，摆事实，讲道理，澄清事实，分清是非，以维护组织的形象和信誉，争取公众的理解和认同。对于那些诬蔑诽谤之词，尤其要进行反击和批驳，据理力争，指出其不实或荒谬之处，实事求是地摆明情况，以赢得公众的信任和支持。如果公共关系人员不进行争辩，一味妥协，那就不仅会使组织的形象受到损害，而且还会给公众留下软弱无能的印象，这是违背公共关系的宗旨的。

公共关系辩论与公共关系谈判有相同之处，就是双方或多方的关系是平等的。它们之间也有不同之处：谈判是为了寻求共同点，辩论则是为了区别分歧点；谈判需要让步，辩论需要辩明；谈判的目的在于赢得对方，辩论的目的在于赢得公众。虽然在谈判过程中也经常有辩论，但它与公共关系辩论在性质上是不尽相同的。

口头辩论离不开口才，是辩论者口才的显现和展示。人们常将"能言"和"善辩"两个相连在一起使用，足以说明辩论与口才有着不可分割的密切关系。在口头辩论中，辩论者口才的好坏优劣，直接影响到辩论的成败得失。那么，在实际辩论中，公共关系人员应注意哪些问题呢？

第一，辩论者要有良好的心理素质。辩论者的心理素质指辩论主体在辩论过程中自然而然产生并表现出来的相当稳定的个性心理特征及原有的心理基础。辩论是对立双方心理素质的较量。良好的心理素质不仅是顺利进行辩论的前提，也是取得理想辩论效果的保证。凡具有良好心理素质的参辩者，临场心理状态稳定，面对强大的对手仍能从容镇定，充满自信，高谈阔论，雄辩滔滔，攻防战略战术能得到很好的发挥，最后赢得辩论的胜利；而存在心理障碍的参辩者，一上辩场就胆怯心慌，处于紧张兮兮的状态，思绪纷乱，反应迟钝，语无伦次，词不达意，结果灰溜溜地败下阵来。有人提出保持良好的心理素质的"十诀"：一是绝不卑屈、畏缩；二是不要让神经紧张如绷弓；三是要有绝对的信心；四是要避开自己一无所知的论题；五是不让感情支配自己；六是不要盲目相信对方的话；七是要善于逮住对方的要害；八是要全力攻击对方的要害；九是不要把话扯到对方擅长的话题上去；十是与其固守，不如出击。这"十诀"对辩论者始终保持良好的心理素质很有参考价值。

第二，一定要尊重事实。俗话说："事实胜于雄辩。"因此，在辩论中，论点的确立，论据的展示，论证的过程，都必须坚持实事求是的原则，有事实的依据，按照事实的本来面貌来叙述事实，不能歪曲或否定事实。对事实既不要夸大，也不要缩小，更不能无中生有，故意捏造，主观臆断。只有事实真实，实事求是，才能使自己的立论立于不败之地。对于对方引用的事实材料，只要持之有据，就得予以承认，切不能因对己方不利而任意否定。

第三，立论要精当。辩论一般包括论点、论据和论证三个必备的要素，其中论点始终处于主导地位，统帅论据和论证，论据和论证服从并服务于论点。辩论，就是阐明自己的正确主张（论点）。因此，立论一定要正确、精当，经得起推敲，经得起时间的考验，经得起实践的检验。对立论的基本要求是：一要正确、全面；二要鲜明、突出；三要针对实际；四要始终保持同一。要尊重客观规律，服从真理，不能什么问题都唱"反调"，遇事都要辩论一番，结果立论不正确，就必然埋下失败的根基。

第四，要善于反驳。辩论本身是矛盾的对立统一，有"论"就有"辩"，有"立"就有"破"，证明和反驳是紧密地联系在一起的。辩论一定要善于反驳，可驳虚伪不实，驳以偏概全，驳"莫须有"，驳自相矛盾，驳论据虚假，驳偷换概念，驳曲解本意，驳荒诞类比，驳文理不通，驳转移论题，驳以人为据，驳情感蛊惑等。可先"立"后"破"，也可先"破"后"立"，还可边"立"边"破"，边"破"边"立"。应根据不同情况采用不同的批驳方法。

第五，不参与非原则的争论。对于琐细的小事，对于非原则的问题，公共关系人员从协调公共关系、团结公众的愿望出发，应该尽可能地避免争论。因为这种无关大局的争论违背了公共关系的宗旨，既浪费了各方面的时间和精力，又影响了彼此的团结，有百害而无一利。

三、谈判

谈判是一种协调人们行为的基本手段，是组织与组织、组织与公众之间一种特殊的沟通方式，是组织生存、发展过程中必不可少的一项经常性的公共关系活动。当今社会，组织与组织之间、组织与公众之间，在利益、需求上的差异极其普遍，谈判因之而层出不穷。而成功的谈判，能满足谈判各方的需要，协调各方的利益和行为，加强各方的交往和合作，排除内外环境中对组织发展的不利因素，从而有效地实现各自的目标。因此，谈判是公共关系人员一项经常而十分重要的工作。作为一名优秀的公共关系专业人员，必须具备谈判的口才，掌握谈判的策略和技巧，做一位名副其实的老练的谈判家。

那么，公共关系人员在谈判实践中，怎样才能使谈判获得成功呢？要求做到以下几点：

第一，认真做好准备工作。任何类型的谈判，为争取主动权，避免走入误区，都必须做好充分的准备工作。其主要内容：一是设计自我，包括对己方要有一个科学的分析和估量，看到己方的优势和不足；从实际出发，确立谈判目标，大体可分为理想目标、一般目标和最终目标；确定谈判人选，精心组织谈判队伍；确定谈判原则，熟悉与谈判内容有关的方针、政策、法律、法规，制定谈判方案等。二是了解对方，包括广泛收集情报，全面认清与己对阵的谈判对手；摸清对方组织的基本情况，尤其要摸清对方组织的机制和谈判决策过程；掌握对方谈判的真正意图和所运用的策略等。只有做到了知己知彼，采取相应的对策，谈判才会立于不败之地。

第二，重视谈判地点的选择。人是具有"领域感"的生灵。人与环境不可分开，人总是置身于一定的环境中，并受环境的影响和制约。不同的谈判环境，对谈判者智慧、才能的发挥起着或激发或抑制的作用。因此，谈判地点的选择是至关重要的。一般说来，谈判应选择己方代表感到适应和熟悉的地方，凡重要的或难以解决的问题，最好争取在本单位、本地区举行谈判；如各方意见不一，则应退而求其次，选择"中性"环境（既各方均不熟悉）的地点进行谈判；对一般问题或容易解决的问题，或需要了解对方实际情况、收集有关信息、资料时，也可到对方单位或地区举行。

第三，坚持人性化的谈判策略。任何类型的谈判，都是人与人的谈判，是心与心的交流。作为一个正常的人，都具有自尊、自信、同情、怜悯、欢乐、悲哀、抑郁、发怒、交往等感情的心理——行为特征。在谈判中，必须坚持以人为本，以情感为轴心，将对方，也使对方将自己看成一个有血、有肉、有感情、有需要的人，从而相互给予尊重、理解、体谅和关切，使彼此关系和谐融洽，避免完全理性化的冷冰冰的态度。这种人性化的交往有利于谈判的顺利进行，并容易获得各方均感满意的结果。

第四，巧用各种谈判技巧。在谈判实践中，人们总结出各种行之有效的谈判技巧，主要有以迂取直、先苦后甜、声东击西、"白脸黑脸"、吹毛求疵、以弱为强、投其所好、金蝉脱壳、顺水推舟、将计就计、以变应变、激将制胜、循环逻辑、紧扣"死线"等。在谈判过程中，可从实际出发，创造性地运用各种谈判技巧，往往能收到意想不到的效果。

第五，要做必要的让步。谈判本身就是"讨价还价"，但最终目的还是期望谈判成功，签订一个对各方都有利的协议。因此，适当地调整目标，作一些必要的妥协和让步，是谈判取得成功的一个重要环节。如果各方均不让步，谈判就会破裂。所以，公共关系人员参加谈判时，一定要坚持原则性与灵活性相结合的原则，保持清醒的头脑，在满足己方基本利益、需求的前提下，寻找双方的共同点，作必要的妥协和让步，以换取对方的妥协和让步。但一定要掌握让步的尺度，采用链条式让步法，避免大起大落；同时，每一次让步都要对方作出相应的回报，切不可作无谓的让步。

【典型案例】

原国民党主席连战在北京大学的演讲词

尊敬的闵主任委员、副校长，陈主任，各位贵宾，各位老师、各位同学，大家早安。

今天我和内人携同中国国民党大陆访问团一起来到北京大学，非常荣幸。在这里首先向各位表现感谢。北京大学的现实刚才我了解到，就是当年燕京的校址，我的母亲在三十年代在这里念书，所以今天来到这里可以说是倍感亲切。

看到斯草、斯木、斯事、斯人，想到我母亲在这儿年轻的岁月，在这个校园接受教育、进修成长，心里面实在是非常亲切。她老人家今年已经96岁了，我告诉她我要到这边来，她还是笑咪咪的很高兴。台湾的媒体说我今天回"母"校，母亲的学校。这是一个非常正确的报道。

北京大学是我们大学里面的翘楚，也是中国现代新思潮的发源地。蔡元培先生有两句名言：寻思想自由的原则，取兼容并包之意。这种自由包容的校风之下，长久之下北大为这个国家、为这个社会培育了很多精英分子。

尤其在国家、民族需要的时候，可以说都是能够挺身而出，各领风骚。不但为整个国家民族和社会做了很大的贡献，尤其是展示了中国知识分子那种感时、伤时、忧国的情况。

　　所以我今天来到这里回忆这些心里面可以说非常感动。我的母校也是我服务多年的台湾大学，同样地，师生也能够参与"争自由、为民主、保国家"的各种的活动，也许是因为历史的因缘机会，所以台湾大学曾经成为两岸高等学术人才的一个荣誉。

　　1949年之后北大好多好多的老师跟同学们好像种子一样，跨洋过海到了台湾，尤其到了台湾大学，把自由的种子带到那里去，在那里开花结果。包括傅斯年、毛子水等等师生后来都是在台大当教授，受到大家非常欢迎的教导。

　　尤其胡适和傅斯年先生，都是五四运动的健将。傅斯年先生当过北京大学的校长，后来出任台湾大学的校长。

　　所以在今天，台湾大学里面那个幽静的校园，那个回响不已的傅钟都是台湾大学的老师和学生生活里面的一部分。

　　所以，简单地来讲，自由的思想，北大、台大系出同源，可以说是一脉相传，尤其在大陆，可以说是历史上的一个自由的堡垒，隔了一个海峡，相互辉映。

　　今天我来到北大，我也愿意回顾一下，中国近百年以来整个的思想的发展，应该也可以说归功于北大。大家都知道胡适先生提倡自由主义，那是代表一种自由、民主、繁荣、进步的创举，也曾经引起了很大的回响。

　　但是我们仔细地来看，自由主义这个思想在中国走的是一段坎坷的路，不是很顺利，也不是很成功。记得在那个年代，胡适先生介绍杜威的实用主义，谈到科学的方法和科学的精神，面对重大的针对社会的问题，提出所谓问题趋向的一个态度，要大家以逐渐进步，所谓渐进、逐步的、改良的方式，来面对所有的社会的国家的问题，他相信，不要任何的武断，不要任何的教条，点点滴滴，聚沙可以成塔。

　　这是实用主义和自由主义进入中国的一个最主要的桥梁。

　　那个时候胡适和李大钊先生经过了一系列的辩论，那个题目是多谈问题，少谈主义。我想这样的一个方式在一个正常的时刻，环境之下，也许是一个最好的选择，但是为什么自由主义在中国它的影响大部分还是在知识分子中间，为什么如此？

　　简单地来讲，我们可以回忆一下十九世纪的最后，二十世纪的最初，那个二、三十年，你看看这个国家所面对的是什么，是中法战争，是甲午战争，是八国联军，是日俄战争，是第一次世界大战，可以说整个的国家都在列强帝国主义烧杀掳掠下，不平等条约可以说是丧权辱国的东西，老百姓的生活已经到了一个贫苦的极致，烽火连天。

　　在这么一个环境之下，中国的人民实在是没有一个那样的环境来冷静地思考，自由主义所代表的一个深刻理念，当然在校园里面百花齐放，百家齐鸣，但是终极在最后，能够吸引、号召青年人正式的号召，不外乎还是以中国国民党所代表的三民主义的路线和中国共产党所代表的社会主义总路线两条路线。

今天，北大已经107年了，来到这里好像把我们带回到一个近代中国史的时光隧道里面去，因为在这里不但是人文荟萃，同时我们也看到一个很浓缩的整个的近代史，我看到大家，我就想到，各位今天除了各有专精之外，宏观的思维一定是跟各位在这个校园里面那些服务过的前辈先行们一样。

大家还要想一个问题，中国的未来到底在哪里？我们要选择的到底是哪一条路？当然，在找寻答案的时候，找寻这两个问题的答案的时候，我们都知道，历经曲折，历经挑战，我们走了不少的冤枉路，我们得到了多少的惨痛的教训，这些都是非常困难的事情。

但是身为一个知识分子，我相信大家都有这种百折不回的决心和勇气。因为在各位的肩膀上，要担负的就是要为历史负起责任来，要为广大的人民来找出路。

如何能够让整个的中华民族不要再走上战争和流血，如果能够让和平来实现，如何提升我们人民的生活水准，如何维护不断提升我们国际的竞争力，这些重担都在各位的肩头上，一肩挑起来就是现代知识分子的一个伟大的格局。

用什么话来形容这样的格局和勇气，来带领我们到一个正确的历史方向和目标，我想了再想，把它归纳成十二个字，那就是希望各位能够"为民族立生命，为万世开太平"。

虽然还有一点老古板，好像太古董一样，但毕竟是我们老祖先心血的东西。用现代的话来讲，我想这十二个字可以缩减成八个字，那就是大家一定要"坚持和平"，我们大家一定要"走向双赢"。

当然有人会问我，你的勇气不小，你的基础在哪里，我要在这里跟各位坦白从宽。

我认为这个基础在哪里呢？在于历史的一个潮流，在于名义的一种驱动。历史的潮流、名义的驱动让我、让许许多多的人有这样的一个勇气，能够来提出来。

什么是历史的潮流？大家都知道，中国国民党、中国共产党都以中国的富强、康乐为目标，但是不幸的日本铁蹄的侵略阻碍了、终止了这个国家文明的建设以及现代化的进程。

抗战胜利之后，国共两党对于国家所应该走的总路线又有不同的看法，它的结果是以内战的方式来解决。因此到今天，一个台湾海峡，一条海峡阻隔了两岸，不晓得阻隔了多少的家庭，造成了多少的不幸、哀怨，尤其还形成了若干民族之间的嫌隙，尤其到今天回荡不已。

但是我们也看到，在这样一个历史的中间，关键的任务在关键的时刻做了关键的决定，扭转了关键的历史的方向，这是惊天动地了不起的事情。形成了一个新的趋势，一个新的方向，我在这里特别要提到，就是蒋经国先生和邓小平先生。

蒋经国先生在两次能源危机之后，知道台湾那个地方没有任何天然的物质，所以要靠自力更生，可以说是卷起袖子全新全力来推动，所以他推动了"十大"的建设，推动科学园区的建立，信息技术的官僚，号召留学生回国研究投资，等等的作为为台湾创造了经济奇迹。

在经济发展之后，更进一步推动了他民主化的工作，所谓政治民主化的工作，包括排除了这种所谓威权的政治，奠定了一个政党之间，政党互动的一个模式。甚至于再进一步开放了党禁、报禁，取消了戒严，同时也促进了两岸人民，尤其是大陆，很多老兵返乡来探亲，在历史的时刻扭转了这个方向。

小平先生开放改革，大家看一看，不但转换了文化大革命的方向，深化地、全面地提升了人民生活的水平，这都是跨时代、了不起的作为。

蒋经国先生晚年的时候讲，他说他是中国人，也是台湾人。很多人愣了一下，但是事实上代表了一个内心的忧虑，他的忧虑是大陆和台湾共同的未来要怎么走。

小平先生讲到，改革开放的路线要管一百年，用他四川的话讲"动摇不得"。没有动摇，今天大家看一看，大陆的经贸的发展，经济的成长，可以说样样都是名列前茅。

我是一个59年前离开上海回到台湾的，那时候还是一个年轻人，今天来到大陆，所看的一切的情景跟我的回忆和记忆完全不吻合了，所以我是怀着一个祝福的心，一个持续不断期盼的心，希望这块土地能够更快速地来发展。

在整个的发展层面，除了经济的发展，政治的发展层面也很快速。比如说现在我了解到，在很多基层，所谓定点的民主选举制度，在《宪法》里面也提到，所谓财产权是最基本的人权，我相信这都是正确的历史方向，都是值得鼓励的历史的步伐。

当然，整个的政治改革，无论是脚步无论是范围，在大陆还有相当的空间来发展，但是我必须要讲，在过去这段时间里面，两岸所走的路、走的方向，已经使我们两岸无论是在差异还是在差距上，这个是越来越缩小，这是历史的潮流，非常重要的一个方向。

再谈谈所谓民意的驱动。我这一次到大陆来访问，我说"来的不易"，因为有若干的人很迟疑，甚至于有一种批判，认为我到这里来，是为了进行所谓第三次的国共和谈，所以我的目的是要"联共治台"，那个"台"下面还是有个"独"字。

我在这里要提出来，这是一个非常严肃的、同时是一个非常严重的扭曲，因为讲这种话是从一个僵化的思维、冷战内战时期的一个思考来看问题、来想问题，时间的确对他们来讲过得太快了，让他们留在二十世纪甚至于 30 年代、40 年代、50 年代，我们今天怎么不能够重视当前，怎么不能够放眼当前，来共同展望未来，来开创未来呢？

我们为什么不能够以善意为出发点、以信任为基础、以两岸人民的福祉为依归，为民族的长远的利益为考虑呢？以人民为主、幸福优先，我想这是包括我们所有的台湾 2300 万、大陆 13 亿的人，我们所有的人民，大家会共同支持的一个方向。

我以前看到，面对东西德国，科尔总理说我们相互需要，面对南北韩，现在卢武玄也讲到，通力心兄弟情，这些声音难道一点都引不起来我们大家应该有的一些提例吗？我想答案是否的，我们会。今天我们所走的这条路是人民所支持的，我们搭桥铺路，是人民所愿意看到的，他们不愿意再看到两岸的对质、对抗、对立，甚至于对撞，他们愿意看到的是两岸的对话与和解，大家的相互合作。

我想这是非常重要的事情。我去年底，台湾进行"立法"委员的选举，民意的展现，开始的时候可以说是非常明确地讲出来，我们就要走对路才有出路。

台湾走对路才有出路，我们认为不能够让"民粹"主义取代民主的思想，不能够让"制宪"、"正名"、"去中国化"、武断的"台独"时间表来打破我们整个幸福的基础。

所以我们提出来我们的看法，其结果我们都知道，今天好多位"立法"委员都在这里，认同支持这种看法和政策立场的在今天"立法"院里面是占有绝对多数的"立法"委员，今天来的国民党的"立法"委员有几十位，但还不全，他们都要来，我说不行，我说这样就放空营了，人家会偷袭。但是我想他们的当选，他们的得票你可以看到人民的趋势。

周日我们出来之前有一个民调，66% 的人认同支持两岸的和谐对话，30%认为可能没有什么太大的效果，这也是一个民意，非常显著的一个情况。

想特别要提出，在这样的一个大的环境历史的趋势、民意的驱动之下，我个人认为，现在给我们一个总结过去历史的机会，总结过去历史的机会就是让我们能够有一个新的环境，新的思考，能够来发展建立一个我们共同的未来，共同的愿景。这是非常重要的事情。

我们不能一直在过去，就像丘吉尔讲的，永远的为了现在和过去在那里纠缠不清的话，那你很可能就失去未来。

逝者已，来者俱。我在这里做一个简单的结论。我认为我们的愿景要回到自由的思想，发源地，今天北大我们再谈一谈。这就是多元与包容，这就是互助与双赢，这就是现状的维护与和平的坚持。

各位亲爱的朋友们，网络资讯的时代本来就是多元化的时代，何况我们本身就有多元的基础，少数的基层、不同的政治主张等等，这样多元的社会一定要有包容，就好像蔡元培先生所讲的包容。

怎么样来了解有没有包容呢？检验有没有包容，很简单，理性地沟通，相互地尊重，取代所谓激情的谩骂跟批判，这就是包容，很简单。

蒋梦麟先生也是北大的校长，他讲所谓那些背后拖着长辫子的保皇党和思想激进的新人物大家在一起讨论问题，互相笑谑，那就是包容，北大的分析。

第二我要讲互助和双赢。各位都知道，今天这个市场的经济已经逐渐的在那里整合两岸经济的资源，不但是两岸，事实上今天市场经济的作为可以说在全球化的趋势里面已经席卷了全球，自由的经济就是这样的一个趋势，但是在自由经济的体制之下如何维护和提升我们的竞争力这是最重要的事情。

我们不能只喊口号，要落实，而维护提升竞争力唯一的就是一定要合作，唯一的就是一定要创新，合作、创新，才有机会。

今天，两岸的关系，各位看到，我们不但是互相依存，而是互补互利，而是一加一大于二的情况，所以我相信台湾在创造了第一次经济奇迹之后，现在正在迈向第二次的经济奇迹这条路，在努力，大陆今天所面临的也是千载难逢的一个机会，所以中华民族这种现代化，这种富强康乐，已经不再是一个遥不可及的美梦而已了。

尤其在即将面临的未来，我要讲，我说两岸合作赚世界的钱有什么不对啊？我们一定能够来实现所谓如虎添翼的加成的效果，这种加成的效果不是双赢，实际上是多赢的。

东南亚的国家，亚洲其他地区，乃至世界其他国家哪个国家不关心两岸，都关心，两岸的和平、互助双赢，对大家何尝不是一个多赢啊？所以不只是双赢，而是多赢。

第三个，坚持我们的和平，维护我们的一个现状，稳定的一个现状，大家照常理来讲和平是和平，谁希望不稳定的一个和平、时时有改变的忧虑呢？这是逻辑上的层次。

但是在实际的层次，今天两岸的情形，我们必须要来维持所谓的现状，现状维护不是一个静态的，不是一个退缩的，不是一个消极的，现状的维护一方面当然要避免彼此的争议，但是另外一方面也可以存异求同，凝聚善意，累计动力，开创一个崭新的亮丽的未来，这才是今天所代表的一个实际上的利益。

我们各位都知道，我们在过去来讲，长久以来战争流血不只是我们之间，整个世界都普受它的痛苦和摧残，联合国前面有一个雕塑，一把枪打进铁，差不多要打断了，它的含义很深，上面写着：把刀剑熔化成为一处，来重生民生建设、生活改善。

另外一个教授讨论怎么建构和平，中心的思想很简单，他说"点滴心血累积而成"，一点一滴的累积我们可以达到和平的目的。

今天我来到这里，就让我回忆到以色列特拉维夫犹太人博物馆前面写的那段话，他说"全世界的犹太人对于彼此都负有责任"。我们虽然曾经彼此有过战争，有过流血，今天要谈沟通、和平，有的时候就觉得谈何容易，但是犹太人的那句话让我感触良深。

我相信有智慧、有能力的中华儿女，都可以理解，化刀剑为犁锄，化干戈为玉帛，点滴的心血累计而成我们长长久久的和平关系。

各位亲爱的年轻朋友，江山代有才人出，长江后浪推前浪。各位都知道，年轻就是希望，年轻就是机会，在这个时候，大家回想一下前辈鲜血曾经负起了他们应该负起的扭转时代的历史的责任，现在又轮到大家了。

大家都是将来国家社会乃至于民族的领航员，所以在这样的一个时刻，我又想到，以前美国的里根总统提到的那句很好的话，他说"假如我们不做，谁来做"。假如现在不做什么时候做，我就是因为这样，所以来到这里。

让我们大家共同坚持，互惠双赢，坚持和平，这是我们可以说自我的期许，也是向历史的责任，唯有达到这样的目的，为民族立生命，为万世开太平，我相信这是中华民族为万世所称赞的最重要的成就，也是面对炎黄子孙，共同的光荣，谢谢大家。

（原载 2005 年 4 月 29 日《人民网》）

【例文分析】

原台湾中国国民党主席连战访问大陆，是具有里程碑历史意义的重大政治历史事件，它开创了海峡两岸关系的新纪元。连战在北大的精彩演讲，非常坦诚和真诚，强烈表现了他那种感时、伤时、忧国的情感。他在感怀万千的同时，将思绪延伸到北大的过去和中国近百年历史，着实令人回味无穷。他在演讲中反复强调海峡两岸要"坚持和平，走向双赢"的政治理念，受到了北大师生和全国人民的赞许。连战演讲最打动人的地方，是他那强烈的民族自信心和对两岸未来前景的美好憧憬。在长达 40 分钟的演讲中，连战不但没有拿讲稿，甚至连提示纸条都没有，其非凡的记忆力真令人叹服。他在演讲中那儒雅的举止言谈和不事张扬的内敛气质，也给人们留下了良好的印象。整个演讲尺度把握得很好，既有原则性，也有灵活性，观点清晰，层次分明，逻辑性强，富有幽默感，紧紧抓住了听众的视听情绪，处处都表现出了他极其出色的公关口才。

第十四章　公共关系文书

文书,是一种记录和传播信息、表达意图的文字材料。公共关系的目的,是有效地运用各种传播媒介塑造、维护和巩固社会组织的美好形象。如前所述,传播媒介一般有口语传播、文字传播、电子媒介、图像标识、非语言传播等,而口语和文字是信息传播中最基本和最重要的手段。文字是一种书面语言,是自然有声语言(口语)的符号形式,在某些方面,它有着比口语更大的优越性。口语一瞬即逝,而书面语言和用书面语言写成的文书,却突破了口语在空间上的障碍和时间上的局限,能在更广泛的范围内和更长久的时间里流传。当前,世界已进入知识经济时代,作为社会意识物态化了的各类文书,已经成了信息记录、加工、贮存、交流、传播、推广的必要手段,成了将先进的科学技术转化为社会生产力的重要媒介。就公共关系而言,文书不仅是开展各种公共关系活动、实现公共关系目标的重要工具,是衡量一个组织公共关系水平的主要标志;而且也是现代公共关系实务中的重要内容,是衡量公共关系人员实际工作能力和业务水平的重要标尺。因此,作为一个称职的公共关系人员,不仅要能说会道,具有较强的公共关系口才,而且还要掌握公共关系文书的写作技巧,具有较高的公共关系文书写作水平。

第一节　公共关系文书的含义、特点和基本要求

一、公共关系文书的含义

文书,指能表达某种意思,用于处理各种事务,并具有一定体式的书面材料。它包括了公务文书和私人文书两大类。

文书和文件、公文有着密切的关系,但不是相同的概念。文书指一切书面材料,范围十分广泛;文件指法定机关和社会组织按照一定程序撰写的文书,具有法定的权威性,包括公文和内部文件在内,不包括其他书面材料;公文则单指公务文书,即处理公共事务,其体式由国家统一规定的文书。由此可知,文书的范围大于文件,文件的范围又大于公文。

公共关系文书,是为开展公共关系活动和实现公共关系目标而制作使用的

各种书面材料。由于公共关系活动的内容非常丰富，所涉及的公共关系对象十分广泛，因而公共关系文书的种类呈现出复杂性和多样性，既包括了党政机关处理公务活动的各种通用公文，常用的有通知、通告、公告、通报、报告、请示、批复、函、会议纪要等，又包括了其他各种书面材料。一般说来，除通用公文外，公共关系文书大体上可分成以下几大类：

（一）公共关系事务类：主要包括公共关系调查报告、决策方案报告、公共关系策划书、公共关系预算、公共关系计划、公共关系年度报告、公共关系总结和公共关系规章制度等。

（二）公共关系宣传类：主要包括公共关系广告、公共关系说明书、公共关系新闻稿、公共关系宣传资料、公共关系自编刊物、公共关系演讲稿、公共关系广播稿等。

（三）公共关系书信类：主要包括便函、贺信、慰问信、感谢信、表扬信、倡议书、协议书等。

（四）公共关系礼仪文书类：主要包括请柬、祝词、欢迎词、欢送词、答谢词和邀聘、庆贺、吊唁等礼仪文书。

（五）公共关系理论研究类：主要包括公共关系论文、公共关系活动评述、公共关系工作研究等。

限于篇幅，本章只能就几种常用的公共关系文书作简要的介绍。

二、公共关系文书的特点

公共关系文书属于专业实用写作的范围，它除具有一般实用写作的特点，即功利的目的性、明显的综合性、一定的技巧性、很强的实践性之外，还具有自身的一些个性特点，这就是：

（一）很强的政策性

经济建设是新时期党和国家的工作重心，公共关系活动归根结底是为社会主义经济建设服务的。经济是政治的集中表现，经济建设是政治性、政策性都很强的工作。因此，公共关系文书写作必须以党和国家的路线、方针、任务，颁布的政策、法律、法规、条例、章程为指导思想。这是公共关系文书写作一个突出的特点。我国是社会主义国家，一切公共关系活动都是在社会主义市场经济体制内运行的，与国家、人民的利益息息相关，所以，公共关系文书写作必须时时、事事、处处以国家、人民的利益为重，体现出鲜明的政策性。这种政策性不仅贯穿于公共关系活动的始终，而且也贯穿于一切公共关系文书写作之中；反之，如果违背了党和国家的路线、方针、政策和法律、法规，就会犯方向性的错误，给公共关系工作乃至国家的经济建设带来难以弥补的损失。

（二）明显的专业性

公共关系文书写作为公共关系实务的一个重要组成部分，有着明确的读者对象和具体专业范围，其专业性是十分明显的。这主要表现在以下三个方面：一是从思想内容看，公共关系文书写作所反映的是公共关系领域里的各种现象、各种活动、各种工作，所要解决的是公共关系工作中的各种实际问题。如果脱离了公共关系这一专业范围，也就不成其为公共关系文书了。二是从表现形式看，由于公共关系活动的范围十分广泛，牵涉到各个方面，所以它的表现形式多种多样。形式必须适应内容的需要，如公共关系广告必须采用广告的表现形式，公共关系新闻稿必须采用新闻的表现形式，通知、通报、报告等必须采用通用公文的形式等。三是从读者对象看，每一种公共关系文书都有特定的公众对象，有的面向内部公众，有的面向政府公众，有的面向新闻媒体公众，有的则面向涉外公众，等等。由于读者对象不同，其内容和表现形式也应有所区别。有针对性地进行写作，才能收到实际的效果。

（三）格式的规范化

所谓格式，或称体式，指的是文体的结构形式。撰写一般的文章和文学作品，在体式上要求多样化，并提倡创新。但用来办理公共关系事务的公共关系文稿则不同，它要求表达准确，处理及时，在长期的实际应用过程中，大部分公共关系文书都形成了约定俗成的规范格式，包括特定的称谓、内容的组合安排、习惯用语、固定的行款规范等，得到了社会的公认。在撰写公共关系文书时，为了充分发挥其现实效能，我们应该遵守这些规范化的基本格式，不可标新立异，独出心裁，另搞一套。因为，不合格式的公共关系文书，因与读者长期形成的阅读习惯相悖，必然会影响办事效率，甚至被视为轻率、不礼貌的行为，影响公共关系活动的成效，给工作造成不应有的损失。

（四）浓厚的情感性

没有情感，没有爱心，就没有公共关系。情感作为一种粘合剂，在公共关系活动中是任何技巧、方法都不能代替的。公共关系文书的写作是为组织事业的成功创造有利的条件，赢得公众的理解、信任、支持和合作。因此，富有浓厚的情感是公共关系文书写作区别于其他实用写作的一个显著的特点。公共关系文书作为组织与内外公众感情交流的文字载体，它不但要告之以事，晓之以理，而且还要动之以情，真情笃意溢于言表。公共关系文书使用恰当的称谓、礼貌的问候和情真意切的陈述，表现了对公众的尊重，缩短了双方的距离，公众才乐于接受，公共关系文书才会有感染力和感召力。

（五）表达的创新性

文贵创新。"文章切忌随人后。"公共关系活动是一种最富有创新的社会实践活动,作为反映公共关系实践的文书,也应具有创新性,才能吸引公众、打动公众、征服公众。美国写作专家威廉·W·韦斯特在《提高写作技能》一书中说:"所有的写作都是创造性的。所有的写作都包含一种新的表达'起源、发展、形成'的过程。即使你们用的是'旧'的思想和第二手材料,你也为它们创造着一种新的而且是惟一的表达方式。你产生出一些全新的东西,一些认真的、完全表达出你的性格和才能的东西。"公共关系人员在撰写公共关系文书时,要充分调动自己创造性思维,进行精妙的构思,做到观点新、题材新、角度新、结构新、语言新、技巧新,其中尤以观点(意)新为上,这样才能标新立异而引人入胜。

三、公共关系文书写作的基本要求

要能充分发挥公共关系文书的现实效能,在写作时应注意以下几点:

(一)在写作中要引进公共关系意识

意识是客观世界在人脑中的能动反映。公共关系意识是公共关系实践在人脑中的能动反映,是表象、知觉、想像、情感、思维等各种心理活动的总和。公共关系人员从事公共关系文书写作,它不同于其他的实用写作,必须自觉地树立公共关系意识,并自觉引进到公共关系文书中去。公共关系意识的具体内容,包括塑造组织美好形象的意识、树立信誉第一的意识、服务公众的意识、组织与公众双向沟通的意识、以情感人的意识、创新审美的意识、广结良缘的意识、内求团结外求发展的意识等。只有将公共关系意识引入公共关系文书,才能达到预期的目的。

(二)要实事求是,尊重客观实际

实事求是,尊重客观实际,一切从实际出发,这是马克思主义的基本原则,是毛泽东思想、邓小平理论和"三个代表"重要思想的精髓,是我们党的思想路线,也是公共关系文书写作必须遵循的重要准则。公共关系文书写作要以事实为基础,尊重客观事实,真实地反映客观事物的本来面貌。选用的材料,一定要反复核对,做到确凿无疑。不管用的是"死材料",还是"活材料",都应是真实可靠的,经得起核对的。要力争用"第一手材料",不用那些道听途说的间接转引的东西,更不能凭空捏造,无中生有。使用具体材料时,应老老实实,实事求是,成绩就是成绩,缺点就是缺点;不允许主观臆断,移花接木,张冠李戴,任意编排,搞"合理想像",那些不负责任的"据说"、"推想"、"估计"、"大概"、"差不多"等词语,不能作为反映情况和提出意见的依据。引用的数字要有根有据,有切实可查的原始来源。结论要产生于对大量事实的认真思考和冷静分析之后,是确实可靠的。为此,公共关系人员应深入下去,多做调查研究,掌握第一手材料,使所写的文书有情况、有分析、有结论、有措施,能从实际出发有针对性地提出和解决问题。公共关系文书一定要尊重客观实际，既报喜又报忧，让公众全面了解组织，将组织的活动置于公众的监督之下，才能赢得公众的好感、理解、信任、支持和合作。

（三）要符合公共关系部门的职权范围

公共关系文书是公共关系部门在其法定职权范围内制作使用的书面材料，它只能在其职权范围内行使职权，撰写和印发相应的文书，而不能规避，也不能越权，否则就是失职和滥用职权。由于公共关系工作关系到组织的总任务、总目标，有时接受组织领导者的委托，公共关系部门和人员撰写带有全局性的文书、文件，那就必须认真领会和忠实贯彻领导者的意图，经领导者审核签发后，以法定的组织名义发出，决不可越俎代庖，以公共关系部门的名义发出。这种专擅越权的行为，是与公共关系部门和人员的身份和职责范围不相符的，必然造成工作秩序的混乱和工作上的失误。

（四）文字表达上的平实质朴、简明晓畅和委婉得体

公共关系文书既然是为解决公共关系工作中的实际问题而写作的，为了便于读者阅读和理解，文字的表述应力求平实质朴、简明晓畅和委婉得体。平实质朴是公共关系文书文字表述的基本格调，它一般不包括欣赏的因素，只要求"言不过实、文如其事"，能准确、真切地把客观事实说清楚就行。公共关系文书要用规范化的书面语言写作，做到用词恰当，造句合乎语法，结构完整，逻辑严密，条理清楚，中心明确，一目了然。一般不追求语言的艺术化，不加雕饰，不事渲染，不用或少用华丽的词藻，不用或少用描绘类的修辞方式，给人以自然亲切、朴实无华的感觉。公共关系文书也讲究表达的生动性，但这种生动性主要依靠叙述的事例典型，内涵丰富，道理说得深透，文笔善于变化，能根据内容的需要选择恰当的句式和修辞手段，做到笔下生辉，不俗不滥。公共关系文书在文字表述上还要力求简明晓畅，简明就是简洁明了，言简意赅；晓畅就是内容明晓，行文畅达。这就要求观点明确，中心突出，阐述清楚，文字顺畅，通俗易懂。要尽量避免使用那些转弯抹角的句子和容易造成歧义的多义词，不用那些晦涩难懂、模棱两可的词语。应长话短说，只要表明了意思，文字要尽可能简洁，该短就短，能删就删，切忌长篇大论，言不及义。公共关系文书在文字表达上还要讲究委婉得体。公共关系文书最忌讳生硬和绝对化的语言，而以委婉见长。这是一种文雅、得体、礼貌、含蓄的语言，其态度是和蔼的，语气是亲切的，能给人营造一种平等、轻松、和谐的氛围。在公共关系文书中，凡要求别人做的，要用请求、商量的语气；对别人的请求，用诚恳爽快的语言，哪怕是拒绝对方的要求，也要委婉地作出合理的解释。在公共关系文书中，委婉得体的文字表述表现出了作者的思想修养、整体素质和风度秉性，表

现了组织对公众的尊重和诚意，从而赢得公众的理解和认同。

第二节　公共关系新闻稿

在公共关系文书中，新闻稿的撰写是一项经常性的基础工作。撰写新闻稿，借助新闻舆论的力量，既可扩大组织与公众的信息沟通，优化社会舆论，树立组织的美好形象；又可收集公众的信息反馈，使组织得以了解公众的意向。新闻被称为"不花钱的广告"，影响面广，信息密度高，在公众中最具权威性。因此，公共关系人员应与新闻机构的记者、编辑、节目主持人、专栏作家建立密切的联系，成为他们的知心朋友，为他们提供新闻资料，撰写新闻稿件，并有目的地召开新闻发布会，争取新闻界对组织的了解、关注和支持。如有必要，还可策划具有新闻价值的事件和活动，吸引新闻界和公众的注意力，制造新闻热点，争取被报道的机会，使本组织成为新闻舆论的主角，以达到提高组织知名度、美誉度的目的。

公共关系新闻稿和一般的消息不同，并不是一切新近发生的有新闻价值的事实都可写成公共关系新闻稿，它以塑造和树立组织的美好形象为出发点，因而，只有具备这方面新闻价值的事实，才符合公共关系新闻稿的内容要求。

公共关系新闻稿的结构形式多种多样，一般有倒金字塔式结构、金字塔式结构、并列结构和散文式结构等，但运用得最多的是倒金字塔式结构。它的主要特点是头重脚轻，以重要性递减的顺序来安排新闻中的各种事实。即把最重要、最新鲜、最吸引读者的事实作为导语放在消息的开头；第二段为次要的事实，是导语的补充和说明；第三段是再次要的事实，以下依次类推处理。它好似一座倒放的金字塔，塔尖在下，塔底在上。这种结构有助于作者迅速地撰写公共关系新闻稿，便于编辑制作标题和设计版面；也符合大多数读者和听众、观众的心理，吸引他们阅读和收听、收看的兴趣，因此，公共关系新闻稿一般均采用这种结构形式。

倒金字塔式结构的消息有比较固定的格式，一般由导语、主体、结尾、背景和标题五部分组成。

（一）导语

导语是一篇消息的开头部分，除动态消息外，其他各类消息都不能缺少导语。它用简洁的文字把最重要、最新鲜、最吸引人的事实放在前面，用来提出问题，概述事实，揭示主题，给人以总括的印象，引起读者、听众和观众的注意。常见的导语有直叙式、结论式、描写式、提问式、评论式、摘要式、引语式等多种写法，一篇公共关系新闻稿可根据具体情况进行选择。

（二）主体

主体是消息的主要部分。它承接导语，用充实、典型的具体材料，印证导语中的提示，回答导语中的问题。主体运用的事实材料是经过选择的、有说服力的，但又必须是客观的、实事求是的。公共关系新闻稿在写主体时应注意以下几点：突出主干，剔除枝蔓；结构严谨，层次分明；内容充实，阐明主题；通俗易懂，生动耐看。

（三）结尾

结尾是一篇消息的结束语。结尾的作用一是揭示或深化主题——这是画龙点睛；二是使报道的内容更加全面和充实——这是转出别意。结尾不是消息的主要部分，要意尽则止，切忌画蛇添足。消息的结尾并不一定自成段落，一些短小的新闻不一定都有结尾。

（四）背景

在消息里，往往要加入一些同报道内容有关的历史背景、地理环境或说明性、对比性、注释性的材料。这些材料并不是与新闻事件同时发生的，故称为"背景"材料；由于它全部是事实，故又称"事实背景"。运用背景材料，或在于说明新闻事实的起因；或为了帮助人们理解新闻事实；或借背景材料表达作者的观点。背景材料运用得好，可以烘托主题，揭示事物的本质，提高新闻的价值。

比起一般消息来，公共关系新闻稿更需要重视背景材料。这是因为：公共关系新闻稿所反映的不是孤立的事件，往往与社会其他行业和部门有着千丝万缕的联系，如果不反映这种联系，人们就无法看清这一事件的重大意义；公共关系新闻稿所反映的是组织的专项业务和专门技术，外行人感到生疏，只有加上背景材料的介绍，人们才能弄懂这一新闻的内涵；公共关系部门提供的一般是报纸、电台、电视台的新闻通用稿，多提供一些背景材料，可供不同的新闻媒体自由选择。

（五）标题

标题，是一则消息的精华和提要，是新闻的眼睛。在报上发表消息都要冠以醒目的标题，以吸引读者的注意。一般读者打开报纸，往往先浏览报纸标题，然后再确定选读哪些新闻。一则好的标题，犹如磁石般地富有吸引力；若标题平庸乏味，消息的内容再精彩，也容易为人们所忽视。所以，用于报纸的公共关系新闻稿，应在拟定标题上多下工夫。

新闻稿的标题与一般文章的标题不一样，多采用多行标题。多行标题中大体有三行：用来揭示主题或提示主要新闻事实的中间一行粗体字标题，叫主标题，又叫大标题、主题、正题、主标、母标，是标题的核心；用来说明事实、交待、烘托气氛，揭示含义的主标题前面的标题叫引题，又叫肩题、眉题、眉标或小题；主标后一行为副标题，又叫副题、次题、子题或辅题，用来补充说明情况，指出内容范围或说明主题的来源、依据。新闻稿使用标题时，有时只用一行（主标题）；有的用两行（引题与主标题、主标题与副标题）；有时将引题，主标题和副标题扩张，有多至四、五行的标题。还有一些重要消息，除了引题、主标题和副标题外，有时还有内容提要。

公共关系新闻稿的基本任务，是塑造组织的美好形象，提高组织的知名度和美誉度，因而它的标题突出的不是组织的名称、品牌，而是组织的行为和精神风貌。这是公共关系新闻稿与一般消息或广告的重要区别。在撰写公共关系新闻稿时，时刻都不应该忘记这一点。

第三节　公共关系广告词

关于公共关系广告的性质、特点、目标、类别和设计制作，本书第十一章已作翔实论述，这里只介绍公共关系广告词的写作。

任何广告都离不开文字表述，广告词是一切广告的主要组成部分，公共关系广告也是如此。一则公共关系广告的成功，在很大程度上取决于广告词的写作。对公共关系广告词的基本要求是思想性和艺术性的有机结合。国外有人提出广告词的写作五法则：要有设想（Idea）；要有冲击力（Impact）；要有趣味（Interest）；要有信息（Information）；要能引起冲动（Impulsion）；合称为五个"I"。我们在撰写公共关系广告词时可予以参考。

公共关系广告词和一般广告词一样，通常由标题、正文、标语和随文四部分组成。

一、标题

标题是广告的题目，是对广告内容的提要概括，起着画龙点睛的作用。广告标题要求结合主题，简明扼要，富有个性，形象生动，引人入胜，表现出作者独创的匠心和新意。一位美国广告作者提出好的广告标题要做到四点：一是关系到消费者的切身利益；二是具有奇特性；三是具有新闻性；四是简明生动，有艺术性。而这四点又必须以真实性为基础，才能使人信服。

二、正文

正文是公共关系广告词的核心，也是表现主题的主要部分，一般包括开头、描述、劝诱、结尾。国外有人提出广告词正文的写作要求是：开头要惹人注目；描述要清楚明白；劝诱要有利可得；结尾要能推动欲望和行动。这很有参考价值。根据经验，对公共关系广告词正文的基本要求是：一要主题集中；二要实事求是；三要构思新颖；四要意境隽永；五要语言生动，富于人情味。成功的广告词正文要尽量使用生动活泼的口语，避免华而不实的文词，不能单纯用甜言蜜语去笼络公众，而应以权威性的资料去加以佐证，要表现健康、高尚的美学追求，做到通俗而不庸俗，高雅而不清高，富有人情味而不媚众，优美而不失真。

三、标语

标语本是战时鼓动性的语言，后来广泛应用到政治、宗教、艺术、商业及各种群众运动中去。标语用在广告上，就叫作广告标语，又叫作广告口号，是广告在一段较长时期内反复使用的特定宣传语句。如有则公益广告的标语是："珍爱生命，远离毒品。"言简意明，易懂易记。又如长虹电器股份有限公司的广告标语是："天上彩虹，人间长虹。"广告标语和广告标题都是引人注目的词句，但其作用不同：后者是广告题目，目的在引导人们注意广告和阅读正文；前者为使公众建立一种牢固的理念，引导他们与组织合作或选购商品和服务，通常出现在广告词的末尾。

四、随文

随文是广告的必要说明，如厂（公司）名、地址、法人代表、邮编、电话、电报挂号、传真、商标、牌名、价格、购买手续、银行账号、经销部门等，对客商、消费者起联系协作和购买指南的作用。

现代广告的战略特点是"立体战争"，要综合地运用各种艺术手段，富有民族特色和时代精神，图文并茂，雅俗共赏，以取得最佳的广告效益。同商品广告词相比，公共关系广告词更注重明理、动情、含蓄、创新。如果说商品广告词在写作上侧重于逻辑思维的话，那么，公共关系广告词则侧重于形象，更多地追求美学品格和艺术品味。这是我们在公共关系广告词写作时必须予以注意的。

第四节　公共关系演讲词

演讲词（辞）又称演讲稿，它是演讲者在演讲前事先写出来的、供演讲时使用的底稿，还可供演讲后公开发表。演讲离不开演讲词，公共关系演讲同样如此。通过演讲词，可梳理演讲者的思路，揭示演讲的内容和范围，帮助演讲者控制演讲的时间。公共关系演讲词，有的是公共关系人员自己备用的，有的是为组织的领导者或有关人员代拟的。演讲词的好坏，直接关系到演讲的成功或失败。为了使公共关系演讲达到预期的目的，公共关系人员必须重视演讲词的写作，切不可等闲视之。公共关系演讲词具有针对性、说理性、可讲性、鼓动性和可变性等基本特点。

公共关系演讲词一般由命题、称谓、正文三部分组成。

一、命题

演讲词与一般文章的不同之处在于：一般文章是从材料中提炼主题，再确定题目；演讲词却是根据不同的主题去选择材料，往往是命题为文。命题，就是确定演讲词的取材范围、传播目的、思想内容和确定标题。这是广义的解释。狭义的解释是，命题是确定演讲词的题目。我们主要取后者的含义。公共关系演讲词命题总的要求是：贴切、鲜明、精练、醒目。"题括文意，文切题旨。"既能概括整个演讲的内容，又能吸引听众的注意。

二、称谓

称谓就是向听众打招呼。称谓得当，能给听众一个良好的印象，并吸引听众的注意力。如某大学毕业生双向选择会上，大多数用人单位的演讲者的称谓是"老师们，同学们"；而有个企业的人事干部在演讲时运用"未来的工程师、会计师及厂长、经理们"这一充满深情的响亮称谓，霎时吸引住了听众。对称谓的选择一方面应根据到场的听众予以确定，注意称谓的准确性、包容性和次第性；另一方面应传达出演讲者对听众的敬重和爱意。

三、正文

这是演讲词的主体，也就是演讲词的实质内容，一般由开场白、中心部分、结束语三部分组成。

开场白是演讲词开头的引言，是给听众的第一印象。公共关系演讲词的开场白是否精彩、新颖、引人入胜，是整个演讲能否成功的主要一环。好的公共关系演讲词，一开头就应该用最简明的语言、最经济的时间，讲出全部讲话的要领，把听众的注意力和兴奋点吸引过来，使听众的思路随演讲者的思路而展开，这样才能达到出奇制胜的效果。同时，开场白还负有"镇场"的使命，要求造成一种气氛，控制会场情绪，在演讲者与听众之间架起一座沟通的桥梁，使听众全神贯注于演讲者，为整个演讲的成功打下基础。演讲词的开头，不拘一格，可根据公共关系目的和思想内容精心设计。常见的开头方法有：开门见山，点明主题；自我介绍，交流感情；叙述情况，说明根由；提出问题，引入思考；引用名言，借题发挥；正题反说，故设疑阵；先抑后扬，出乎意外等。

公共关系演讲词的中间部分，是整个演讲的关键所在，直接关系到演讲的成败。这一部分主要是论理，但比起议论文来要灵活自由得多。它可将叙事、描写、说明、抒情等表达方式有机地结合起来，熔为一炉，增强鼓动性和艺术感染力，以取得预期的效果。中间部分要求突出中心，观点与材料有机结合，讲道理与摆事实有机结合。如果一篇演讲词只有空泛的议论而无血肉丰满的例证，是肯定要失败的。李燕杰说过："一篇演讲词，如果只有几条抽象的道理，是永远也不会生动的；不生动的演讲怎能吸引听众呢？因此，我们一定要注意搜集、选取生动的例证，包括正面的、反面的例子。"在演讲词的结构艺术上，有人提出应注意下面三个问题："在层次上，要根据演讲的时空特点，对演讲内容加以选取、剪辑和组合，形成一个顺理成章的结构层次。要以有声语言为标志，诉诸听众的视听觉，显示结构层次，获得层次清晰、条理分明的艺术效果。在节奏上，要根据听众的心理特点，确定节奏频率，既要鲜明，又要适度，达到张弛起伏，一波三折，始终维持听众的注意力。在衔接上，由于演讲节奏要求适时变换具体内容，容易造成结构松散，而衔接技巧正是对结构松散疏密的一种补充，使内容层次变换更为巧妙、自然，从而使演讲具有浑然一体的整体感。"此外，在中间部分内容的安排上，还要注意设置悬念，重复有哲理性的语句，穿插轻松幽默的语句，以活跃气氛，加深听众的印象。

演讲词如同文章一样，应对全文有个结束，即对整个演讲进行总结。一篇好的公共关系演讲词，如果开场白和中间部分很精彩，而结尾却平淡无力，就会功亏一篑，影响整篇演讲的效果。演讲词的结尾方法多种多样，常有的是：概括全文，画龙点睛；引用警句，振聋发聩；发出号召，提出希望；含蓄蕴藉，余味无穷；借用名言，深化主题；哲理升华，引人深思等。但要防止结尾时故作谦虚，言不由衷，拖泥带水，画蛇添足。

第五节　公共关系年度报告

公共关系年度报告，是指公共关系部门一年一度的工作总结报告。它是反映社会组织过去一年中开展公共关系活动及其成果的文书。其主要内容是对照公共关系计划，回顾一年来公共关系活动的开展情况，公众有什么反映，取得了哪些成绩，有哪些经验和教训，检查公共关系预算执行情况，并根据组织的总任务、总目标提出下一年度的工作要点等。它主要用于向组织的领导者、股东、内部员工和上级主管部门、社会有关方面汇报工作，使之了解组织当前发展的情况。

撰写公共关系年度报告，必须在事先对年内的公共关系活动进行充分的调查研究，对其工作实绩和公众反馈的意见进行收集、整理、归纳、综合、加工、分析，实事求是地总结成绩和经验，发现缺点，吸取教训，以便巩固成绩，发扬优点，找出差距，改进工作，调整关系，为制定下一年度的公共关系计划做好准备。

公共关系年度报告通常由标题、受文对象、正文、落款四部分组成。

一、标题

公共关系年度报告的标题有两种写法：一是规范性行政公文标题法，如《××公司2000年度公共关系工作报告》；二是省略式标题法，如《2000年度公共关系工作报告》或《年度公共关系工作报告》。

二、受文对象

公共关系年度报告的受文对象有两种写法：一是"×××总经理"或"××厂长"；二是"总经理室"、"厂长室"或主管部门名称。

三、正文

公共关系年度报告包括开头、主体和结语三部分。

公共关系年度报告的开头有多种写法：一是缘由式开头，简要说明撰写年度报告的起因；二是概要式开头，概述年度报告的基本内容；三是成绩式开头，简述全年取得的主要成绩；四是做法式开头，一开始就列举公共关系工作或活动的主要做法等。

主体是公共关系年度报告的核心，主体写作什么，怎样写，关系到整个年度报告的价值。主体的内容包括：一年来所做的主要工作，做了什么？是怎样做的？做得怎么样？取得了哪些成绩？有哪些经验和体会？在计划实施中还存在哪些问题？该吸取些什么教训？也就是对照公共关系年度计划，对一年来的公共关系实践及其成绩和不足进行概括、归纳，揭示其基本规律，在此基础上，明确下一年度公共关系的目标和任务。主体要求写得一目了然，在陈述情况时，要交待清楚八个"什么"，即：什么时间？什么地点？什么人？什么事？什么原因？什么结果？什么问题？什么打算？写存在的问题时，要抓住主要的、关键的、有重大影响的问题来写，不要面面俱到，也不宜细写。经验和体会是公共关系年度报告的重点，要提高到理性认识的高度，认真总结出带规律性的东西，作为今后公共关系实践活动的指导。下一年度的工作要点可粗线条地勾勒，不宜细述。

公共关系年度报告的结语与通用公文中的报告结语相同，在主体写完后，用"以上报告当否，请指示"、"请审阅"等惯用语句收束。

四、落款

公共关系年度报告的落款，标明为行文主体和行文时间。

写作公共关系年度报告，应注意以下几点：第一，要实事求是，内容真实确凿，切忌虚假；第二，要注意提炼，将感性认识上升到理性认识，真正总结出带规律性的东西，才对今后的工作有现实指导意义；第三，要突出重点，抓住主要矛盾，切忌面面俱到，没有主次之分；第四，要写出特色，有个性，有新意，有创造，有独到之处，切不可流于形式，搞一般化。

第六节 公共关系贺词

公共关系贺词也可写成贺辞、祝词(辞)、贺信，是指以社会组织或个人的名义，对某人、某组织或某件事情表示赞颂、祝贺的礼仪文书。祝词可在会上宣读，也可寄送给对方，还可在报刊上发表或在广播电台、电视台播放(映)。

公共关系贺词根据场合的不同，可分为祝寿词、祝贺词和祝酒词三种。祝寿词是对重要人物的寿诞或组织的华诞表示祝贺；祝贺词是对取得巨大成绩、做出卓越贡献的组织或个人表示祝贺，或对重大喜庆事件表示祝贺；祝酒词是在宴会上开始时主人对客人的到来表示欢迎、客人进行答谢并表示衷心祝愿的应酬之词。

贺词的结构一般由标题、称谓、正文、落款四部分组成。

一、标题

在第一行居中书写。有两种写法：一是只写文体名称"贺词"或"贺信"、"贺电"等；二是文体名称前加上祝贺单位(或个人)的名称和内容范围。标题已有祝贺单位(或个人)的，可省略落款。

二、称谓

写上受贺(祝)组织或个人的名称，单占一行，顶格书写。也可以用泛称，如"各位女士、各位先生"、"同志们"、"各位父老乡亲"、"尊敬的××同志"等。

三、正文

主要包括以下三层意思：一是表明祝贺者的身份及代表谁说话，向谁祝贺，祝贺什么，为什么祝贺等。二是祝贺的事实，应根据不同情况而有所侧重：对重大节日或特定纪念活动的祝贺，着重分析取得成绩的主、客观原因，该成绩对国家建设、发展乃至社会进步的功用、地位和影响；对重要会议的祝贺，应说明该会议的重要性，表达对会议的期望和要求；庆贺寿辰的祝词，应简要、准确地赞颂对方在事业上的成功，对社会的贡献等。三是祝贺语，写希望和祝愿。凡上级写给下级的，一般写希望、要求；祝贺会议的，一般写"祝大会圆满成功"；祝贺寿诞的，一般写"衷心祝愿健康长寿"等。

四、落款

写祝贺单位(或个人)的名称(姓名)和年、月、日。

公共关系贺词的写作，应注意以下几点：第一，遣词造句要充满热情、喜悦、激励、希望、褒扬之意，使人感到温暖和愉快，并从中受到教育和鼓舞。第二，祝贺、颂扬、赞美之词要实事求是，把握分寸，恰如其分，不要故意拔高，甚至有献媚之嫌。第三，纸色有禁忌，按习惯，只能用红纸黑字或黄字书写，切忌用白纸黑字或黑纸白字。

第七节　公共关系请柬

公共关系请柬，也称请帖、邀请书，是社会组织或个人邀请他人参加重要会议和喜庆纪念活动时使用的告知性日用文书。有的请柬同时还可作为会议入场券或到会的凭证。

公共关系请柬的类别，根据不同的使用场合，可分为正式请柬和非正式请柬；根据邀请客人的目的，可分为会议请柬、仪式请柬、参观请柬和宴会请柬等。

公共关系请柬的形式多样，大体上可分为横式或竖式、单页或折叠页、单页单面或单页双面、有封面或无封面、有装饰图案或无装饰图案以及大小不同等。但无论哪种形式，其内容结构基本相同，通常由标题、称谓、正文、结尾、落款五部分组成。

一、标题

在封面或页面上部居中，写上"请柬"或"请帖"、"邀请书"，居中书写，字体较大。标题如在封面,往往要有些图案装饰。有的请柬的标题还加上事由,如《庆祝××大学建校 100 周年请柬》等。

二、称谓

顶格写上被邀请者的姓名或单位名称。一般放在正文之前,但也有放在正文之后的。如邀请夫妇两人,注意将两人的姓名并列书写。

三、正文

写明活动的内容、时间、地点。如有参观和文艺活动,还应附上入场券;如有礼品赠送,应附上领取礼品的证券;如须乘车乘船,则应交待路线及有无专人接站等。

四、结尾

此处应具礼,多用"敬请届时光临"、"敬请莅临"、"敬备菲酌"、"欢迎指导"等敬语作结。

五、落款

署上发请柬的组织名称或个人姓名,同时写上发出请柬的时间。

制作公共关系请柬,应注意以下几点:第一,请柬要提前发出,给被邀请者留下一定的准备时间。第二,用语简洁、明确、热情、庄重,表意周全,要求符合"达、雅、礼"的要求。第三,如果是自行设计的请柬,可在图案、文字、色调、装饰等方面进行一定的艺术加工。第四,如邀请对方参加报告会,应将报告人、报告内容乃至论文副本,提前送给被邀请者。如果被邀请在会议上发言,则应在请柬中注明,以便让发言者做好准备。

【典型案例】

瑞士欧米茄手表报纸广告文稿

标题:见证历史 把握未来

正文:全新欧米茄碟飞手动上链机械表,备有 18K 金或不锈钢型号。瑞士生产,始于 1848 年。对少数人而言,时间不只是分秒的记录,亦是个人成就的佐证。全新欧米茄碟飞手表系列,将传统装饰手表的神韵重新展现,正是显赫成就的象征。碟飞手表于 1967 年首度面世,其优美典雅的造型与精密科技设计尽显贵气派,瞬即成为殿堂级的名表典范。时至今日,全新碟飞系列更把这份经典魅力一再提升。流行的圆形外壳,同时流露古典美态;金属表圈设计简洁、高雅大方，灯光映照下，绽放耀目光芒。在转动机件上，碟飞更显工艺精湛。机芯仅2·5毫米薄，内里镶有17颗宝石，配上比黄金罕贵20倍的铑金属，价值非凡，经典时计，浑然天成。全新欧米茄碟飞手表系列，价格由八个至二十余万元不等，不仅为您昭示时间，同时见证您的杰出风范。备具纯白金、18K金镶钻石、18K金，及上乘不锈钢款式，并有相配衬的金属或鳄鱼皮表带以供选择。

标语：欧米茄——卓越的标志。

随文：（略）

【案例分析】

这一则《瑞士欧米茄手表报纸广告文稿》，以简洁、生动的文字，介绍了全新欧米茄碟飞手动上链机械表的历史、型号、性能、工艺、外观、特色、表带、售价等，其广告词的结构，由标题、正文、标语、随文四部分组成，完全符合广告词的写作规范。

第十五章　公共关系专题活动

公共关系专题活动，在国外被称为公共关系特殊事件，它是社会组织为实现某一特定目的，通过精心策划和安排，围绕某一明确主题而开展的专门性的活动。公共关系专题活动是公共关系实务的重要内容之一，在公共关系工作或活动中占有不可忽视的地位。举办公共关系专题活动的宗旨，是通过这类定期或不定期的专门性活动，配合公共关系计划的实施，强化宣传效果，扩大社会影响，促进组织与各类公众更紧密地联系起来，使公众在亲密、和谐、融洽的气氛中，感受到活动举办者的基本意图，潜移默化地接受组织的有效信息和理念，增进对组织的了解、信任、好感和认同，同时吸引新闻媒体的注意，使之主动报道，以提高组织的知名度、美誉度，树立组织的美好形象，为组织的生存、发展营造一个优良的内外环境。公共关系专题活动的策划和举办能否成功，在很大程度上取决于公共关系人员的理论修养、创造能力和举办这类活动的经验、技能。而这是公共关系人员必须具有的一项基本功。

公共关系专题活动的形式很多，公共关系人员可以不拘一格地进行富有创意的策划和组织。这里仅就最常用的几种公共关系专题活动进行介绍。

第一节　新闻发布会

新闻发布会又称记者招待会，它是社会组织或个人召集各新闻机构的记者，宣布有关重要信息，介绍有关情况，并让记者就此提问，由专人回答问题的一种特殊的会议。这是公共关系人员通过与记者的集中交往，借助新闻媒体，广泛传播组织某一方面的重要信息、扩大组织社会影响的重要途径。新闻发布会的特点是：发布形式较为正式、隆重，规格较高；记者可根据自己感兴趣的方面和从自己需要的角度提问，更好地发掘消息的内涵；它是一种两级传播，即先将消息告之记者，再通过记者所在大众传播媒体告之观众，具有传播快、覆盖面广，影响大的特点。新闻发布会尽管可加强组织与新闻界的沟通，但也存在一定的缺点，即这种传播形式比之其他形式需占用记者和组织者更多的时间；花费的成本较高，包括组织费用、交通费用、场地和设备费用等；新闻发布会还必须具备恰当的新闻"由头"和最佳时机；对发言人和主持人的要求也高，需具有反应敏捷、随机应变的能力。

　　要开好新闻发布会，公共关系人员应周密策划，精心做好准备工作。首先，是对举办新闻发布会的必要性进行论证，即对所发布的消息是否重要，是否有专门召集记者集中发布并具有广泛传播的新闻价值，以及新闻发布的紧迫性和最佳时机，进行实事求是的研究和分析。其次，是确定新闻发布会的时间、地点和所邀请的记者。所选时间应尽量避开节假日和有其他重大社会活动的日子，以免记者不能出席。地点应根据新闻发布会的内容择定，如侧重介绍新产品或组织发展情况，宜在组织内部会议室举行，如要消除误解，处理危机事件，澄清事实，挽回涉及全国范围的影响，宜到大城市租用宾馆、会场举行新闻发布会。邀请记者的范围，如涉及到全国的事件，应邀请中央新闻单位的记者，如影响仅限于本埠，则可只邀请当地新闻单位的记者；可请报刊、杂志记者，也可请摄影、录像记者。再次，准备好相关材料和选定主持人、发言人。根据新闻发布会的主题准备发言稿、报道提纲和辅助宣传资料，宣传资料包括文字、实物、图片、影视等，供记者撰稿时参考。会场要给记者提供工作条件，如电源插座、灯光设备等。座位标牌上可写明主持人、发言人的姓名和职务，主持人应由具有公共关系经验和技巧的人担任，发言人则应是组织的主要负责人。如果有几位发言人，口径必须一致。发言的内容要与所散发的宣传材料相一致。此外，会标应醒目，以便摄影录像；门口应有签到簿，便于公共关系人员及时将嘉宾、记者名单送呈主持人，以便一一介绍；嘉宾应安排在突出的位置，借以扩大影响；为会议服务的工作人员要有专门分工，各司其职；会议前后可安排嘉宾、记者参观，以增加对会议主题的感性认识；要给记者提供种种方便，为他们创造实地采访、摄影、录像的机会；如有必要，还可安排小型宴请。新闻发布会的时间，一般以一个小时左右为宜。整个新闻发布会的进行过程，应由公共关系人员摄影录像，这既可供宣传用，又可作为资料保存。

　　要使新闻发布会取得成功，对主持人、发言人和公共关系人员都有明确而具体的要求。主持人应以流畅得体的语言，把握住会议的主题，防止记者提问离题太远，并控制发言时间，避免重复提问，并善于引导深入提问，还应起到维持会场秩序和缓和气氛的作用。在记者提问时，不能使提问权由一两个新闻单位垄断。在恰到好处时，主持人应宣布新闻发布会结束。发言人的发言应简明扼要，切忌长篇大论或答非所问；对不愿透露的消息，应婉言解释；凡回答不了的问题，可请有关人员代答，或告诉记者获得满意答案的途径，切不可用"无可奉告"的词句搪塞；对所发布的消息，必须准确无误，若发现错误，应及时纠正；对挑衅性的问话，要表现出足够的涵养，并据理反驳，以防止出现不利于组织的报道。在新闻发布会上，公共关系人员应做好以下工作：一是尽快整理出记录材料，写出总结；二是收集和比较各到会记者在报刊、电台、电视台所作的报道，检查是否达到了预期的目的，若出现了不利于组织的报道，应提出补救的应对策略，或要求新闻媒体更正，或推动组织改进工作，请新闻媒体了解情况后重新进行报道；三是对因故未到会的新闻单位，可将会上发放的全部资料寄去，争取他们进行报道；四是对要求进一步采访的记者，应热情配合，并尊重新闻单位，不可强求他们发稿。

第二节　展览会

展览会是以实物、文字、图表、音像、影视等来展现成果、推销产(商)品、树立组织形象、供人参观的一种宣传方式。由于展览会综合运用了实物、图表、影像和动人的解说、优美的音乐、造型艺术的技巧，因而它比一般口头和文字传播更有成效，更具有吸引力。它是一种典型的综合运用多种传播手段的公共关系专题活动形式，具有知识性、形象性、观赏性和趣味性，并为公众提供了一个详细了解、咨询和沟通的机会，因而在公共关系实务中被广泛采用。

展览会的种类繁多，就规模而论，有大型、中型、小型之分，大到世界博览会，小到一家企业的产(商)品展销会；就场所而论，有室内展览和室外展览(如汽车、农副产品、花卉等)之分；就性质而论，有专题展览和综合展览之分；就方式而论，有固定展览、活动(户外)展览之分；就地域而论，有社区展览、地区展览、国内展览、国外展览之分；就举办单位而论，有单独展览和联合展览之分；就目的而论，有推销产(商)品、树立形象和娱乐欣赏之分。而后一种分类方法较为常见：以销售为目的的展览随处可见，一般直称为展销会，它以介绍产(商)品的品种、质量、款式、功能、特色、价格、服务为主要内容，激发消费者和批发商的兴趣和欲望，达到扩大销售和订货的目的；以树立组织形象为目的的展览，其任务是介绍组织的整体形象，引起社会各界的关注，达到立足社会、扩大影响、提高信誉、谋求生存发展和支持合作的目标；以娱乐欣赏为目的的展览，如书画、摄影、服饰、花卉展览等，其宗旨在于活跃人们的精神文化生活、提高艺术鉴赏能力和审美水平，达到修身养性、陶冶情操、建设社会主义精神文明的目的。

筹办展览会是一项技术性很高、业务性很强的工作，要求公共关系人员在筹办过程中，要精心策划、精心组织、精心布展，切实做到以下几点：

第一，进行必要性和可行性论证。在筹办前，先要认真分析展览会举办的必要性和可行性。展览会是一种大型的综合性公共关系专题活动，需要投入较多的人力、物力、财力，如不对其必要性、可行性进行科学的分析和论证，就有可能造成费用过高而得不偿失，或盲目上马而起不到应有的作用。因此，事前有必要对展览会的投入和产出(包括物质的和精神的)算一笔细账，只有真正是必要的又是可能的，其结果才必定是成功的。

第二，明确展览会的主题和目的。从众多内容中明确一个主题，作为统揽展览会全局的纲领，把所有的文字、图片、音像、影视等资料进行科学、有序地排列组合，做到既主题突出，又条理清晰，使人一目了然。还应根据展览会的目的，有针对性地收集各种展出资料，进而确定所采用的沟通方法、展览形式和接待方式等。

第三，切实做好展览前的准备工作。这是展览会取得成功的关键。它包括：确定参展单位、参展项目；明确参观者的公众类型；选定展览的时间、地点；由展览主创人员构思设计整个展览结构；培训讲解人员和服务人员；备齐实物、图表、展具、影视录像等，写好文字说明；备齐所需的各种辅助宣传资料，准备好展览的辅助设施和相关服务；设置展览会的标志；制作张贴画、广告和张贴展览会平面图；在入口处设置咨询处和签到处；请领导和社会名流题词；编制展览会的经费预算等。

第四，成立专门的新闻发布机构。展览会要扩大社会影响，有必要成立专门的新闻发布机构，具体负责与新闻界进行联络，制定新闻发布计划，邀请新闻界采访，撰写新闻稿，发布展览会的新闻消息，以扩大参展单位、参观人数以及整个展览会的社会影响。

第五，进行展览会效果评估。展览会效果是指通过这一专题活动实施公共关系所带来的经济效益和社会效益。效果评估的过程就是广泛收集信息反馈的过程。其方式有：在展厅内放置留言簿，主动征求参观者意见；举办与展览会内容有关的知识竞赛和问题抢答；召开各种形式的座谈会；留心新闻媒体对展览会的报道和评价；会后发放调查问卷和上门访问，了解实际效果等。无论是赞扬还是批评，都对主办展览会的组织改进今后的工作具有重要的价值。

第三节　典礼、仪式

凡逢重大节日和重要事件，或是组织的重要纪念日、某项工程的开工或竣工，都可举行隆重的庆祝活动，以提高组织的知名度，扩大组织的社会影响。公共关系人员是这些活动的策划者和组织者，应熟悉和掌握策划、组织这类活动的规律，使之办得有声有色。

社会组织通常举行的典礼、仪式，主要有法定的节日(元旦节、春节、五一节、国庆节等)和组织特殊的节日(厂庆、校庆等)，重点工程的开工或竣工典礼,重大活动的开幕式或闭幕式,有关"日"、"周"、"月"、"年"活动(如"3. 15消费者权益保护日"、"爱鸟周"、"优质服务月"、"老人年"等)的典礼或仪式;通过谈判达成协定后举行的签字仪式,以及发奖授勋的仪式等。

在组织举办典礼、仪式时,公共关系人员是幕后的策划者和主持人,许多事情经他们周密策划、精心安排,才能使这一专题活动获得圆满成功。典礼、仪式的组织安排十分复杂,要求公共关系人员切实做好以下工作:

第一,拟定典礼、仪式程序。典礼、仪式的一般程序为:宣布典礼或仪式开始;宣读重要来宾名单;剪彩(授旗、授勋或签字、互换文本);致辞。程序最好在事先印制好,当来宾到来时分发到他们手中,或张贴在主席台上。

第二,邀请主要出席者和来宾。主要出席者和重要来宾,包括建厂、建校的元老,表彰对象,投资者或合作者,上级主管部门和社区负责人,社会知名人士,社团或同业代表,新闻记者,员工代表,公众代表等。请柬应及早发出,以便被邀请者安排时间赴会。被安排在主席台或坐(站)在前两排的人,应有醒目的名牌。凡站立的庆典,主要人员的位置应铺上红色地毯,公共关系人员在开始前五分钟引导出席者和来宾进入划定的区域。主席台座位顺序以正中为大,分左右两边依次类推。对一般来宾也应热情接待,安排到合适的座位上。

第三,确定致辞、剪彩或发奖人员。在一般情况下,致辞者应为组织的主要领导人,主持人可为副职。公共关系人员应为致辞者准备好发言稿,最好在事先印制出来,随同程序表一起分发。参加剪彩者或颁奖者,除组织的负责人外,还可邀请来宾中有社会地位和较高声望的人,事前就应通知他们。特别是对发言者,更应及早告知,以使他们有充分的时间准备。

第四,具体安排各项接待事宜。应事先确定接待、辅助剪彩、放鞭炮、摄影、录像、扩音等服务人员,在典礼、仪式开始前就进入岗位;安排专门的接待休息室,备有茶水、饮料、香烟等,供重要来宾使用;对外地到来的重要来宾,应有专人接、送和安排好食宿、来往交通;筹办签字仪式,应安置好签字的桌椅,并标明是哪一方哪一位签字者;凡国际间的协议签字,则以国旗或团体旗帜作为识别标志;安排专人接待新闻记者,为他们提供有关资料和采访的便利条件;大规模的庆典、仪式可设立新闻中心,其组织方法与新闻发布会相同;一切工作人员都应佩戴识别标志,礼仪小姐应披彩带,周到地做好服务工作。

第五,做好典礼、仪式结束后的有关工作。典礼、仪式结束后,可邀请上级领导机关负责人、来宾和记者参观陈列室,这是让上级、同行、公众和社会各界了解组织、宣传产(商)品、树立形象的大好机会。还可视情况举办宴请或联谊活动,进一步密切关系,使典礼、仪式获得更好的效果。

第四节 社会赞助活动

社会赞助活动是组织通过向公共或公益事业提供资金来赢得公众好感和社会各界赞誉的一种公共关系专题活动形式。组织开展社会赞助活动的方式很多，如赞助兴办文化、艺术、体育、教育事业，赞助社会慈善事业和福利事业，赞助学术研究和各类出版物，赞助兴建各种公共设施等。任何社会组织要搞好与社区和地方政府的关系，最有效的举措就是举办各种社会赞助活动。

在改革开放的新形势下，越来越多的社会组织深切地认识到，作为现代社会的一员，不仅要完成本身的任务和取得良好的经济效益，而且还对整个社会负有不可推卸的责任，有义务赞助各种社会事业，以推动社会的发展和进步；通过社会赞助活动，可使组织同步成名，得到公众和社区、政府对组织的好感、支持和合作，为组织的生存、发展获得可靠的保障。概括起来说，社会赞助活动的功用是：做广告，树形象，培养感情，追求社会效益，推动社会的精神文明和物质文明建设。

如何才能使社会赞助活动收到实际的成效呢？要求公共关系人员切实做到以下几点：

第一，社会赞助活动的选择的研究。赞助有两种情况：一是组织主动选择对象进行赞助；二是应某些组织的请求予以赞助。不管采取哪种赞助形式，公共关系人员都应认真研究，从组织的公共关系和经营政策入手，从外部赞助的公益事业实际情况出发，确定赞助的方向、政策及具体办法。社会赞助活动的要求，是要保证组织与社会同时受益，一定要防止赞助与组织的公共关系目标和整体目标脱节。为此，公共关系人员应分析组织与赞助对象的关系，接受赞助的单位过去开展公益事业的情况，根据组织的经济实力，提供所能承担的资金，确保所赞助的活动能顺利实施，并真正使组织和社会双方都能受益。

第二，制定赞助计划。在赞助活动选择和研究的基础上，公共关系部门和人员应根据组织的赞助方向、政策和具体办法，制定出赞助计划。赞助计划的期限，通常按财政年度划分，内容大致包括：赞助的宗旨，赞助的具体对象，赞助的费用预算，赞助的基本形式，赞助活动的组织，赞助费用的管理和监督等。赞助计划是赞助活动的具体化，一定要尽量具体和留有余地。一定要控制赞助范围，防止赞助的项目和规模超过组织的承受力。

第三，赞助项目的评估和审核。这主要是针对具体赞助项目而进行的，对每一具体赞助项目，公共关系部门和人员，首先要进行总体评价和估计，检查是否符合赞助的方向和政策；接着是对赞助效果进行质和量两方面的评估，质的评估主要是赞助向社会表明组织所承担的义务和责任，社会公众将有什么评论，能否起到树立组织美好形象的作用，作用有多大，量的评估则从社会影响的覆盖面、所获经济效益两方面进行，可通过数据、量化测估。审核通常是结合赞助计划进行，在可行性分析的基础上确定赞助的具体方式、赞助款额和赞助的适宜时机，据此制定出此项赞助的具体实施方案。

第四，具体落实赞助事宜。在赞助活动选择和研究、赞助计划制定和赞助项目评估、审核的基础上，公共关系部门和人员应主动与受赞助单位进行联系，通报情况，具体落实赞助事宜，使赞助项目得以顺利实施。有些赞助项目，还应签订赞助协议，由公证部门给予公证。在赞助项目实施过程中，公共关系人员要善于运用各种公共关系技巧，使组织尽可能地扩大其社会影响。

第五，检测赞助效果。社会赞助是组织的重大公共关系专题活动，付出了相当的经济方面的代价，因此，在社会赞助活动结束时，公共关系部门和人员应进行效果检测。通过各种渠道和方式，开展调查研究工作，收集各方面的信息，了解受赞助单位、公众、新闻媒体对此项赞助的看法、评论，通过分析，看是否达到了预定的目的，与评估的内容是否相符？完成了或达到了哪些预定指标？还存在哪些差距？原因是什么？将这些内容写成总结，提供领导参考，同时作为资料保存，供下次的社会赞助活动借鉴。

第五节　对外开放参观

向社会公众开放，组织本单位的员工家属、股东、客户、消费者、学校师生、新闻工作者和社会各界前来参观考察，是增进组织与公众之间的联系、提高组织的知名度、在公众心目中树立美好形象的重要手段之一，因而被列入组织经常性的公共关系专题活动。

社会组织对外开放参观的目的，是为了提高组织的透明度和扩大组织的知名度，向公众表明自己的存在，缩短组织与公众的距离，提供组织与公众直接沟通的机会，增添组织的"人情味"，让公众更好地了解自己，争取公众与社会的好感、信任、支持和合作。同时，对外开放参观还有助于消除公众对组织的某些误解和疑虑，改善社区关系，为组织的生存、发展营造良好的社会环境。

对外开放参观可分为一般参观和特殊参观：前者是向一般公众的开放参观；后者指参观的是特定的对象，如国外同行、协作者或上级机关的领导人等。它还可分为常规性参观和专题性参观：前者指没有特定的主题，是组织常规性业务工作的一个内容，如每逢组织的周年纪念日、传统节日或每周的定期开放参观等；后者指有着特定的目的、围绕确定的某一专门主题所组织的开放参观,如各高校在高考前组织市内高中毕业生到学校参观,其目的在于增进高中毕业生对本校的了解,期望他们以第一志愿报考本校。

对外开放参观的内容,应根据公共关系的特定目的,应实事求是,力求真实地反映情况。它一般可分为现场观摩、介绍解说、实物展览等。现场观摩是以目击为主,同时辅以必要的说明和解释。介绍包括口头介绍、文字介绍和音像介绍,在参观前可利用电影、电视录像或幻灯、音像先作简要的介绍,使公众对组织有一个概括的了解。实物展览是指图片、实物或模型、产(商)品陈列等。

要搞好对外开放参观,取得良好的公共关系效果,公共关系人员应做好以下几方面的工作:

第一,明确开放参观的目的。开放参观是目的性很强的公共关系专题活动。因此,凡对外开放参观,必须明确通过这一活动要达到什么目的,获得什么效果,给参观者留下什么印象。具体来说,开放参观的目的有以下几种:一是以扩大组织的知名度为目的;二是以塑造组织的美好形象为目的;三是以维护和扩大组织的良好声誉为目的;四是以澄清事实,求得公众的谅解、支持为目的;五是以密切关系、广结良缘为目的等。只有目的明确,开放参观才能收到实效。

第二,选择开放参观的时间。开放参观既可常年进行,也可定期进行。大多是定期的。开放参观的时间最好安排在一些特殊的日子,如法定的节假日、组织的周年纪念日、国际上与之有关的活动日等。应尽可能避开恶劣的天气,还要避开对公众更有吸引力的社会活动的日期等。

第三,安排参观线路。公众前来参观,要提前安排好参观线路,安置向导图标志,引导参观者沿参观线路有序地进行参观。还要标明办公室、餐厅、休息室、医务室、厕所的所在地。如因保密禁止参观的区域,应有明显标志,防止参观者越过所限定的范围。

第四,做好宣传工作。参观开始时,应备有一份简易的参观说明书,发给参观者。还可先放映电视、录像或幻灯片,进行简要的介绍,帮助参观者了解总的情况和参观的基本内容。在参观过程中,由陪同参观的向导沿参观路线再具体的介绍,并对参观者的问题作出明确的解释。如参观人数较多,可将参观者分成若干小组,这样既便于向导,又能让参观者听清讲解。

第五,搞好接待工作。对外开放参观,应有专门的接待人员负责登记、讲解、向导等工作,安排休息场所和茶水、饮食,赠送有意义的纪念品等。在参观开始和结束时,最好有组织的领导人或有关部门的负责人出面与参观者见面,热忱地迎送参观者,概括介绍组织的情况和发展前景,感谢大家光临,并竭诚地征求参观者的建议和意见。

第六节　联谊活动

联谊是一种有明确目的、一般利用业余时间开展的群体娱乐性活动。它是一种感情投资，公共关系人员应将它视为重要的公共关系专题活动，有计划地举办。联谊活动的方式有员工联欢会、青年联欢会、老年座谈会、妇女联谊会以及电影招待会、文艺演出、交际舞会、郊游等。这类联谊活动既可增进人们的身心健康，又可增进组织内部员工、组织与社区公众之间的情感，加强信息交流和沟通，促进理解和合作，是营造组织内外"地利"、"人和"环境的纽带。

如何组织好联谊活动呢？公共关系人员应做好以下几方面的工作：

第一，确定主办单位。联谊活动可由组织下属的公共关系部门单独办（主要是对外），也可与组织内的工会、妇女、共青团、科协合办（主要是对内）。公共关系人员应根据公共关系的目的，精心策划，拟定计划，预算经费，并细心地安排好每一项具体活动。

第二，选择恰当的时机。联谊活动既要从预定的目的和可能性出发，又要考虑参加者的兴趣，选择恰当的时机。通常是选择节假日，如青年联欢会放在"五四"节，妇女联谊会放在"三八"节，员工联欢会和离退休员工座谈会放在元旦、春节期间。邀请国外客人或少数民族来宾，应考虑与他们所在国或所在民族的传统节日如圣诞节、开斋节、泼水节等，并对联谊活动的节目内容有清楚的了解，避免因政治原因、宗教信仰、风俗习惯等问题而引起的不愉快。春、秋季可安排郊游，最好选择风和日丽的天气。

第三，安排好参加者的坐席。发邀请通知时，应考虑场地的容量，观看电视、文艺晚会或出席舞会、组织郊游，一定要发入场券或乘车证，对可否携带家属同往，要予以说明，以避免座位或饮料、食物不够的情况发生。观看节目的坐席，应根据客人的身份事先做好安排，文艺演出以第5到8排座位为佳，电影则以15排前后为佳。专场演出应把最好的坐席留给重要来宾及陪同者，其他客人可预先安排坐席，也可自由入座。

第四，关于舞会的安排。凡举办舞会，邀请的人数要与场地相适应，人数过多会显得拥挤，人数太少又会造成冷场。被邀请的男女宾客人数要大体相等，对已婚者，应邀请夫妇同往。组织内部举办的舞会，如男性员工较多，可邀请附近女性较多的单位（如医院、纺织厂等）参加。对乐队、场地、灯饰、舞曲、音响等，应事先进行检查，如有条件，还可准备茶水、饮料、点心，以便客人休息时享用。

第五，关于经济联谊活动。随着社会主义市场经济的发展，组织与组织之间的经济联谊活动日益增多。这一活动对增进组织间的友谊、加强信息交流和沟通、促进相互间的经济联系和合作，有着积极的作用。经济联谊活动可分为感情型、信息型和合作型三种：感情型是利用节假日、厂庆等机会，出席纪念活动，或互致信函，或赠送旗匾、纪念品等，联络感情，为今后的进一步联系和合作奠定良好的基础；信息型以各自掌握的原材料市场、技术市场、资金市场、销售市场等信息进行相互沟通和交流，使双方在适应市场的变动中都能掌握主动权和制售权；合作型则通过生产、技术、设备、人才、资金、外汇等方面进行合作，促进双方的经济效益都有所提高。这三种经济联谊活动都是需要的，公共关系人员可根据公共关系的特点目的予以选用，总的来说，应从感情型开始，把落脚点放到合作型上。

第七节 突发事件的处理

这里说的突发事件，既指重大工伤、质量事故等意料之外的事件，又指组织与公众发生冲突、社会舆论反应强烈、组织形象受到损害的时候。一旦发生突发事件，公共关系就处于紧急状态中，这就要求公共关系人员行动起来，协助组织的领导者，调查突发事件的原委，动用整个组织的力量和各种传播媒介来妥善地处理危机，做好善后工作。由此可知，突发事件的处理是公共关系实务的一项重要的专题活动。

对突发事件应坚持"预防为主"的方针。公共关系部门和人员应在广泛收集、整理、综合各方面信息的基础上，对可能发生的突发事件作出科学的预测，对可能产生的影响及事件的性质、规模、后果等作出客观的分析，根据实际情况与有关职能部门配合，共同制定出应付的对策、办法和措施，切实做好预防工作，将突发事件的苗头消弭在萌芽状态。然而，突发事件是意料不到突然发生的，防不胜防，一旦发生了，就切切不能等闲视之，必须及时作出反应，妥善予以处理。由于突发事件的性质不同，其处理的办法和措施也应有所区别。一般说来，突发事件有以下几种类型，可根据不同的情况采取不同的处理措施。

一、对恶性突发事件的处理

这类突发事件指房屋起火、倒塌或发生爆炸、食物中毒、重大工伤事故、毒气毒液外泄、翻车、沉船等事故。公共关系人员应及时赶赴现场，在事故目击人的协助下查明原因，采取有效的控制措施，查清遇难、受伤人员和对附近单位、居民所造成的损失，产生了哪些社会影响，将这些记录在案，并记下证人的姓名、单位、电话号码和通信地址，以便今后进一步联系。在此基础上，确定处理事故的基本方针和对策，供领导者参考，并统一向外公布的口径。如有人员伤亡，应满足家属的探视、护理或吊唁要求，组织周到的医疗和抚恤工作。如果是不合格产品引起的恶性事故，应立即组织检修队伍，包拆包换，并通知销售部门停止销售此类产品，等待查清原因和提高质量，消除隐患。由组织的主要负责人出面，向上级主管部门汇报，向新闻媒体公布事故的真相。为避免情况失实和口径不统一，公共关系人员应整理书面材料供领导者使用。对有业务往来的单位，应尽快告知事故的实情和正在采取的对策。事故处理完毕，应向社会公布处理结果，必要时可通过报刊登载广告或启事来公布事故处理经过以及今后的预防措施。

二、对组织行为不当引发的危机的处理

组织行为不当，指发生医疗事故、以次充好、掺杂制假、欺骗顾客等导致组织形象恶化、公众反感、社会舆论谴责。如出现这类危机，惟一正确的做法是组织认真地进行自我反省，纠正自身的不端行为，整顿内部，改进工作，杜绝类似事件的发生，重新取信于民，塑造组织的美好形象。一定要真诚地接受公众和社会舆论的监督与批评，公开致歉(包括对重点对象的登门道歉)，做好善后工作(包括经济赔偿)，并以实际行动纠正失误。还要通过这类事件的处理，对全体员工进行教育，避免类似事故的再度发生。事故发生后，要迅速同新闻界取得联系，争取新闻界的合作，如实报道事故真相和处理的结果。切不可隐瞒真相，或推卸责任、文过饰非，那只会进一步加剧危机。

三、对失实报道引发的危机的处理

由于新闻媒体的失实报道，引起了公众对组织的误会和不满，使组织面临公共关系危机。对于这种情况，公共关系人员应冷静分析失实报道给组织带来的不利影响，查清失实报道的原因和细节，采取相应的措施进行应急处理。要向社会如实介绍组织的全面情况，对失实的报道予以澄清，及时回答公众的咨询；争取新闻界的理解、同情和支持，对失实报道予以纠正，扭转不利于组织的舆论状态；对严重失实报道造成恶劣后果的，还可通过行政渠道和法律手段来维护组织的形象和利益。实践证明，遇到这类危机，采取沉默的态度或在其他报刊上登载反驳文章，都是不可取的。

总之，突发事件一旦发生，公共关系人员就应紧急动员起来，采取切实有效的措施，对危机进行应急处理，把好各个关口，变被动为主动，化不利为有利，尽快恢复组织的声誉和形象，来重新赢得公众的谅解、好感、信任、支持和合作。

【典型案例】

一次成功的新闻发布会

北京市的一家制笔厂研制生产出一种新型的台笔。这种台笔具有造型新颖、功能超群的特点，不仅具有很高的实用价值，还具有装饰和观赏价值，属国内首创。

如何将这种新型台笔通过传播媒介传播出去，广为宣传呢？这成了企业领导当时面临的难题。他们左思右想，做广告？其费用太高；找销售员推销？局限性又太大。经过再三考虑，他们决定采用新闻发布会的形式。经过周密的策划，他们决定把新闻发布会定于 12 月 10 日举行。这主要是考虑到新型台笔不仅实用，而且具有装饰性和观赏价值这一特点，借元旦和春节两个节日，单位奖励先进，亲朋馈赠礼品，用这种新型台笔做奖品和礼品会显得既高雅大方，又经济实惠。在邀请参加新闻发布会的人员选择方面，不仅有众多知名的新闻单位的记者，还有其他如文化单位、商业机构、大型工矿的领导和有关专家。

新闻发布会如期举行。北京 30 多家新闻单位的记者和有关部门的领导、专家出席了发布会。会后，有关电台、电视台及报纸杂志分别以不同形式进行了报道。结果，这个新产品得到了广泛传播。不但给这种新型台笔树立了良好的形象，企业的知名度也大大提高。经过这次新闻发布会后，该厂每天接到的购货信及电话不下 30 多个，企业的声誉也在同行业中大振。

【案例分析】

这次公关性质的新闻发布会之所以能取得成功，主要应归功于两个方面：其一，是目标公众明确。新闻发布会让哪些公众参加，事前根据会议内容进行了周密的考虑，新闻记者当然是新闻发布会的目标公众；根据这种新型台笔的消费范围，邀请文化部门、商业单位、工矿企业的领导和专家参加新闻发布会，能提高宣传报道的真实性和权威性。其二，是新闻发布会选择的时机适当。这一新闻发布会选择在年底之前，因为这种新台笔不仅实用，还有适宜做礼物和奖品的特点，年底有元旦和春节两个节日，单位都要总结这一年的工作，表彰奖励先进工作者和先进产生者；多日不见的亲朋好友，都要利用假日走亲访友，互赠礼品，这种新型台笔无疑是最理想的选择。

第十六章　公共关系礼仪

　　礼仪，指人们在社会交往活动中形成的约定俗成的行为规范和准则，具体表现为礼貌、礼节、仪表、仪式等。礼貌，指言语、动作谦逊恭敬的表现；礼节，指人们在交际过程中表示尊敬、问候、祝颂、哀悼之类的惯用形式；仪表，指人的外表，包括容貌、姿态、服饰、风度等；仪式，指在一定场合举行的，具有专门化程序、规范化活动的典礼。礼仪具有共同性、历史继承性、民族区域性、时代发展性等特点。礼仪是一种文化，是一种文明，其基本目的是塑造和树立个人的形象，并通过个人形象体现出组织的形象。作为人类文明的载体，礼仪反映着一个人的精神状态、文化素养和道德水准，反映着一个国家、民族的价值观念、道德规范和行为方式，标志着一个社会精神文明所达到的程度。在社会生活中，礼仪起着调节人际关系、促进社会和谐、保障社会稳定、规范个人行为、培养高尚道德情操、提高国民整体素质的积极作用。

　　公共关系礼仪，指社会组织的公共关系人员在公共关系活动中，为塑造个人和组织的美好形象而遵循的尊重他人、注重礼貌、礼节、仪表、仪式的行为规范和准则。它是公共关系人员进行社会交往的通行证，是协调人际关系的润滑剂。公共关系人员要得到公众的好感、理解和尊重，在社交场合享受到友谊和做人的乐趣，遵守人与人之间交往的礼仪规范，具备良好的礼仪素养，是至关重要的。公共关系人员待人接物注重礼貌、礼节，讲究仪表、仪式，一举一动都合乎事理和情理，显示了他美好的仪容、仪态、风姿、风度、修养和素质，必然会给人留下难忘的第一印象，从而为进一步加强交往、协调关系、开展工作、解决问题打下良好的基础。而公共关系人员是以组织代表的身份与各界人士交往的，因此，他在待人接物上所表现出来的礼仪风范，也从一个侧面体现出了组织的整体形象，从而直接影响到公共关系活动的效果。

第一节　日常基本礼节

　　日常基本礼节主要有称谓礼节、常施礼节和礼貌用语礼节三种。

一、称谓礼节

称谓，是见面时的招呼用语，表明说话人与对方的特定关系，反映说话人敬卑、爱憎、谦骄的态度。在社交过程中，人们对称谓十分敏感，可以说是人际交往的"先行官"。尤其是初次见面，称谓往往影响交际的效果。称谓不当，会使双方产生思想感情上的障碍，直接影响到公共关系活动的成效。

称谓可分为自称、对称和他称等三种：

（一）自称

在汉语中，自称和对称、他称一样，最初都是称名。尔后逐渐出现了第一人称代词"我"、"余"、"朕"、"予"、"吾"……现在用得最多的是"我"。其他通用的自称词还有"咱"、"俺"、"自己"、"自家"、"鄙人"、"本人"、"个人"……有的用在方言中，有的用在口语中，有的用在较为严肃的场合，使用频率都不如"我"。

对尊长或对对方表示尊重，自称时可以用谦称词。例如对父母可自称"孩儿"、"男"（儿子的自称，常用于书面）、"女"（女儿的自称，常用于书面）。对祖辈可自称"孙儿"；对伯叔以及父亲同辈朋友叫自称"侄儿"、"小侄"；对老师或前辈可自称"学生"；对朋友或同辈可自称"弟"、"小弟"。一般的自谦词还有"愚"、"窃"、"敝（人）"、"愚兄"、"愚弟"等。旧时还有师长对门生自称"友生"、"友弟"，官吏对同僚或下属自称"侍弟"。这些自谦词，大都用于书面，口语中已不常见。

还有用于与自己有关的人或物的谦称词语，也用来表达一种礼貌。如谦称比自己辈分高或年长的亲属，用"家父"、"家母""家叔"、"家舅"、"家兄"、"家嫂"等；谦称自己的弟妹、晚辈、亲属等，用"舍弟"、"舍妹"、"舍侄"、"舍亲"等；谦称自己编著的作品，用"拙编"、"拙作"等；谦称自己的名字、身体、职事等，用"贱名"、"贱躯"、"贱事"等。

（二）对称

对称也可称名。如今自称称名表示对长辈或平辈的尊敬，对称称名则表示亲昵。过去，除名之外，还有字或号。长辈称晚辈可以直呼其名，平辈间或晚辈对长辈则称字或号，以表尊重。

最常用的对称代词是"你"、"你们"，敬称用"您"，近几十年还出现了"您们"的用法。

在有些场合，敬称对方常用"贵"，如"贵姓"（问对方姓）、"贵庚"（问对方年龄）、贵公司（指称对方单位）等。

敬称对方，常常用对方的职务、职称，如"局长"、"主任"、"经理"、"工程师"、"教授"等。

新中国成立后，在很长一段时间内，人们都互称"同志"；20 世纪 60 年代后期至 80 年代，常用"师傅"敬称对方；80 年代后，常用"老师"、"先生"、"老板"等敬称，用于女性的，有"小姐"、"夫人"、"太太"等称谓。

用婉称也是表达对对方的尊敬。如称帝王、皇后为"陛下"，称王子、公主、亲王等为"殿下"，称官员或有一定地位的人为"阁下"，称将帅为"麾下"，称一般人为"足下"等。

表示亲切的称呼，对长辈的有"大爷"、"老伯"、"世叔"、"老人家"等，对平辈的有"尊兄"、"仁兄"、"兄长"、"老哥"、"贤弟"、"兄弟"、"老弟"等，对晚辈的有"贤侄"、"贤婿"等。

还有些敬称与对方有关人或物的词语，也用来表达一种礼貌。如敬称对方的亲属用"令尊"、"尊大人"（对方的父亲），"令母"、"令堂"（对方的母亲），"令妻"、"令室"、"贤内助"（对方的妻子），"令兄"、"令妹"（对方的兄妹），"令子"、"令郎"、"令嗣"、"贤郎"（对方的儿子），"令爱"、"令媛"（对方的女儿）等；敬称对方的家属、身体、书信等，用"宝眷"、"玉体"、"玉札"等。

（三）他称

他称是对交谈双方之外的第三者的称谓。关系密切的平辈、晚辈，可称其姓名，表示亲昵时可只称其名。对一般人的称呼，可在姓名之后加上"同志"，或根据不同对象和需要，加上"先生"、"老板"、"女士"、"小姐"、"夫人"等称谓。如果第三者为谈话双方所熟悉，可在"先生"等称谓前只说姓；表示亲昵时，可在"先生"等称谓前不说其姓只称其名。对于有一定社会地位的人，表示尊重时常在其姓或姓名后加上职务、职称作为称谓。如"×经理"、"×××教授"、"×××董事长"等。

称谓的运用，应注意准确、得当，要区分对象、场合。有些书面称谓，用在口语中就很别扭；有些表示亲昵的称谓，不宜在庄严的场合使用。称谓是文明修养的表现，诚于中方能形于外。如果内心粗俗卑下，称谓就会混乱、鄙俗，甚至不堪入耳；或以谦称为献媚，把尊称作奉承，缺乏应有的人格。这都不符合称谓的礼节。

二、常施礼节

在日常交往中，为了表示尊敬、热情、关心、友谊等，都需施行某种礼节。常施礼节很多，以下是最常用的几种：

（一）握手礼

这是在见面、告别、慰问、祝贺、感谢时最通行的礼节。这一礼节据说来自欧洲,最早是为了表示友好、手中没有武器的意思。现在世界各地都使用这一礼节。行握手礼时要面带笑容,双目注视对方,上身稍向前倾,两脚立正,先脱下手套(如因故不易脱下手套握手,要向对方说明并表示歉意),用右手和对方握手。握手时要略用力上下微动,礼毕即松开。对于关系亲近的老朋友,可以握得紧些久些,以示热烈。对妇女,一般只宜轻握。男女双方会面,男子要等女子伸出手后才能握手,如对方无握手之意,男子只能点头鞠躬致意。宾主之间、长幼之间、上下级之间,一般都应由主人、长者、上级先伸出手来,即使对方是女性,也应如此。

(二)鞠躬礼

这是晚辈对长辈、下级对上级、学生对老师,或者同学之间、同事之间、朋友之间,以及演讲者、表演者对听众、观众,服务人员对宾客表示尊敬、感谢常用的礼节。施礼时要脱帽,身体立正,目光平视,然后身体上部向前倾斜15~20度、视线自然垂下,再恢复原态。受礼者应随即还礼。但长辈、上级、老师、宾客可不鞠躬,欠身点头即示还礼。听众、观众则以鼓掌还礼。鞠躬礼中的三鞠躬,又称“最敬礼”,一般用于庄严或喜庆的场合。鞠躬时,身体上部须向前下弯成90度,然后再恢复原状,共接连三次。面部表情在庄严场合要严肃,在喜庆的场合要微笑。

(三)亲吻礼

这是在西方常见的长辈对晚辈、上级对下级、老师对学生,或者朋友之间、夫妇之间表示亲昵、爱抚的一种见面礼,有拥抱、亲额、亲脸、贴面颊、吻手、接吻等多种形式。我国传统礼节中,没有亲吻礼。但现在随着国际交往的日趋频繁,也常按照对方国家的习惯,施行亲吻礼,一般是男对男,女对女,对于特别的朋友,男女也可以拥抱、亲额或亲颊,但一般我方不采取主动。近年来拥抱在国内已逐渐见多。如全国人民代表大会上,原国家领导人和新当选的国家领导人相互热烈的拥抱,表示祝贺、感谢和尊重。行拥抱礼时,两人相向而立,右臂偏上,右手扶在对方左后肩,左臂偏下,左手扶在对方右后腰,按各自的方位,两人头部及上身都向左相互拥抱,再头部及上身向右拥抱,然后又一次向左拥抱,礼毕。我国青年女性一般不接受男性特别是青年男性的吻礼,女方可主动热情地伸出右手,以示对方行握手礼。

(四)致意礼

这是相识的人在公共场合远距离遇到时施行的礼节,一般可以举右手招呼,或微微点头致意。如戴帽子,还可以施脱帽礼,即摘帽点头,离别时再戴上帽子。对不很熟识的人,在社交场合,可点头或微笑致意。熟识的人如在同一场合多次见面,也只要点头致意即可。在向对方致意时,应双目自然注视对方，以示敬重。在较为隆重的场合，遇到身份较高的领导人，应有礼貌地点头或微笑致意，不要主动上前握手问候。如果领导人主动伸手，应热情地向前握手问候，领导人在忙于应酬活动时，即使是自己的熟人，也不要直接前去问候，要等对方应酬活动有间歇时，再去问候致意。

(五)使用名片的礼节

在当前我国社交中，名片的使用已越来越频繁。如不重视这方面的礼节，不但起不到联络感情的作用，反而会产生不良的影响。递交名片时，应用右手或用双手，双目注视对方，面带笑容，还可欠一下身，说些"请多关照"之类的话。接受名片时，应仔细地阅读名片上的内容，并对名片上介绍对方的头衔、单位等表示赞赏或关切，切忌看也不看就放在口袋里或扔在桌子上，浏览后要郑重其事地放在自己名片夹内，或先端正地放在自己面前(上面不能压其他东西)，待告别时再收入自己名片夹内。如需要别人的名片，不能生硬地索要，而应用请求的口气说："假如你方便的话，可否留下一张名片，以便今后加强同您的联系。"也可含蓄地询问对方单位、通讯处、电话等，如对方带有名片，自然会把名片送上。在交换名片时，如是自己的名片用完了，或者没有准备名片，应对接受对方的名片表示感谢，并向对方说明情况，主动地口头介绍自己；如有需要，还可把自己的姓名、通讯处、电话写在纸条上留给对方。

(六)行路、坐车的礼节

行路时，要让长者、尊者、妇女先行。二人同行，以前、右为尊；三人并行，以中间为尊；三人前后行，以前者为尊。上楼时，要让长者、尊者、妇女在前；下楼时，则相反。迎宾引路，主人在前；送客时，则主人在后。

上汽车，应让长者、尊者、妇女先行。如果是送宾客，主人可上前主动打开车门，等宾客上车后再把车门关上。一般尊者由右面上车，位低者或主人等尊者上车后再由车后绕到左边上车，坐在尊者的左手位。轿车的座次，以后排中间为尊位，其次是后排右座，再次是后排左座，最次是前排靠司机的座位。但如果是主人亲自开车，前排的座次则为尊位。

三、礼貌用语的礼节

礼貌用语，指相互交往中表示敬重、友好的合乎礼仪规范的语言。常用的有以下几类：

(一)欢迎语

这是欢迎来宾时的礼貌用语。诸如"您好！""欢迎光临！""您的到来，使我们感到不胜荣幸！""再次见到您，真是十分高兴！"等。

（二）祝贺语

这是在节日或对方遇到喜庆时的礼貌用语。诸如"恭喜恭喜！""祝您幸福！""祝您好运！""祝您万事如意，身体健康！""祝贺您演出成功！""祝贺您取得了第一名！"等。

（三）问候语

这是人们见面时常用的一种寒暄语。诸如"早安！""晚安！""晚上好！"等。问候的对象还可包括对方的亲属、朋友、老师、上级等等有关人员，如"请代问×××好！"这也是对对方关心的一种表现。

（四）征询语

这是主动询问他人意见时的礼貌用语。诸如"您需要喝点什么吗？""我能为您效劳吗？""您对我的看法有意见吗？""您有什么事要办吗？""是否要给您准备好汽车？"等。既清楚地表达了自己的意思，又给对方留出选择的余地，从而产生满意的效果。

（五）应答语

这是对方呼唤、感谢自己或者提出某种要求、表示歉意时的礼貌用语。诸如"请您吩咐！""别客气！""不用谢！""我尽力满足您的要求！""没关系"！"不必介意"等。

（六）请托语

有求于人、托人办事时的礼貌用语。诸如"劳驾"、"有劳您"、"拜托了"、"请多关照"、"有劳您费心了"等。

（七）道谢语

在得到别人帮助时的礼貌用语。诸如"谢谢"、"非常感谢"、"有劳您了"、"难为您了"、"劳您费神了"等。

（八）道歉语

这是在无法满足对方提出的要求，或者给对方增添麻烦时的礼貌用语。诸如"很抱歉！这件事实在没有办法做到。""真对不起，让您久等了！""打扰了！"等。

（九）告别语

这是在分别时的礼貌用语。诸如"再见！""祝您一路顺风！""希望不久的将来还能在这里欢迎您！""祝您今晚睡个好觉！"等。

第二节　服饰礼仪

服饰，是人的服装穿着、饰品佩戴和美容化妆的统称，但更多的时候则单指衣着穿戴。俗话说："人靠衣裳马靠鞍"、"佛要金装，人要衣装"、"穿着打扮是无声的语言"。服饰既是一种社会文化符号，又是一种审美和礼仪的符号。一个人的穿着打扮，往往反映了一个人的精神面貌、文化素养、审美能力和礼节水平。人们初次见面，在开口说话之前，总是通过一个人的服饰来判断其社会地位、文化程度、阅历深浅、道德观念、兴趣爱好的，好的服饰能给人留下经久难忘的第一印象。

服饰礼仪是公共关系礼仪的重要方面，它是公共关系人员在与公众交往过程中对对方表示尊重和友好、达到交往的和谐、融洽而在服饰上体现出来的一种行为规范和准则。我国俗称礼仪之邦，历来重视服饰礼仪，在封建社会，提出君子"不可以不饰，不饰无貌，无貌不敬，不敬无礼，无礼不立"，服饰礼仪成为封建礼教的重要组成部分。在社会主义时代，人们赋予服饰礼仪以新的文化内涵，将其视为社会主义精神文明的一个重要方面，视为衡量我国人民生活水平有了根本改善和提高的最直观、最明显的标尺。讲究服饰礼仪，关系到社会交往能否顺利进行、能否取得成功，因此，公共关系人员对此必须予以充分的重视。

穿着打扮要和谐得体，合理搭配，就要遵循国际上提出的"TPO"原则："T"代表时间、时令、时代，就是说着装要合时，晚上穿的服装不能白天穿，冬天不能着夏装，古代服装不能今日穿；"P"代表场合，就是说在不同场合有不同的着装，如参加婚礼、联欢会，女性就要穿得华丽漂亮些，男性穿夹克衫、运动服就不适合社交场合；"O"代表对象，即着装者的体型、肤色、气质等对服装有选择性，如体型矮胖的人不宜穿横纹大花衣服，皮肤黑的人忌穿暗红色上装，教师不宜打扮得花枝招展等。

对于公共关系人员来说，在与公众的交往中，对服饰的基本要求是：

一、整洁

公共关系人员的着装必须整齐、清洁，衣服要勤换、勤洗、熨平整，裤子要熨出裤线，皮鞋要勤擦，保持光亮。如不修边幅，衣冠不整，不仅说明公共关系人员的懒散、猥琐，缺乏修养和责任感，也有损于组织的形象，同时还表明对他人、对对方组织的不尊重，必然使人产生不信任感，不愿意与他来往。

二、端庄

公共关系人员的服饰必须端庄、体面、大方，要让人感到可以信赖，乐于与他交往。不可穿奇装异服，也不要打扮得花里胡哨，给人以哗众取宠、华而不实的印象。在一般情况下，衣着、装饰、化妆要以不超过或相当于交往的来宾的标准为宜，浓妆艳抹、过于华丽的衣着和珠宝饰物容易使对方产生自己相对寒酸的感受，这是不符合交往礼貌的要求的。

三、适体

服饰是为了表现人的形体美和仪表美、风度美的，因此不能为服饰美而服饰美，必须考虑到穿着装饰者的形体、性别、年龄、职业等方面的情况，如服饰与之不相称，就会贻笑大方，达不到以服饰辅助交际的目的。如瘦而高的男性，不宜穿款式过于严谨、色彩晦暗的服装，以免使人感到刻薄、冷峻，难以接近；可以选择款式浪漫、花色热烈的着装，让人感到亲切、俊美。而体型肥胖的女性，不宜穿显露膝盖以上的短裙，以穿过膝长裙、西服裙或六片裙为好。

四、适时

服饰还必须考虑时代、时令、习俗、环境等方面的因素，如穿戴过时的服饰，会给人以僵化、守旧的印象；但一味追求时髦，也会显得轻浮、不实在。应努力使服饰体现出个性特征和时代风貌。牛仔裤是一种突出人体曲线的裹体服装，很受崇尚变单、追求个性的年轻人的喜爱，但不能不分时间、地点、场合和环境气氛，统统都穿牛仔裤；在会见、会谈、典礼、礼宾活动等特定的礼节性场合，穿肩部平直、胸部挺括、造型庄重的西服或中山装就更为适宜。

穿着打扮，不仅要与着装者的年龄、体形、职业、个性、环境相谐调，还要注意服饰的色彩、款式、造型和图案装饰，显示出优美、文雅的审美情趣。否则，尽管服饰质料一流，做工精湛，也会显得不伦不类，必然损害自己的社交形象。

不同性别，对服饰的要求是不同的。一般说来，女性的服饰色彩比较丰富，造型追求优美，面料也很讲究，表现出秀丽、文雅、贤淑、温和等气质。传统的女服如旗袍、筒裙，具有阴柔之美，显示出女性或绰约、苗条，或丰满、圆润，或妩媚、多情的意韵。当前，随着妇女越来越多地走上过去为男性所占据的工作岗位，女服也日益男性化了。如穿着国际性的男服——西服，穿前门襟长裤等。女服在原有显现阴柔美的基础上流露几分阳刚之气，阴阳相辅，刚柔并济，成了当今新女性着装的时尚。尽管如此，女服依然重视线条美。所谓线条美，主要指曲线美。臀部小或腰节高的女性，宜穿紧贴身躯、有腰身的服装，显现出女性特有的曲线轮廓，表现她那婀娜窈窕的风韵。腰身较粗、腰节较低的女性，如穿有腰身的衣服或连衣裙，会显得更加臃肿，而应扬长避短，宜穿直线造型的服装给人以丰满感和健美感，也可选用宽松的服装款式，遮掩体形肥胖的缺陷。裙子被称为女性服装的皇后，有以直线为主的直腰身和以曲线为主的曲腰身两种裙式，可供矮胖型和瘦长型的女性分别采用。不管裙装的轮廓线是直的还是曲的，穿上它走路，都显得婀娜飘逸、多姿多态，最能表现女性的体态美，因此深得女性的青睐。从事公共关系的女性，除不宜穿迷你裙之类过短的裙子外，可按照各自的体型、气质以及公共关系活动的性质，选择各种裙子。如身材修长的女性，在与外宾会见时，可以穿旗袍裙，显得端正大方；如参加舞会，可穿环口喇叭裙，应节起舞，会与音乐的旋律融为一体。

职业女性平日多穿高跟鞋或半高跟鞋，穿上后由于身体重心前移，为保持平衡，就会挺胸、直腰、昂首、收腹，站立时显得亭亭玉立，行走时步态也很优美。其他如帽子、袜子、手套、提包、纱面罩等也是女性服饰的重要组成部分，要注意和上装、裤裙、鞋子的协调，切忌零乱、混杂。还可佩戴装饰品，以显示女性的雅丽、妩媚。装饰品主要有头饰、项链、戒指、耳环、胸针等，选用也应符合自己的体型、季节和场合。如尖型脸、长型脸不宜佩戴钻石、宝石、珍珠、金银或金属饰物，可选用水晶、玛瑙或有机化学玻璃制成的饰物。在日常交往或会见、会谈时，宜佩戴淡雅的小型胸针、串珠、耳环等，不要使用带夸张性的装饰品，但参加宴会、舞会，宜佩戴大型胸针、带宝石坠子的项链、带坠子的耳环等光彩度较亮丽的装饰品，以增加宴会、舞会活跃的气氛。

男性服装应体现出男性的阳刚之美，显示出宏伟、豪放、雄浑、遒劲、粗犷、成熟等特征，线条简洁有力，色彩沉着和谐，衣料坚固耐用，体现坚强、刚毅、果断、一往无前的气质。在改革开放的形势下，男服出现了女性化的趋势，如仿照女式衬衫、短裙等，图案五颜六色，主要流行于追求时髦的男青年中，令人目眩，但从事公共关系的男性不宜穿用，尤其不宜在庄严的正式礼节性场合穿用。我国通行的男礼服为上下一色、质地优良的毛料中山装，配黑色皮鞋，显得端庄、大方，但须把领扣、纽扣、裤扣、袋扣都系好。近年来人们更多地将西服作为常礼服，它不像中山服那样拘谨、严肃而显得较为活泼、亲切。穿西服不必把所有的扣子全扣上，可以只扣一个，或者不扣。西服上衣胸部的口袋是供放置折叠好的手帕用的，不可装其他东西；上衣两侧的两个口袋和裤袋，也只是作装饰用，不可装物。钱包、钢笔、名片夹等随身携带的小件物品，可放在西服上衣内侧的口袋里。穿西服长裤，即使是炎炎酷夏，也不可将裤腿卷起。无论是穿中山服还是西服，里面都应穿衬衫。西服的袖长达到手腕即可，衬衫袖子则要稍长 $1 \sim 2.5$ 厘米，同颈部露出的衬衫领子大体相当。穿长袖衬衫，可将衬衫下摆塞在裤内，不要卷起袖口；穿短袖衬衫，如系领带，下摆也要塞在裤内；如不系领带，可不把下摆塞在裤内。领带被人称为服饰的灵魂。在正式场合，穿西服必配领带。领带的色泽要与衬衫相协调。如穿素色无花纹的衬衫，可配有图案的领带；如穿带色或有格子的衬衫，可配与衬衫同色的领带。系佩领带，要使领带的大箭头垂到裤腰处，再别上精致的领带卡，作为装饰。鞋、袜要与服装相配。男性在社交场合，可穿没有花纹的三接头黑色皮鞋，也可穿其他深色皮鞋，不宜穿浅色鞋子，即使是盛夏也不得穿塑料凉鞋、拖鞋。不宜穿透明的袜子，也不要穿颜色鲜艳的花袜子。袜子具有衔接裤子和鞋子的功用，因而应注意同裤子、鞋子的协调，不要露出皮肤和腿毛，袜口要在裤脚管以上。男性在室外可戴帽子、手套，但在室内必须脱下，不像女性那样帽子、手套允许在室内穿戴。

服饰礼仪最为强调的，是要根据不同的场合来穿着打扮。如参加庆典仪式、正式宴请、会见贵宾等庄重场合，凡请柬上注有着装要求的，应按其要求着装；凡没有具体规定的，男性可穿中山装、西服或民族服装，女性可以穿各式套装、晚礼服或旗袍、长裙等。服装的色彩和款式要衬托出庄重、高雅的气质，表现出风度和教养。如参加结婚庆典、生日欢筵、欢庆舞会、朋友聚会、联欢晚会、假日游园等喜庆场合，为了与这种气氛相谐调，凡正式场合，着装较为严格，男性服装以深色为宜，单色或条纹暗小格的也可；女性宜穿浅色连衣裙或套装。在这种场合，主人不要穿得过于华丽或裸露，色彩也不可过于鲜艳，以免给人以不庄重的印象。宾客可穿得漂亮、鲜艳一点。但在参加亲友的婚礼时，切不可打扮得过于出众，以免别人误认为你是新郎或新娘。在较为随便的喜庆场合，如朋友聚会、假日游园等，不妨选择色彩明快的服装，在色彩搭配上可有一些变化，如男性穿西服既可上下一色，也可上下分色。各种喜庆场合，实际上为女性提供了一个展示各自时装的机会，她们可根据季节的变化和自身的特点，选择自己喜欢的服装款式、色彩和图案，但也不宜穿得过于怪异。而参加遗体告别、亲友葬礼或吊唁活动的悲伤场合，气氛肃穆，参加者的心情沉重、悲伤，为了表示对死者的哀悼，参加者应着素色服装，最好是黑色服装，内衬白色或暗色衬衣，切忌穿大红大绿。鞋子也应是暗色，佩戴的饰物也应为素色，最好是不佩戴饰物。

第三节 社交礼仪

社会交往是公共关系人员履行其职责必不可少的一项经常性的工作，是公共关系实务的主要内容。要顺利地进行社会交往，就必须遵守约定俗成的规定和规范，这就是社交礼仪。

一、介绍

介绍是使不相识的各方相互认识的一种手段。介绍分自我介绍和别人介绍两种。自我介绍，就是自己介绍自己的情况，包括介绍自己的姓名、身份、工作单位等。自我介绍要简明、谦虚。为别人介绍时需注意：如果各方的地位不同，应当先将地位低的人介绍给地位高的人；当身份相同、年龄相近时，应先将男性介绍给女性，将主人介绍给客人；当地位相近、年龄有别时，则应先将年轻的介绍给年长的；当一个人同时会见几个人时，应先将这一个人介绍给其他几个人。在为别人作介绍时，公共关系人员应当事先熟悉各方的情况，才便于介绍。

二、交谈

交谈是一门艺术，是一门运用口语实现其交际目的的艺术。善于交谈的人，总是着力于营造一个友好、轻松、愉快的谈话气氛。交谈开始时，应有必要的寒暄，态度真诚，神情专注，做到诚恳、大方、平等、谨慎，表情自然，语气平和，声音不要太高，还可辅以微笑、手势，但手势动作的幅度不要太大，切忌用手指人，拉拉扯扯，拍拍打打，更要防止说话时唾沫四溅。参与他人谈话时应先打招呼，如别人谈话中止，则应主动回避。交谈超过三人时，不应只与一个人谈话，而应不时地与其他人交谈几句，以免给人以冷落感。在交谈时，要专心聆听他人的讲话，一般不要打断他人的讲话。不要谈与话题无关的事情，不要询问他人的家庭、年龄、婚否、工资等，更不得拿他人的生理缺陷和以往的过失开玩笑或讪笑讽刺。听对方说话时，不要有漠不关心的神情，或转移注意力，关注别的事物。在交谈时，态度要真诚、平和，不要高声争辩或无理纠缠，如有分歧意见，可以求大同存小异，要防止无谓的争吵，以免伤害感情。男性和非亲属的女性谈话，态度要自然，语气要谦虚，时间不宜过长。在交谈时，一定要注意使用礼貌用语，结束时应握手话别。

三、拜访

拜访是公共关系人员亲自到某人家中或工作单位去造访拜见。公共关系活动中的拜访通常有三种：一是事务性拜访；二是礼节性拜访；三是私人拜访。其中，事务性拜访又可分为业务商谈性拜访和专题交涉性拜访两种。要使拜访的目的能得以顺利实现，应选择恰当的时机，事先要预约，不可贸然造访，"不速之客"总是不受欢迎的。拜访还应注意衣帽整洁，用语恰当，举止稳重，体谅主人。事实证明，恭敬谦虚的态度、文明礼貌的语言和优雅得体的举止是对拜访者的基本要求。具体地说，要求做到：进门前，要先敲门或按门铃，等主人应声允许或出来迎接时方可进去，切不可不打招呼就擅自闯入；随身携带的物品，应搁放到主人指定的地方，如无指定的地方，应征求主人同意后放置在合适的地方，不可随意乱放；要先问候主人的父母及其他长者，对主人房里所有的人，无论是否熟悉，都应一一打招呼；如拜访对象是有地位的人或年长者，应待主人坐下或招呼客人坐下后方可坐下；对主人身边的人送上的茶水，应从座位上欠身、双手接过，并表示感谢；主人献上的糖果，应等到其他客人或年长者动手之后再取用；吸烟者应尽量克制，如非抽不可时，应先征得主人和在场女士的同意。与主人交谈时，如发现主人心不在焉，经常蹙眉皱额，或时有长吁短叹，说明他心有不满情绪，或有急事想办又不好意思下逐客令，这时公共关系人员应善于察言观色，主动寻求"煞车"的话题并告辞。如遇主人有新的朋友造访，这时即使主人谈兴正浓，也应在同新来的客人打过招呼后尽快地告辞。告别时，应向主人及其家属和在场的客人一一握手或点头致意，主人和其他人相送应一再回谢，直到见不到身影后再加快步伐。

四、迎送

指对来宾的迎来送往。对于来访的客人，首先要了解他的身份和来访目的，以确定迎送的规格。在具体运作上，应注意以下礼节、礼仪：首先，要了解清楚来访者所乘飞机、车、船的抵达时间，安排欢迎人员，如果是地位很高的来宾，应由单位的主要领导人亲自欢迎。迎接客人宁早勿迟，应提前到达机场、车站、码头，以免因堵车或其他原因而耽误了迎接的时间。其次，陪送客人前往住地时，应有专人向导，陪车时要注意陪车的礼节。再次，对客人要热情接待，为他所提出的要求如拜见某位领导、商洽有关事宜、获取某种信息、参观某项工程等提供方便，并安排好客人的食宿和业余文娱活动，使客人有宾至如归的感觉。最后，要了解清楚客人返回的日程，代购机票或车船票，安排专人送行，送行时应陪送客人到达机舱的门口（如不允许，可送至安全检查口）或送客人登上火车或轮船。客人乘车船时要等车船开动后送行人员方可离开。

五、宴请

宴请是社交活动中的一项主要活动。为了应酬答谢、祝贺共勉、联络感情、结交朋友、增加接触机会、讨论共同感兴趣的问题或解决工作问题等，都可设宴，置佳肴美酒，使宾客乘兴而聚，尽欢而归。宴请通常有正式宴会、茶话会、冷餐会、工作进餐、家宴等几种形式。凡宴请，主人或主管者要事先做好总体策划工作，如确定宴请规格，宴请人数、发请柬、安排宴会程序等。客人到来时，主人或主管者一行人应临门迎候，热情接待；客人人数如临时有变化，主人或主管者可随机行事，尽力安排，并照顾周全，不可厚此薄彼。如家宴或没有服务员的宴请，主人可给客人敬菜，敬菜的顺序是先主宾、长者，后其他人。如客人感兴趣，可简单介绍菜的色、香、味及烹饪技艺。分菜时要用公筷、公匙，分量适中，以客人满意为止。如客人婉谢，不必过于热情。凡出席宴请，接到请柬后，能否出席，应尽可能早作答复，如有事不能赴宴，应用电话或函件告知对方，并致歉意。请柬和请函都要注明时间、地点，应邀者应准时赴会，正点或早到两三分钟，切不可迟到或中途退场。如确有急事需要提前退场的，应向主人说明情况然后离席，或事先打招呼，届时离席。到达宴会地点时，热情地与主人打招呼、握手，对不认识的一同赴宴的人，应点头示意，互致问候。对长者应让座，对女性应彬彬有礼。入座时服从主人安排，有座次的应对号入座。对邻座的长者或女性，应协助他们先坐好。进餐时，待主人招呼后方可动筷，要温文尔雅，不可大咀大嚼。在进餐过程中，应与邻座交谈，也应与同桌的其他人交谈，对不认识的客人，可先作自我介绍。无论天气多热，不能解扣脱衣，如主人请宽衣，则可脱下外衣放置在椅背上或悬挂在衣架上。宴请完毕，主人宣布散席，方可离开坐席，同主人寒暄片刻，然后向主人道谢告辞。对私人宴会，事后应致函表示感谢。

六、馈赠

社交中的礼品馈赠，应以礼轻情重为本。礼不在轻重，只要送礼者真心实意，受礼者满心欢喜，就是恰到好处。

馈赠礼品要注意选择时机。大体说来，送礼的时机主要有以下几种：一是喜庆之日，如嫁娶、乔迁新居、过生日、庆祝寿诞、晋升获奖等。凡遇亲友有这样的喜庆日子，通常应考虑备送礼品以示庆贺；二是纪庆节日，如春节、五一节、端午节、教师节、国庆节、中秋节、老人节等，可备礼致贺；三是临别远行，当同窗数载，毕业后各奔东西，或亲朋远行，去异国他乡，可赠送礼品以作纪念；四是探视病人；五是酬谢他人。

馈赠礼品时，要了解清楚对方有什么爱好和禁忌，宜选择受礼者有使用价值的东西，最好选择受礼者非常喜爱又融进送礼人情感的礼物。馈赠的礼品价值不要过高。贵重的礼品既给送礼者造成经济上的负担，又给受礼者造成欠人人情的感觉，或使受礼者想到送礼人可能有什么重大事情需要他帮忙，而他又无能为力，造成心理压力。

赠送礼品时，送礼者要明确表示是为何事而送礼，是祝贺、关心、感谢、敬慕，还是其他缘由。在当前的社交活动中，送花越来越成为一种时尚。什么时令，给什么人送花，送什么花，都包含着某种无声的语言，寄托着送花人的某种情感和希望。梅花是春的使者，荷花是夏的伴侣，菊花是秋的娇客，水仙是冬的仙子，它们可在不同季节表示对亲友的祝福。迎接客人，可送些紫藤，或夜夜含苞、朝朝新放的花朵，表示主人的热情好客；迎接英模，可赠送红木棉花，以示对英模的敬慕；探望病人，可用红玫瑰和野百合花组成的花束相赠，红玫瑰表示安慰，野百合花表示幸福，花束则表示祝福早日康复；勉励别人时，常用慎重的鸟不宿、表示勤勉的红丁香，表示战胜困难的菟丝子组成的花束相赠，意思是愿君成功。公共关系人员应确切了解各种花卉的不同含义，如百合花表纯洁可爱，紫罗兰表诚实朴素，白菊花表真实，松柏表坚强，万年青表友谊长存，牡丹花象征富贵，康乃馨象征母爱，白桑象征智慧，仙人掌象征热心等。而有些花则有贬损的含义，如石竹花表示轻蔑，杏花表示疑惑，秋海棠表示缺陷，白头翁表示抛弃等。

第四节　涉外礼仪

随着改革开放的深入，来我国进行科技文化交流、商贸洽谈、旅游观光的外宾越来越多，涉外礼仪显得日趋重要。涉外礼仪是指在对外交往中，对外宾表现尊重、友好的惯用礼节，以及举行各种活动和庆典、仪式时的行为规范。在涉外交往中，虽然有已形成的国际惯用的礼节、礼仪，但各国又都有各自的民风民俗、礼节礼仪和禁忌，故比国内的礼仪要复杂得多、敏感得多，如果处理不好，不仅会影响与外宾的关系，甚至还会影响到国家、民族间的关系。当前，在经济全球化的新形势下，公共关系人员参加涉外活动更加频繁，因此，必须了解和掌握涉外礼仪常识，在涉外公共关系活动中切实遵守涉外礼仪，才能适应形势发展的需要。

对外宾的接待，必须按照国家的外事工作方针、政策，统一的对外表态口径进行，坚持平等相待，不亢不卑，内外有别，严守机密的原则，重礼仪，讲实效，既热情周到，又不铺张浪费，讲究文明礼貌，维护民族尊严，绝对不做有损国格、人格的事情。涉外礼仪在国际上有一定的惯例，但各国又根据本民族的传统和特点有所变通，故公共关系人员在接待外宾时既不可违背国际上通行的礼节、礼仪，又要尊重不同民族的礼仪习俗，体现出交际上的文明，使之成为扩大开放、加强交流、增进友谊、促进合作的重要手段。

在国际社交场合，服装穿着大致分为两类：便服和礼服。西方各国人士日常穿的服装，如各式衬衣、外衣、T恤衫和各类西服均为便服；晨礼服、大礼服、小礼服、常礼服则为西方的传统礼服，在什么时间、场合穿着都有不成文的规定。如果公共关系人员出国参加外事活动，就应遵守这些服饰礼仪规范，以免出现失礼、悖理的情况，闹出笑话来。在我国，没有礼服和便服之分，对服饰总的要求是整洁、高雅、得体、洒脱、和谐。在与外宾交往时，男性公共关系人员除可穿上、下同质的毛料中山装外，也可穿西装系领带，或穿民族服装，配黑色皮鞋；夏季出席庆典、仪式、吊唁活动、正式宴会、会见国宾等隆重的外事活动时，除穿中山装、西装外，还可穿两用衫；参观游览时，可穿各式便服，穿西装也可不打领带。女性公共关系人员可按季节与活动性质的不同，上着女式西装，下着西裤或裙子，也可着民族服装，如旗袍、连衣裙等，还可着中式上衣配长裙或长裤，夏季则宜穿长短袖衫，配以裙子或长裤。

对外宾的称呼，一般称男性为先生，对女性则根据婚否称夫人、小姐或女士。对不了解婚姻状况的女性可统称小姐。对地位高的官方人士称"阁下"、"先生"，如"部长阁下"、"总理阁下"、"××先生"。君主制国家则称"××国王"、"××公主"、"××亲王"。有爵位的可称"××勋爵"、"××男爵"或阁下、先生。医生、教授、律师、法官及有博士学位的，可直称"××医生"、"××教授"、"××法官"、"××博士"。对军职人员的称呼，可直称其军衔、军职，如"××将军"、"××参谋长"，或称先生和"阁下"。对神职人员，一般为姓名加职称，如"约翰神父"，也可是职称加先生，如"牧师先生"。在日本，对妇女一般也称先生，而不称女士或小姐。有些国家习惯称"同志"、"公民"等。在称呼时，要搞清楚来宾来自哪个国家，有什么称呼习俗，这样才可避免称呼上的错误，造成不必要的误会。

在接待外宾时，上述的日常基本礼节、社交礼仪，大多数也适用于涉外礼仪，可参照实施。在这里，再着重强调以下几点：其一，送往迎来，会谈宴请，应遵循双方主要人员地位对等的原则，否则就会使对方感到不受尊重或是故意屈辱他；其二，守时守约，早到或迟到都是失礼行为，因故迟到要向对方说明原因，表示歉意；其三，坚持"女性优先"的原则，如与女士同行，应让女士走在前面，出门时，应让女士先行，并为她开门，同女士去影剧院、体育场，应让女士坐在较好的位置上，与女士一起赴宴，要替女士把椅子从桌边拉开，等女士将坐下时，再把椅子移近餐桌等；其四，尊重老人，上下楼梯或上下车时，年轻人应让老人先行，主动帮助同行的老人提拿较重的物品，进出大门，主动帮老人开门或关门等；其五，入境问俗，熟悉各民族的礼仪禁忌，尊重各民族的风俗习惯，如穆斯林不吃猪肉、印度教徒不吃牛肉、信奉佛教的国家不能随便摸小孩的头顶，天主教徒忌讳"13"这个数字等。据报载，20 世纪 60 年代，原美国总统约翰逊访问泰国，当着泰国国王的面，跷起二郎腿，脚尖向着泰王，这种姿势，在泰国被认为是带有污辱性的；更为糟糕的是在告别时，约翰逊竟然以他得克萨斯州的礼节紧紧地拥抱泰国王后，在泰国，除了泰王以外，任何人均不得触及王后的肌肤，由此引起的不良影响，也就可想而知了。

【典型案例1】

馈赠礼物要懂得不同民族和国家的习俗

国内某家专门接待外国游客的旅行社,有一次准备在接待来华的意大利游客时,送每人一件小礼品。于是,该旅行社订购制作了一批纯丝手帕,是杭州制作的,还是名厂名产,每个手帕上绣着花草图案,十分美观大方。手帕装在特制的纸盒内,盒上又有旅行社的社徽,

显得精炼、雅致,是一件别具匠心的很像样的小礼品。中国丝织品闻名于世,料想定会受到客人的喜欢。

旅游接待人员带着盒装的纯丝手帕,到机场迎接来自意大利的游客。欢迎词致得热情、得体。在车上他代表旅行社赠送给每位游客两盒包装甚好的手帕,作为礼品。

没想到车上一片哗然,议论纷纷,游客显出很不高兴的样子。特别是一位夫人,大声叫喊,表现极为气愤,还有些伤感。旅游接待人员心慌了,好心好意送人家礼物,不但得不到感谢,还出现这般景象。中国人总以为送礼人不怪,这些外国人为什么怪起来了?后经了解,原来是违犯了意大利和西方一些民族和国家的习俗,以致弄巧成拙,导致游客的反感和气愤。

【案例分析】

在意大利和西方一些国家有这样的习俗:亲朋好友相聚一段时间告别时才时送手帕,取意为"擦掉惜别的眼泪"。在本案例中,意大利游客兴冲冲地刚刚踏上盼望已久的中国大地,准备开始愉快的旅行,你就让人家"擦掉离别的眼泪",人家当然不高兴,必然会议论纷纷。那位大声叫喊而又气愤的夫人,是因为她所得到的手帕上面还绣着菊花图案。菊花在中国是高雅的花卉,而在意大利则是祭奠亡灵的。人家怎不愤怒呢?本案例告诉我们:旅游接待与交际场合,要了解并尊重外国人的风俗习惯,这样做既对他们表示尊重,也不失礼节。

【典型案例2】

穿着打扮要分清不同的场合

刘××是我国一家大型国有企业的总经理。有一次,他获悉有一家著名的德国企业的董事长正在本市进行访问,并有寻求合作伙伴的意向。他于是想尽办法,请有关部门为双方

牵线搭桥。让郑总经理欣喜若狂的是,对方也有兴趣同他的企业进行合作,而且希望尽快与他见面。到了双方会面的那一天,郑总经理对自己的形象刻意地进行一番修饰,他根据自己对时尚的理解,上穿茄克衫,下穿牛仔裤,头戴棒球

帽,足蹬旅游鞋。无疑,他希望自己能给对方留下精明强干、时尚新潮的印象。

　　然而事与愿违,郑总经理自我感觉良好的这一身时髦的"行头",却引来了这位德国企业董事长的轻蔑和不满,偏偏坏了他的大事。

【案例分析】

　　根据惯例,在涉外交往中,每个人都必须时时刻刻注意维护自己形象,特别是要注意自己正式场合留给初次见面的外国友人的第一形象。郑总经理与德方同行的第一次见面属国际交往中的正式场合,应穿西服或传统中山服,以示对德方的友好和尊敬。但他没有这样做,正如他的德方同行所认为的:此人穿着打扮太随意了,个人形象不合常规,给人的感觉是过于前卫,尚欠沉稳,与之合作之事自然也就不了了之了。

主要参考书目

[1] 居延安等著:《公共关系学》,复旦大学出版社,1992年版。

[2] 蒋春堂主编:《公共关系学教程》(新版),武汉大学出版社,2009年版。

[3] 欧阳周主编:《实用公共关系学》(第3版),中南大学出版社,2007年版。

[4] 李道平:《公共关系学》(最新版),经济科学出版社,2008年版。

[5] 潘红梅:《公共关系学》,科学出版社,2009年版。

[6] 乜瑛:《公共关系学》(应用型本科),浙江大学出版社,2008年版。

[7] 居延安:《公共关系学》(第4版),复旦大学出版社,2008年版。

[8] 刘坤远:《公共关系学》,西南交通大学出版社,2008年版。

[9] 李兴国编:《公共关系学》,中国人民大学出版社,2008年版。

[10] 方世敏等主编:《公共关系实务》,华中理工大学出版社,1996年版。

[11] 周朝霞:《公共关系实务》,北京邮电大学出版社,2008年版。

[12] 刘金同等编著:《公共关系实务》,清华大学出版社,2008年版。

[13] (美)艾伦.森特 帕特里克.杰克逊 斯黛西.史密斯 弗兰克.斯坦斯贝里编;谢新洲等译:《森特公共关系实务》,中国人民大学出版社,2009年版。

[14] 张亚:《公共关系与实务》,科学出版社,2009年版。[15] 朱崇娴:《公共关系原理与实务》,高等教育出版社,2008年版。[16] 袁世金主编:《公共关系百科辞典》,知识出版社,1992年版。

[17] 郭海鹰编著:《与公关高手过招》,华南理工大学出版社,2004年版。

[18] 欧阳周编著:《通用口才学导论》,中南工业大学出版社,1999年版。

[19] 欧阳周编著:《新编实用口才学》,中南大学出版社,2003年版。

[20] 丛杭青编著:《公关礼仪》,东方出版社,1995年版。

[21] 邢颖等编著:《社交与礼仪》,民族出版社,1993年版。

[22] 肖北婴等主编:《现代公共关系学新编》,北京工业大学出版社,2004年版。

实用公共关系学

欧阳周　陶　琪　编著

□**责任编辑**　何彩章
□**责任印制**　易红卫
□**出版发行**　中南大学出版社

　　　　　社址:长沙市麓山南路　　　　邮编:410083
　　　　　发行科电话:0731-88876770　　传真:0731-88710482
□**印　　装**　长沙印通印刷有限公司

□**开　　本**　730×960　1/16　□印张 17.75　□字数 325 千字
□**版　　次**　2010 年 8 月第 4 版　□2014 年 7 月第 3 次印刷
□**书　　号**　ISBN 978-7-81105-615-0
□**定　　价**　28.00 元
